KB045038

경상도 김천
동학농민혁명

동학총서 007

경상도 김천 동학농민혁명

동학의 은도기에 김산과 지례 일대는 제2세 교주 최시형의 포교로 거점이 확보된 지역이었다. 김산과 지례의 관아와 세거 양반들은 그러한 상황을 잘 알지 못하고 있었다. 1893년 교조신원운동이 시작되어 충청도 보은에 동학도들이 집결할 때가 되어서야 그들은 비로소 김산과 지례의 동학도들을 알기 시작한 것으로 보인다. 1894년 봄에 김산의 동학도들이 경상도의 다른 지역들보다 먼저 활동할 수 있었던 이유는 지리적으로 김산이 전라도 무주와 충청도 영동으로 이어지는 교통의 요지로서 정보를 접하기에 용이한 곳이었기 때문이다

동학학회 엮음

머리말

1998년 창립 이래 동학학회는 동학에 대한 학제적 연구를 통하여 한국사상의 정체성을 확립하는 데 기여해 왔습니다. 동학 연구의 범위도 협의의 동학에만 국한시키지 않고 근대사와 근대사상을 포괄하는 것은 물론 동서고금의 사상 및 현대 과학의 사상과도 비교하는 광의의 동학으로 그 외연을 확대하였습니다. 그동안 동학학회는 서울과 지역을 순회하며 39차에 걸친 학술회의를 개최함으로써 동학의 글로컬리제이션(glocalization)에 총력을 기울여 왔습니다. 지역 순회 학술대회는 2011년 경주 추계학술대회를 시작으로 2012년 정읍 춘계학술대회와 고창 추계학술대회, 2013년 보은 춘계학술대회와 예산 추계학술대회, 2014년 영해 춘계학술대회와 남원 추계학술대회, 2015년 대구 춘계학술대회와 홍천 추계학술대회, 2016년 구미 춘계학술대회와 김천 추계학술대회를 개최하였습니다. 그리고 2017년 봄에는 청주 춘계학술대회, 가을에는 수원 추계학술대회를 개최할 예정입니다. 또한 연 2회 단행본 발간과 더불어 등재학술지인 동학학보를 연4회 발간함으로써 학회지의 질 제고와 양적 성장의 기틀을 마련하였으며, 온라인 논문투고시스템도 구축함에 따라 동학학보가 명실공히 권위 있는 학술지로 발돋움하게 되었습니다.

2016년 11월 4일 동학농민혁명 제122주년을 맞이하여 동학농민혁명의 전개과정에서 매우 중요한 위치를 차지하는 김천에서 「동학의 글로컬리제

이선: 1894년 경상도 김천의 동학농민혁명」을 대주제로 추계학술대회가 개최되었습니다. 거기서 발표된 6편의 논문과 기조강연 및 유관 자료들을 정리하고 별도의 논문 세 편을 추가하여 단행본으로 발간하게 된 것을 매우 뜻 깊고 또한 기쁘게 생각합니다. 김천시 주최, 동학학회 주관, 그리고 동학농민혁명기념재단 · 동학학회 후원회가 후원한 김천 추계학술대회는 김산(김천 옛 이름)과 지례를 중심으로 활동한 김천 동학농민군의 실체를 재확인하고 이들의 활약상에 담긴 역사적 문화적 의의를 성찰하며 그 결과를 학술대회를 통해 공론화함으로써 김천 지역의 정체성 확립과 문화적 역량 제고의 계기를 마련하였습니다. 특히 동학농민혁명사에서 김천이 차지하는 역사적 위상을 사료 연구를 통해서 실증적으로 입증함으로써 한국 근대사의 전환기에 김천 일대의 주민들이 기여한 실상을 밝히고 한국 근대사의 발전 과정에서 중요한 역할을 한 김천 동학농민혁명의 의의와 가치를 21세기 글로컬 시대의 시각으로 재조명함으로써 김천 지역 문화의 세계화에 기여함과 동시에 발전적 과제에 대한 통찰을 통해 미래적 전망을 할 수 있게 하는 뜻 깊은 학술대회였습니다.

김산과 지례는 동학 조직이 일찍이 거점을 확보하고 주요 활동을 하던 지역이자 충청도와 전라도의 동학 조직이 연계해서 활동하던 지역이기도 합니다. 김천 일대는 부산 주재 일본총영사관 정보장교가 민심을 조사하던 중요한 지역이었으며, 또한 동학농민군의 재봉기 과정에서 보은과 영동에 집결한 북접세력이 직접 영향을 미쳤던 지역이기도 합니다. 그러나 김천 일대에서 활동하던 동학의 대접주와 포 조직을 비롯해 각 지도자들과 그 활동지역을 파악하는 연구는 아직 이루어지지 못했습니다. 이번 학술대회에서는 진압군의 기록 외에 김산 소모영과 남영병의 자료도 분석 발표함으로써 김천의 동학농민혁명을 재조명하는 동시에 경상도 지역에서 전개된 동학농민혁명에 관한 새로운 연구 성과를 학계에 제공하는 계기를 마련하였습니다. 역사학, 정치학, 철학, 종교학, 국문학 등 다양한 분야의 동학 전문가들이 모여 개최한 김천 추계학술대회는 경주, 정읍, 고창, 보은, 예산, 영덕, 남원, 대구, 홍천, 구미에 이어 경북 김천에서 지역민들과 전문 연구자 및 대학생들의 참여를 통해 학문적 교류와 소통의 장을 마련하고 후속연구를 촉발시키며, 지역적 정체성과 애향심을 고취시켜 애국 · 애족 · 애민의 정신을 함양하고, 동학정신과 동학혁명의 가치를 후속세대에 전승하며, 아울러 국내외 전문가를 포함한 인적 인프라 구축을 통해 동학의 글로컬리제이션에 기여할 수 있었다는 점에서 그 의의가 크다 하겠습니다.

동학은 진정한 의미에서의 인간학이고, 동학학회는 이러한 진정한 인간학을 연구하고 그것을 삶 속에 투영시키는 학회입니다. 동학은 상고시대 이래 면면히 이어져 온 민족정신의 맥을 살려 주체적으로 개조 · 통합 · 완성하여 토착화시킨 것으로 전통과 근대 그리고 탈근대를 관통하는 '아주 오래된 새것'입니다. 동학의 즉자대자적(卽自對自的) 사유체계는 홍익인간 · 광명이세의 이념을 현대적으로 구현하는 원리를 제공하고 나아가 평등하고 평화로운 세계를 창조하는 토대가 될 수 있게 한다는 점에서, 백가쟁명의 사상적 혼란을 겪고 있는 오늘의 우리에게 그 시사하는 바가 실로 크다 하겠습니다. 문명의 대전환이라는 맥락에서 볼 때 동학은 새로운 문명의 패러다임, 즉 전일적인 새로운 실재관을 제시함으로써 데카르트-뉴턴의 기계론적 세계관의 근저에 있는 가치체계의 한계성을 극복할 수 있게 한다는 점에서 서구적 근대를 초극하는 의미가 있다 하겠습니다. 특수성과 보편성, 지역화와 세계화, 국민국가와 세계시민사회의 유기적 통일성을 핵심 과제로 안고 있는 오늘의 우리에게 이번에 발간하는 단행본이 해결의 단서를 제공해 주기를 기대해 봅니다.

끝으로, 김천 추계학술대회 개최와 이번 단행본 발간을 위해 지원과 배려를 아끼지 않으신 박보생 김천시 시장님과 배낙호 김천시의회 의장님께 충심으로 감사드립니다. 그리고 이 책을 발간해 주신 '도서출판 모시는사람들'에도 감사의 마음을 전합니다.

2017년 2월

동학학회 회장 최민자

차례

경상도 북부 지역의 동학농민군과 김산·지례

이이화_역사학자

1. 1차 봉기와 2차 봉기의 전개 과정

1894년에 전국에 걸쳐 전개된 동학농민전쟁은 1차 봉기와 2차 봉기로 구분한다. 그 지향과 특징을 말하면, 1차 봉기는 신분제 타파와 독점 권력의 부정부패 척결 등 반봉건, 2차 봉기는 일본 등 주권을 유린하고 이권을 노리는 열강에 대한 반침략이라 규정한다. 그 사실을 잘 모르는 일반 대중을 위해, 그 전에 전개된 여러 배경과 함께 전개 과정을 요약해 설명해 보기로 하자.

1) 전국에 걸친 동학교도들의 집회

1880년대 말기부터 동학은 전국으로 크게 번졌다. 동학교도들은 큰 세력을 기반으로 대규모의 집회를 공개적으로 열었다. 1892년 11월 초순, 삼례에서 수천 명의 동학교도들과 농민들은 집회를 열고 1) 교조의 명예 회복, 2) 탐관오리의 제거, 3) 교당 설치 허가 등의 요구 조건을 전라감사 이경직에게 전달하였다.

1893년에는 충청도에서 보은 장내집회, 전라도에서 금구 원평집회가 열렸다. 북접(北接) 세력 중심으로 열린 보은집회에서는 수만 명의 교도들이 모여들어 서양 세력과 일본 세력을 배척한다는 척양척왜(斥洋斥倭)의 기치를 내걸었다. 조정을 향해 크게 네 가지 요구 조건을 내걸었는데, 첫째, 교조 최제우의 원통함을 풀어 달라는 것, 둘째, 교도의 탄압을 중지하라는 것, 셋째, 외국의 세력은 물러가라는 것, 넷째 외국 상품을 배격하고 목면을 입으며 국산품을 애용하자는 것 등이었다.

한편 원평집회에서도 전봉준 · 손화중 · 김개남 등 수만 명이 모여 보은집회의 귀추를 엿보고 있었다. 이들은 보은의 교도들이 봉기할 것을 촉구하면서 즉각 봉기할 태세를 갖추고 있었다. 원평에 모여 있던 사람들은 보은집회의 해산 소식을 듣고 각기 자신이 맡은 접소로 가서 활동을 전개하였다.

조정에서는 전라감사 이경직과 선유사인 어윤중을 통해 이런 요구 조건을 보고받았으나 미봉책으로 일관하면서 전면적인 개혁 정책을 실시하지 않았다. 그래서 남쪽의 농민군 세력은 1893년 겨울 고부에서 최초로 봉기하였다. 이들 농민군을 남접(南接)이라 부른다.

2) 반봉건 투쟁의 1차 봉기

마침내 1894년 3월 20일에 전봉준 등 지도부는 고부 봉기에 이어 무장에서 농민군을 모으고 정식으로 선전포고하였다. 부정한 세력을 몰아내고 나라를 바로잡겠다는 의지를 담은 그 포고문은 전국으로 배포되었다. 먼저 전라도 각지에서 모여든 농민군들은 백산에서 총집결하여 부서를 결정하고 항전을 다짐하였다. 여기에서 농민군들은 4대 강령을 발표하였다.

매양 대적할 때에 우리는 칼날에 피를 묻히지 않고서 이기는 것을 전공으로 삼으며 비록 부득이 싸우더라도 결코 목숨을 상하지 않는 것을 위주로 해야 한다. 매번 행진하여 지날 적에는 결코 사람이나 가축을 해쳐서는 안 되며 효제 충신스런 사람이 사는 마을에는 십 리 안에는 머무르지 말라(『동비토록』에 나옴).

오합지졸로 보인 동학농민군들은 규율을 엄히하고 민심을 끌어들이려 하였는데 실제로 민폐를 끼치지 않았다. 그리하여 농민군이 온다는 소문을 들으면 밥을 지어 오고 양곡을 바쳤다. 전라감영에서는 감영군 700명과 향군 600명을 동원하여 농민군 토벌에 나섰다.

농민군들이 처음에는 고부 관아를 다시 점령하고 황토현에서 전라감영군과 보부상 패를 쳐부수었다. 그러자 중앙에서는 장위영군 800명을 파견하였는데 이들 군사들은 서울에서 남쪽으로 내려오면서 동학교도 고을을 휩쓸었다. 농민군들은 중앙군을 유인하여 장성에서 선발대를 격파하였다. 이어 4월 27일 전라감영을 점령하였다.

이 소문은 즉각 다른 지역에 알려졌다. 요원의 불길은 4월 초순부터 먼저 남쪽 지방으로 번졌다. 김해에서 수천 명이 관아로 몰려가 부사 조준구를 멍석말이하여 지경 밖으로 내몰았다. 경상도 일대에서는 여기저기에서 산발적으로 봉기하였다.

전라감영을 차지한 농민군들은 중앙군 사령관인 홍계훈과 협약을 맺었다. 홍계훈은 신분제도와 부정부패 등 폐정을 중앙에 보고하여 시정하겠다고 약속하였다. 농민군은 일단 후퇴하여 각지에 집강소를 차리고 스스로의 힘으로 폐정의 개혁에 나섰다.

이 과정을 1차 봉기라 부른다. 이때는 전라도 농민군들이 주도하였고, 충청도와 경상도의 농민군들은 측면에서 호응하였다. 집강소 기간에도 이런 구도와 비슷하게 전개되었다.

3) 일본군 몰아내려 2차 봉기

민씨 정권은 자신들의 세력을 타도하려는 농민군을 막으려 청나라에 파병을 요청하였으며 이에 따라 청군이 조선에 상륙하였다. 일본군도 예전에 맺은 텐진조약에 따라 군대를 파견하였다. 일본군은 6월 21일 불법으로 경복궁을 점령하여 주권을 유린한 뒤에 군사 지휘권을 거머쥐었다. 그래서 나라는 반식민지 상태로 접어들었다. 일본군은 청일전쟁을 유발하였다. 청일전쟁이 경기도와 평안도에서 전개될 때인 7월 무렵에 농민군의 봉기는 산발적이기는 하나 경상도 · 경기도 · 강원도로 확산되었다.

집강소 활동을 벌이던 이해 9월 전봉준 등은 전라도 농민군에게 일대 동원령를 내려 삼례로 모이게 하였다. 전봉준은 삼례에 전라도 창의대중소(倡義大衆所)를 두었다. 충청도와 전라도의 접경인 삼례에 많은 농민군들이 모여들었다. 북접의 호응을 요구하는 밀사를 보내기도 하였다. 전봉준은 마침내 북접의 호응을 얻었다.

그동안 귀추를 엿보던 북접에서는 관군들이 계속 동학교도들을 탄압하고, 일본군의 침략 행위가 정도를 더해 가자, 전국의 교도들로부터 봉기 명령을 내려 달라는 빗발치는 재촉을 받았다. 최시형은 마침내 "앉아서 죽겠는가?"라고 분연히 외치고 전국에 대동원령을 내렸다. 이 대동원령은 강원도 · 경상도 · 황해도 등지의 농민군들에게 큰 호응을 받았다. 그리고 농민전쟁을 전국적 규모로 확산시키는 효과를 가져왔다.

이 시기, 충청도 일대에 모인 농민군이 10만 명이라고도 한다. 이들은 손병희의 지휘 아래 논산으로 집결하였다. 하지만 일본군은 다른 지역의 농민군이 논산 · 공주로 합류하는 길을 완전 통제하였다. 그래서 경상도 · 강원도 · 황해도 · 경기도 그리고 충청도 해안 지대의 농민군은 오던 길로 되돌아 갔다.

전봉준은 북접의 연합 전선 동의에 고무되어 직속부대를 이끌고 여산 · 강경을 거쳐 은진 · 논산으로 북상하였다. 충청북도와 전라도의 농민군이 주축이 된 두 세력은 논산에서 만나 굳게 손을 잡고 이유상 등 현지 농민군들과 함께 노성 · 공주로 진격하였다. 온 나라가 들끓었다.

산으로 둘러싸인 공주에서 농민군 연합 부대와 관군과 일본군의 연합 부대는 처절한 전투를 전개하였다. 20일쯤 대치하거나 전투를 벌였는데 농민군들은 폭설이 내리고 추운 날씨인데도 솜옷을 입지 못하고 맨발로 이리 뛰고 저리 뛰었다.

농민군은 이렇게 용감하게 싸웠으나 11월 9일 우금치 전투에서 일본군의 신무기 앞에 패배하고 말았다. 전봉준은 노성으로 후퇴하여 우리의 군사와 구실아치와 시민(장사꾼)에게 "나라를 위해 힘을 합하자"는 글을 피를 토하듯 띄웠다. 잔여 농민군들은 뿔뿔이 흩어져 갔다.

2. 경상도 북부 지역의 항쟁

평안도와 함경도를 제외한 전국에서 항쟁이 이어졌다. 경상도 농민항쟁은 남쪽 해안 지방과 내륙 지방 그리고 충청도와 전라도의 접경 지역에서 주로 전개되었다. 접경 지역에서는 농민군이 서로 연계 또는 연합작전을 폈으나, 내륙 지방에서는 고립 · 분산성이 강했다. 물론 이들 지역은 초기에 봉기하였고 2차 봉기 이후 그 격렬성이 더해 갔다.

10월에 들어 조정에서는 각지에 소모사와 토포사를 임명했는데 경상도는 몇 지역으로 나누었다. 이들 소모사들은 곧 상주 · 김산 · 인동, · 선산 · 거창 · 창원 등지를 각기 맡아 토벌전을 전개했다. 이렇게 하여 경상도 지방은 조직적으로 농민군 토벌이 이루어졌다.

특히 영남 북부 지역에 해당하는 상주의 소모사 정의묵은 이서 · 군교 · 유림 등으로 수성군 또는 의병을 조직하여 관할구역을 다스렸다. 상주에 보수집강소를 설치하여 농민군 토벌에 전위로 삼았고, 유격장으로 김석중을 임명하여 경내와 함께 지경 바깥인 황간 · 영동으로 진출하여 전투를 벌였다. 김산에서는 조시영이 소모사로 임명되어 농민군 토벌을 벌였다.

이 지역 농민군은 낙동강 주변의 병참소에 배치된 일본군과 경상감영의 관군 그리고 각 소모영의 수성군 또는 민보군의 방어망에 막혀 북접 주력 농민군에 합세할 수 없어서 공주 전투에 참여하지 못하고 현지에서 활동을 전개했다.

1) 예천 · 안동 · 의성 지역의 항쟁

예천 · 안동 · 예천 · 의성 지역은 양반 고을이라 일컬어져 왔다. 이 말처럼 이곳은 사족들이 웅거하면서 오랫동안 상민을 압제해 왔다. 이들 재지 사족들은 지주로도 군림하면서 수령과 아전을 압박하여 향권을 주도하였다.

1894년 3월, 예천 동로면 소야리에 옹기상인 최맹순이 접소를 차리고 집강소 형태로 갖추었다. 이어 6, 7월에 이르러서는 더욱 세력이 커져서 몇 만 명에 이르렀다. 이들 농민군의 접소는 48개소였고, 예천 출신만이 아니라 다른 지방 출신들도 이곳에서 함께 활동하였다. 7월에 들어 이들은 읍내로 들어와 지주 · 사족 · 향리의 집에서 돈과 곡식을 빼앗아 갔다.

이에 대해 이곳 향리가 주도한 보수집강소에서는 이렇게 기록했다.

> 그들은 접소를 마을마다 나누어 설치해서 없는 곳이 없었는데 서북 외지가 더욱 심했다. 대접은 만여 인이요 소접은 수백 인이었는데 시정잡배와 못된 평민이나 머슴 따위들이 스스로 뜻을 얻을 때라고 말하고 관장을 능욕하고 사대부를 욕보이고 마을을 약탈하고 재물을 빼앗고 군기를 도둑질하고 남의 말을 몰아가고 남의 묘를 파헤쳐서 사사로운 원수를 갚았으며 묶거나 구타하여 여러 사람을 죽이는 수도 있었다.

이처럼 이들은 드세게 활동하면서 심지어 안동 부사의 행차를 가로막고 부사를 얽어 구타하고 지닌 물건을 빼앗는 지경에 이르렀다. 이런 과정 속에서 보수지배층은 집강소를 만들어 농민군 탄압에 나섰다. 보수집강소가 동학교도 11명을 잡아와 화적죄로 한천 모래밭에 묻어 버린 사건이 일어났다.

이에 최맹순은 통문을 돌려 동학교도의 석방을 요구하고 매장을 문책하였다. 8월 20일 이들은 예천 집강소(농민군 집강소가 아님)를 공격할 것을 결의하고 각 고을 접주 13명이 모여, 매살 사건의 책임자를 압송하지 않으면 읍내를 공격한다는 통문을 보냈다.

안동에서도 이때 농민군의 공격을 받고 있었다. 농민군은 8월 말경, 안동·의성의 공격에 나섰는데 민보군의 완강한 대항에 부딪쳤다. 농민군 선발대가 체포되었고, 이곳 지방군이 먼저 기습을 벌여 농민군의 읍내 공격이 실패로 돌아갔다.

안동과 의성에서 물러난 농민군은 예천 농민군과 합세하여 예천 읍내 주변을 봉쇄하였다. 마침내 8월 28일 결전이 벌어져서 오후부터 새벽까지 싸웠으나 농민군은 예천읍 점령에 실패하고 물러났다. 그 후 보수집강소는 철저하게 농민군과 동도를 색출해 처단했다. 이때 농민군 지도자로 활동한 대접주 최맹순은 강원도 춘천 사람으로 이곳에 옮겨 와 옹기 장사를 하면서 동학 포덕에 나선 인물이었다.

이때 또 태봉 병참부에 주둔한 일본군의 정탐조가 파견되었는데 용궁 근처에서 일본군 대위와 병정 2명이 발각되어 대위가 피살되는 사건이 일어났다. 이에 경상감영에서는 지방군 등 240여 명을 용궁 · 예천 일대로 파견했고, 이어 일본군 50명도 증파되었다.

최맹순은 그 후 강원도에 은신해 있다가 11월에 들어 평창접의 지원을 받아 백여 명을 이끌고 다시 예천 적성리에 돌아와 있다가 끝내 잡혀 죽었다. 이로 해서 이 지방의 농민군 활동은 끝났다.

2) 상주 · 선산 · 성주 지역의 항쟁

상주와 선산과 성주와 김산(金山, 현재의 김천) 지역은 7월 이후 농민군의 행동이 본격화되었다. 이 지역은 북접 대도주 최시형의 영향 아래 있었는데 농민전쟁 당시에는 공주 출신 송용주가 이 일대를 순행하면서 봉기를 충동한 적도 있었고 전봉준이 보낸 사자도 잠입하였다.

상주에는 이해 9월 말경 농민군 수천 명이 대도소를 설치하고 상주목 관아를 공격하여 점령하였다. 이들은 관아의 무기를 빼앗고 양곡을 거두면서 집강소와 같은 활동을 벌였다. 이 시기의 농민군은 영동 · 청산 · 황간 등지의 농민군이 합세하여 이루어졌으며 현지 출신 농민군은 양반과 종들이 많이 포함되어 있었다.

낙동 병참부에 주둔해 있는 일본군이 출동해서 상주 읍성을 기습하였다.

사다리를 타고 성벽을 올라가 농민군을 공격해서 읍성 밖으로 몰아냈다. 그 후 이곳 양반 유생과 아전들은 상주집강소를 차리고 읍성을 지켰다. 하지만 농민군들은 고을 각처에 출몰하면서 다시 상주 읍성을 점거하겠다고 하는 등 계속 활동을 전개하였다. 이에 소모사 정의묵과 유격장 김석중이 중심이 되고 또 대구에 주둔하는 경상감영의 병정과 용궁 · 함창 · 예천의 포군 8-9 백여 명이 합세해 철저한 토벌전을 벌였다.

두어 달쯤 토벌전을 전개하여 접주 수십 명을 처단하였고 1,500여 명의 농민군을 귀화하게 하였다. 상주의 농민군은 이 일대에서 가장 큰 세력을 이루고 끈질기게 항쟁한 것으로 알려졌다.

선산의 농민군은 김산과 개령 일대에서 온 농민군이 합세하자 읍성을 점거할 수 있었다. 그러나 선산의 관속이 해평에 있는 일본군에게 알리고 구원을 청하였다. 그리하여 선산 읍성을 점거한 농민군은 일본군의 기습을 받아 많은 희생자를 내고 물러났다.

또한 대구의 경상감영에서 남영의 병사 2백여 명을 보내 선산을 거쳐 김천 장터로 나오자, 편보언 등은 흩어져 갔다. 이어 지례로 진격해서 잔여 농민군을 색출했다.

성주에서는 8월 20일부터 농민군 활동이 전개되었다. 이웃 고을인 지례와 인동에서 잡직에 종사하는 무리들과 금광의 노동자와 무뢰배들 수십 명이 몰려오자 현지의 농민군들이 합세하여 1백여 명의 대오를 만들었다. 이들은 장날을 기해 거리를 횡행하면서 성주 목사에게 사채의 탕감, 투장(偸葬)의 해결, 호포의 감하, 요호와 이서배(吏胥輩)의 징치를 요구하였다.

이에 성주의 수성군은 10여 일 동안 활동을 벌이던 이들을 진압하고 고을 바깥으로 내쫓았다. 그러자 농민군은 다시 더 많은 세력으로 읍성을 들이쳤다. 성주 목사 오석영은 읍내를 지키지 않고 피신하였다. 그리고 대구감영으로 가서 감사에게 구원을 호소하였으나 위기에 임지를 지키지 않았다고 해서 감사는 접견조차 하지 않았다. 목사가 없는 성주읍내는 농민군이 들어가 불을 질러 민가가 대부분 불에 탔다. 읍내에서 불타지 않은 건물은 관청뿐이었다.

한편 이해 12월에 들어 김석중이 이끄는 상주 중심의 민포군은 영동 · 용산 · 보은으로 진격해 최시형과 손병희가 이끄는 농민군 토벌 작전을 일본군과 함께 벌여 성과를 올렸고, 보은 북실에서 마지막 전투를 벌여 농민군 수백 명을 사살했다.

아무튼 상주를 중심으로 한 농민군 활동은 6개월쯤 활발한 활동을 벌였으나, 경상감영군과 민포군 그리고 낙동강 일대에 병참소를 둔 일본군에 의해 많은 희생자를 내고 참담한 희생을 치른 끝에 뜻을 접어야 했다(위 사실은 신영우의 『갑오농민전쟁과 영남보수세력의 대응』과 상주동학농민혁명기념사업회의 『경상북도 상주동학농민혁명과 현대사로 이어지는 자료집』을 참고할 것).

3) 김산 · 지례 지역의 항쟁

김산 · 지례 지역의 활동과 양반 사족의 대응을 알아보자.

김산과 거창의 중간 지대에 자리 잡은 지례는 당시에 김산 소모영의 조시영 소모사와 김산 동학 도소의 도집강인 편보언의 지시와 영향을 받았다. 거창에도 소모영을 두었으나 주로 진주 등 하도 쪽을 관할하였다.

지례군은 1914년 조선총독부 지방행정구역 개편에 따라 인접한 고을인 김산과 통합되어 김천군에 속하게 되었으나 위로 김산, 아래로 거창, 동쪽으로 성주, 서쪽으로 무주와 인접해 있었다. 기간 도로는 김천역에서 거창으로 연결되는 중간 지점에 있었다. 특히 무주와는 삼도봉 · 대덕산과 경계를 이루고 있으면서 나제통문(羅濟通門)을 통해 교류를 가졌고, 주민들은 무주에 속하는 무풍장을 많이 이용하였다. 나제통문은 신라와 백제가 대치할 시기에 뚫었다고 하며 일제시대에 확장하였다는 설도 있다. 동학농민전쟁 당시에도 이런 지리적 환경에 영향을 받았던 것이다.

김산에서는 이해 8월 어모면 진목(참나무골)에 사는 도집강 편보언이 중심이 되어 여러 포접(包接)의 농민군을 거느리고 김산 장터에 도소 또는 집강소를 차리고 전라도의 집강소와 같은 활동을 벌였다. 그는 최시형과 전봉준의 지시를 받았다고도 공언했다. 편보언의 내력을 간단히 알아보면, 무관 집안의 중농의 아들로 태어나 일찍이 최시형을 따라 동학에 입도하였다 한다.

> 이해 9월 말경 편보언은 기병하라는 최시형의 통고를 받고 이를 각처에 전달해 주어 봉기하도록 하였고 전봉준의 통문을 받아 봉기하였다고도 한다. 김산군과 주변 고을의 농민군들은 곡식과 말, 창과 칼을 거두고 힘을 합쳐서 먼저 선산부를 공격하였다. 경상감영에서는 대구 남영의 군사 2백여 명을 선산과 김산으로 보냈다. 남영군이 김산 장터로 진격해 나오자, 편보언 등은 일단 흩어졌다. 이어 남영군은 지례로 진격해서 잔여 농민군을 색출하였다(이이화, 『동학농민전쟁인물열전』, 편보언 편 참고).

이 무렵 지례의 농민군들은 이웃 고을인 성주로 진출해서 성주 농민군과 합세해 관아를 점령하면서 활발한 활동을 전개하였다. 지례 농민군들은 김산과 선산과 성주를 넘나들면서 활동을 전개하여 세력권을 넓혔다.

편보언은 김산과 지례를 석권하면서 사족과 불량 지주를 압박하였는데 그 대상 지역은 주로 화순 최씨, 연안 이씨, 창녕 조씨, 여씨 등 이른바 양반 사족의 거주지였다. 이 과정에서 여씨 지주들이 주로 압박을 받았으며 다른 사족과 지주들은 피난을 하여 모면하였다(오늘날 김천시 세래에 거주하는 화순 최씨 종가의 『세장년록』 참고). 또 이곳 동학농민군은 다른 지역 농민군들처럼 "재화를 겁탈하고 무덤을 강제로 파헤치고 인가에 불을 질렀다."고 하면서 그 구체적 사례는 기록하지 않았다(조시영, 『소모사실』의 감결과 전령에 나옴).

동학농민군의 활동이 2차 봉기 기간에도 멈추지 않자, 의정부에서는 전국 요소에 소모영(召募營)을 두고 소모사를 임명해 전면적 토벌을 벌이기로 결정하였는데, 이 지역에는 김산 소모사, 상주 소모사, 거창 소모사를 설치하였다. 김산 소모사에는 이해 11월 21일자로 전 홍양현감인 조시영을 임명하였는데, 그 관할 구역은 김산을 비롯해 인동, 칠곡, 선산, 성주, 개령, 군위, 의홍, 비안, 고령 등지였으며 조방장은 김 산군수 박준빈이었다(『소모사실』에 나옴).

김산 소모사 조시영은 먼저 이웃 고을과 김산의 16면에 감결과 전령을 보내는 것으로 활동을 개시하였고, 오가작통(五家作統)을 실시하라고 지시하였다. 이어 수성군을 조직하고 동학농민군의 근거지인 김천 장시에 군사와 보부상 접장을 배치하게 조치하였고, 개령 등 마을마다 방비책을 마련하라고 일렀다. 연달아 이해 12월 최시형 · 손병희가 전라도 임실에서 무주 · 영동 · 청산 · 용산으로 진출하자 상주 소모영과 연대해 황간 · 창촌에 유진유격장을 배치해 추풍령을 방어하면서 김산을 넘어오지 못하게 하였다.

소모영의 활동을 요약해 보면 이러하다. 12월 13일, 조복용 · 남성원 · 이인길 · 이수원 · 김봉이 등 5명을 잡아 연무당에서 포살하였다. 같은 달 18일에는 전봉준의 부하인 무주의 농민군 김천순과 김원창을 잡아 포살하였다. 같은 달 24일에는 남홍언, 편사흠 등 4명을 잡았다. 두 농민군 지도자는 영남의 대적으로 5-8만 명을 거느리고 이해 8월 이후 "전라도 일도가 모조

리 함락되고 충청도와 경상도 두 도가 도륙이 날 것인데 곧 통일이 손바닥 뒤집듯 할 것이다."라고 말하면서 김개남에게 글을 올려 신하라고 일컬었다고 기록하였다. 이들을 김천역(원문에는 김산역이 아님) 앞의 대도(大都) 장시에서 효수하였다. 이어 이곳 귀화한 동학농민군이 3천여 명이라고도 하였다(『소모사실』의 경상도 소모사의 첩보).

김산 소모영의 활동은 1895년 정월 말 무렵에 끝을 맺었다. 이 관계 사실을 적은 『소모사실』에는 농민군 토벌 사실보다 주로 공문을 모아 놓아 그 한계를 드러내고 있으나, 전봉준과 김개남 등 남접 지도자와 연계된 모습을 알려 준다. 이 자료는 김산 일대의 사실을 알려 주는 기본 기록이 될 것이다.

이와 달리 상주 소모영의 군사들은 유격장 김석중의 지휘 아래 용산·보은 등 충청도로 진출해 보은 북실에서 손병희가 이끄는 농민군 토벌 작전을 폈으나, 김산 소모영의 군사들은 추풍령을 경계로 하여 월경을 하지 않았다. 끝으로 한 가지 밝혀 둘 것은 편보언은 숨어 지내다가 고향으로 돌아와 은둔 생활을 하였다는 것이다.

아무튼 김산과 지례 지역은 무주·상주와 함께 경상도와 전라도와 충청도의 접경 지역에 위치해 있으면서 전라도 충청도와 서로 긴밀하게 연대하고 교류한 실상을 보여주고 있다. 이는 진주·산청·하동의 농민군이 순천·여수·광양의 농민군과 연합 전선을 펼친 사례와 비교된다.

오늘날 민족 통일의 과제를 앞두고 해원상생(解寃相生)과 민족 화합의 의미에서 동학농민군이나 양반 사족의 후손들이 화해를 하고 새 역사 발전에 동참해야 그 역사 정신을 살리는 길이 될 것이다.

경상북도 동학 및 동학농민혁명사의 전개 과정

채 길 순 _ 소설가, 명지전문대학 문예창작과 교수

1. 들어가며

경상북도는 동학 창도의 지역 경주가 있는 지역이다. 창도 시기부터 민중들은 빠르게 동학을 흡수했고, 관 및 보수 양반 세력과 일본군의 탄압도 그만큼 심했다.

경주에서 최제우에 의해 동학이 창도되었고, 종교적인 체계를 갖춘 동학은 경상도 경계를 벗어나 강원 · 충청 · 전라 · 경기도로 점차 교세가 확장되어 나갔다.

1894년을 전후한 시기에 일본군은 조선 침략을 위해 부산에서 서울을 잇는 50리마다 요충지에 병참선을 두었다. 경상도 북서부에는 상주의 낙동, 선산의 해평, 함창의 태봉에 일본군 병참 기지가 있었다. 이 근동 지역 동학농민군이 일본의 병참기지를 첫째 공격 목표로 삼으면서 동학교도의 대 일본과의 투쟁이 치열하게 전개되었고, 이에 따른 희생 또한 컸다.

경상북도 지역 동학농민혁명사 연구는 표영삼 · 신영우 · 박맹수 등 여러 학자들에 의해 심도 있게 진행되었다. 표영삼은 창도주 최제우와 2세 교주 최시형의 행적을 비교적 실증적으로[1], 신영우는 특히 예천 · 상주 · 김천 등 경북 서북부 지역의 보수 세력과 동학농민군의 대립 갈등 과정을 중심으로 연구했으며[2], 박맹수는 2세 교주 최시형의 잠행 포덕 행적[3]을 중심으로 연구를 진행하였다. 이렇게, 경상북도의 동학 및 동학농민혁명사 연구는 사학계와 교계를 중심으로 다각도로 진행되었다.[4]

그러나 경상북도 지역별로 흐름과 사적을 체계적으로 정리한 연구는 미흡했다. 이 글에서는 경상북도 지역 동학 및 동학농민혁명의 흐름과 사적을 체계적으로 정리하고자 한다. 이를 위해 창도주 최제우의 동학 창도 및 포교 활동과 순도, 최시형의 초기와 후기의 동학 포교 과정, 이필제의 영해작변, 경상북도 서북부 지역의 동학농민혁명 시기의 투쟁 활동을 지역 별로 살펴보고자 한다.

이를 위한 기초 사료로, 토벌군 자료는 『소모사실(召募事實)』·『소모일기(召募日記)』·『경상도소모영전곡입하실수성책(慶尙道召募營錢穀入下實數成冊)』·『교남수록(嶠南隨錄)』·『토비대략(討匪大略)』·『(김산)소모사실(召募事實)』 등 6건이며, 민보군 자료는 『갑오척사록(甲午斥邪錄)』·『창계실기(蒼溪實記)』·『남헌유집(楠軒遺集)』 등 3건, 유생 자료는 『세장년록(歲藏年錄)』·『나암수록(羅巖隨錄)』·『동요일기(東擾日記)』·「척동비문(斥東匪文」·「여의흥졸채후(與義興倅蔡侯)」 등 5건, 그리고 동학농민군 자료 『학초전(鶴樵傳)』 1건 등을 참고했다.

2. 경상북도 지역의 동학 활동 개관

조선 후기 사회는 척신들의 세도정치로 인한 삼정의 문란으로 탐관오리의 착취가 만연하여 민심이 흉흉해져 가고 있었다. 조선 후기에 진주민란·익산민란·개령민란 등 전국 각지에서 민란이 연이어 일어났으며, 특히 경상·전라·충청의 삼남 지역이 극심했다. 민중들은 조선 후기의 민란으로 인한 엄청난 희생을 지켜보면서, 지도 이념이 없는 민란은 민중의 참혹한 희생만 뒤따른다는 뼈아픈 한계를 절감하고 있었다.

이때 경주 출신 최제우가 신분 · 적서 · 남녀 차별이 없는 민족종교 동학을 창도했고, 동학은 하층민을 중심으로 들불처럼 번져 갔다. 동학교도 수가 급속도로 늘어 가자 위기를 느낀 보수 봉건 세력과 조정에서는 창도주 최제우를 '좌도난정률(左道亂政律)'로 대구 관덕정에서 효수했다. 그러나 민중의 가슴에 남아 있던 동학의 불씨가 꺼지기는커녕 경주 경계를 넘어 경상 북부 · 강원 · 충청 · 경기 · 전라 지역으로 들불처럼 번져 갔다.

경상북도의 동학 교세 확장 구도는 전기와 후기로 나누어 볼 수 있다. 전기는 창도 초기인 1860년대 창도주 최제우 재세 시기와 2세 교주 최시형의 초기 잠행 포교 행적과 교단의 체제 형성의 특징을 지니며, 경상도를 중심으로 움직이고 있었다. 후기는 2세 교주 최시형의 잠행 포덕 행적을 중심으

〈그림1〉 경상북도 동학 교세 확장 구도

⇒ 전기 1860년대 초 교세 확장 방향 → 후기 1880년대 교세 확장 방향

로, 1880년대 강원도에서 충청도로 확장되어 보은 · 옥천 · 영동 · 황간 지역에서 팔음산을 넘어 경상도 경계인 상주로 다시 들어와 예천 · 선산 · 김천 등지로 동학 교세가 확장되는 과정을 확인할 수 있다(〈그림1〉 참조).

경상북도 북서부 지역의 동학 교세는 1880년대 이후 공주취회 · 삼례취회 · 광화문복합상소 · 보은취회 등 교단 차원의 교조신원운동을 거치면서 시민운동의 성격을 지니면서 빠르게 성장해 나가고 있었다.

경상도의 동학교도들은 1894년 초부터 전라도 지역의 동학농민군 봉기 소식에 고무되어 3월부터 상주 · 예천 · 김천 등지에서 동요가 있었으며, 6월부터 동학교도들의 본격적인 투쟁활동이 나타났다. 특히 2차 봉기를 전후한 시기에는 일본군 병참부가 있던 예천 · 상주 · 선산 · 김천 · 안의 · 거창 · 의흥 · 성주 지역을 중심으로 치열한 투쟁 활동이 전개되었다.

3. 최제우의 동학 창도 및 포교 활동과 순도 사적

1) 민족종교 동학 창도와 박해의 땅, 경주

신라 천년의 고도 경주는 민족종교 동학의 발상지이다. 경주를 비롯하여 그 부근에는 최제우의 창도에서 순도에 이르기까지 다양한 동학 사적이 있다. 대표적으로 창도와 포교의 발상지인 경주 구미산 아래 용담정, 〈을묘천서(乙卯天書)〉를 받은 울산시 유곡동 여시바윗골, 본격적인 구도 활동을 시작한 양산 내원암과 적멸굴, 체계적인 동학 포덕을 위해 접주제를 실시한 홍해읍 매곡동, 최제우의 고난의 흔적이 배어 있는 문경새재 및 유곡동, 최제우가 참형된 대구 관덕정 등이다.

최제우는 가난한 선비 최옥과 한씨 부인 사이에서 태어나 불우한 어린 시절을 보냈다. 최제우의 삶은 고난의 연속으로, 21세 때부터 31세까지 무려 10여 년 동안 전국을 떠돌았다. 최제우는 이런 절망의 길 위에서 값진 깨달음을 얻었다. 온 세상이 괴질에 걸려 있으며, 삶을 열어 갈 새로운 길을 찾지 않으면 안 되었다. 최제우는 당시 사회 중심에 자리하고 있던 유교로는 후기 조선 사회가 당면하고 있는 총체적인 위기 극복은 물론 일본 및 서구의 침략에 대한 대안이 될 수 없다는 결론을 얻게 된다. 최제우는 괴질에 걸린 세상에 대해 낙망한 채 용담정 초막으로 돌아온다.

1860년 4월, 최제우는 용담정에서 한울님으로부터 무극대도를 받는 종교적인 체험을 하게 된다. 이어 최제우는 자신의 처가 동네인 울산 여시바윗골에서 수도하던 중에 이인(異人)으로부터 〈을묘천서〉를 받는다. 그 안에 '하늘에 기도를 하라'는 내용이 담겨 있었다. 이때부터 최제우는 세상을 구할 도를 밖에서 찾을 것이 아니라 기도를 통해 하늘로부터 구해야 한다는 깨우침을 얻게 된다. 최제우는 양산 천성산 적멸굴에 들어가 한 해에 가까운 기간 동안 고된 수련과 수도의 과정을 거치게 된다.

1861년 6월, 최제우는 비로소 세상 사람들에게 동학 포교를 시작한다. 양반 천민 구별 없이 모두 한울님을 모시고 있으므로 세상의 모든 사람은 근원적으로 평등하다는 시천주(侍天主)의 가르침은 당시 평등 세상을 꿈꾸는 민중들로부터 폭발적인 호응을 얻게 된다. 동학에 대한 소문을 들은 사람들이 구미산 용담정으로 몰려들었다. 그들이 돌아가 다시 소문을 내니 구미산 골짜기는 날마다 사람들이 넘쳐 나게 되었다. 이로 인해 최제우는 관아의 지목을 받는 처지가 된다.

관의 지목이 심해지자 최제우는 1862년 11월에는 용담을 떠나 전라도 남원 교룡산성 안에 있는 은적암(隱跡庵)으로 피신하여 한 해 겨울을 보내게 된다. 이곳에서 최제우는 수도를 통해 동학의 경전인 「논학문(論學文)」·

「권학가(勸學歌)」·「도수사(道修詞)」를 저술하는 등 동학 교리의 기틀을 마련하고 사상 체계를 갖추게 된다.

최제우는 남원 은적암을 떠나 경주 용담으로 돌아와 포덕 활동을 재개했다. 최제우가 돌아왔다는 소문을 들은 동학교도들이 몰려들면서 다시 관의 지목을 받게 되었다. 이번에는 흥해 매곡동에 있는 손봉조의 집으로 피신했다. 최제우가 이곳에 머무는 동안에도 입도자가 날로 늘어가자 교문의 규례를 정해 접주제를 시행하면서 비로소 동학은 종교적인 체계와 면모를 갖추게 된다.

1865년 12월 10일, 중앙 정부에서 내려 보낸 선전관 정운구(鄭雲龜)는 경주부의 병졸 30여 명을 이끌고 용담정으로 출동하여 최제우를 포박하고 함께 있던 제자 23명을 체포했다.

최제우는 서울로 압송되었다가 과천에 이르러 철종의 부고를 접하고 대구 감영으로 되돌아왔다. 경상 감사 서헌순의 '그른 도[左道]'로 '바른 길[正]을 어지럽힌다[亂政]'는 좌도난정(左道亂政)의 죄명으로 대구 장대에서 참형을 당했다.

주요 사적지

- 동학의 발상지 용담정(1911년에 건축), 경주시 현곡면 마룡리
- 창도주 최제우 탄생지, 유허비, 주변 태묘(경주시 현곡면 가정리 일대)
- 황성공원 해월 최시형 동상(1979년에 건립, 경주시 황성동 산1-1)

2) 〈을묘천서〉를 받은 울산 여시바윗골, 울산

길 없는 길을 찾아 10여 년을 주유팔로(周遊八路) 한 최제우는 세상을 제

도할 가르침도 얻지 못한 채 경주로 돌아와 정신적 공황 상태에서 처가 마을인 울산 유곡동 여시바윗골로 찾아들었다. 최제우가 달을 품었다는 함월산 여시바윗골에 찾아왔을 때는 31세 되던 1854년 가을이었다. 최제우가 수련을 시작했으나 이곳은 최제우가 오래 머물 형편이 되지 못해서 울산 읍의 여사(旅舍)에 머물면서 구도에 필요한 초가삼간을 짓고 논밭을 마련했다.

이듬해 봄, 두 평 남짓한 작은 방에서 기도를 하고 있을 때 한 이인(異人)이 찾아왔다. 금강산 유점사에서 백일기도를 마치고 왔다는 그는 "내가 기도를 마치던 날, 탑 앞에서 책 한 권을 발견했는데 그 책 내용을 아는 이가 없어 물어물어 여기를 찾아왔다."고 말했다. "사흘 안에 책 내용을 알아 달라."고 말하고 돌아갔다. 최제우가 사흘 뒤에 다시 찾아온 이인에게 "책 내용을 짐작할 것 같다."고 말하자, 이인이 "책 내용을 아는 자가 바로 그 책의 주인이다. 부디 책의 내용대로 세상을 구제해 달라."고 당부하며 돌아섰다. 최제우가 따라나서며 배웅을 하려는 순간, 그 이인이 홀연히 사라졌다. 바로 동학에서 말하는 창도주 최제우의 〈을묘천서〉 사건[5]이다. 최제우에게 〈을묘천서〉는 천하주유의 방랑 생활을 청산하고 본격적인 수도 생활로의 정착을 의미하는 동시에, 동학이 종교로서 체계를 갖추는 계기가 되었다. 물론 지금 〈을묘천서〉는 전해지지 않는다.

〈을묘천서〉를 받은 위치 고증에 대해서는 고 표영삼 상주선도사의 조사 당시 사적에 대한 기록이 비교적 상세하다. "최제우가 〈을묘천서〉를 받은 집터는 대나무로 우거져 있고, 다만 감나무 한 그루만이 옛집 마당가에 표지처럼 자리를 지키고 있다. 집터의 대나무 속에는 구들장과 굴뚝으로 사용한 것으로 보이는 검게 그을린 돌들이 남아 있다."고 했다.

여시바윗골 주변 사적으로는 최제우가 49일 기도한 천성산 적멸굴이 있고, 3세 교주 손병희의 49일 기도처 내원암(현 내원사)이 있다.

주요 사적지

● 〈을묘천서〉를 받은 여시바윗골 유허지(중구 유곡동)

3) 창도주 최제우의 자취와 이필제의 열망이 꺼진 땅, 문경

조령(鳥嶺, 일명 새재)은 경북 문경시와 충북 괴산군이 경계를 이루는 해발 642미터 고개이다. '새들도 날아 넘기 어려운 고개' 또는 '억새풀이 많이 우거져서' 유래된 이름이라 한다. 최제우가 선전관 정운구에게 피체되어 서울로 압송될 때, 소문을 들은 동학교도들이 추풍령에 모여 있다는 소식을 접하고 애초의 계획을 바꿔 상주에서 말티재를 넘어 보은으로 가는 길을 택하게 된다. 압송 행렬이 과천에 이르렀을 때 철종이 승하하여 모든 죄인은 해당 관에서 문초하라는 지시에 따라 대구 감영으로 발길을 돌리게 된다. 이번에는 압송 일행이 새재를 택했는데, 고갯마루에 이르자 동학교도 수천 명이 횃불을 들고 나와 압송되는 최제우의 뒤를 따랐다. 최제우는 압송 수레를 세우고 제자들을 향해 "나는 천명을 따를 뿐이다. 내가 오늘 이 길을 걷는 것 역시 천명이니 너희들은 안심하고 돌아가 수도에 힘쓰라."[6]고 제자들을 달래니 제자들은 눈물을 흘리면서 최제우에게 경배하며 좌우로 길을 터주었다. 제자들을 향한 최제우의 마지막 설법이 된 셈이다. 압송 행렬은 그날 밤 유곡동 원에서 묵게 된다. 최제우는 이곳에서 1864년 정월 초하루를 맞고 대구 감영으로 길을 재촉한다.

또 이곳 문경새재는 1871년 영해작변을 주도했던 이필제의 야망의 불꽃이 스러진 곳이다. 이필제는 동지를 모아 3월 10일 영해부로 쳐들어가 부사를 처단하고 관아를 점령하는 데 성공했으나 일월산으로 철수했다. 이곳에서 관군의 공격을 받아 체포되거나 사살되었다. 그 후 몸을 피한 이필제와 김낙균은 조령관 내 초곡에서 단양 정기현과 합세하여 다시 거사할 계획을 세웠다. 그러나 8월 2일, 거사를 미리 눈치챈 조령 별장의 수색으로 이필제·정기현·정옥현이 체포되면서 막을 내렸다.

이필제는 1871년 12월 24일 군기시 앞길에서 모반대역부도죄로 능지처사됨으로써 생을 마쳤다. 함께 잡힌 정기현은 모반대역죄로, 정옥현은 사실을 알고서 고발하지 않았다 하여 서소문 밖 형장에서 참형되었고, 세 사람은 서소문 밖 저잣거리에 효시되었다.

동학농민혁명 시기인 1894년 9월 28일에는 문경 동쪽 5리 지경에 있는 석문(현 문경시 산북면)에서 동학농민군과 관군이 접전을 벌였다는 기록이 있다.

주요 사적지

- 새재, 최제우 행적과 이필제 피체지(조령 초곡리)
- 최제우가 제자들을 보내고 묵었던 유곡동 원터(문경읍 상초리, 문경북초등학교 자리)
- 동학농민군과 관군 전투지(산북면 위치 불상, 새재 동쪽 5리 떨어진 석문)

4) 최제우의 동학 창도와 순도의 땅, 대구

1864년 1월 6일, 서울로의 압송 중 과천에서 철종의 승하 소식을 듣고 대구 감영으로 되돌아온 최제우는 관찰사 서헌순으로부터 22차례의 혹독한 신문을 받았다. 1월 21일부터 2월 하순까지 함께 체포된 13명의 제자들과 함께 거의 매일 고문을 당했다. 당시 정황을 보면 “추운 겨울날 묶어 놓고 마당에 꿇어앉힌 다음 매질을 가하면 얼어붙은 살결은 쭉쭉 갈라지고 선혈

이 낭자하여 차마 눈뜨고 볼 수 없는… 끔찍한 광경이었다."고 했다. 또 다른 기록에, "1864년 2월 하순 대구 경상 감영의 뜰에서 우두둑 하는 큰 소리가 났다. 경상 감사 서헌순이 '무슨 소리냐?'고 묻자 '죄인의 다리뼈가 부러지는 소리입니다.'고 했다."는 기록으로 미루어 당시 참혹했던 신문 과정을 가늠케 한다.

당시 조서의 내용은 '동학이란 서양의 도술을 그대로 따른 것으로, 오직 이름만 바꾸어 세상을 현혹시키는 것'으로, 당시의 서학(천주교 · 기독교)과 같은 사교(邪敎)로 규정지었다. 그러나 최제우는 도리어 그들에게 무극대도의 참뜻을 설파했다. 서헌순은 최제우에 대한 신문 내용을 조정에 보고조차 하지 않았다. 이는 애초부터 최제우를 참형할 목적이 정해졌기 때문이다.

1864년 3월 10일, 최제우는 대구 남문 앞 관덕정에서 참수되었다. 그의 죽음은 '다시 개벽'을 위한 희생이었고, 이 땅에 평등을 꽃피우는 희생이었다. 최제우가 참형을 당한 관덕정은 옛 아미산 북쪽 아래 대구 읍성 남문 즉, '영남제일문' 밖 서남쪽으로 200보 지점에 있는 대구 감영의 도시청(都試廳)이었다. 당시 관덕정 부근은 무예를 닦던 곳으로, 관덕정 앞을 흐르는 개천을 건너 아미산 언덕으로, 현재 복명초등학교가 자리 잡고 있다. 이곳을 최제우의 순도 자리로 추정하고 있다.

관덕정에서 조금 떨어진 대구 달성공원 입구 오른쪽에 최제우의 동상이 있다.

주요 사적지

- 관덕정 최제우 처형 터(복명초등학교자리, 수성구 범안로 20길 8)
- 달성공원, 최제우 동상(중구 달성동 294-1번지)

4. 최시형의 초기 도피처와 동학 포교 지역

최시형이 신광면 마북리 검곡으로 들어온 것은 동학에 입도하기 8년 전이다. 입도한 뒤 수련에 힘써 1865년 3월에 스승 수운으로부터 '포덕에 종사하라'는 포교 명을 받고 검등골을 떠나 포교를 시작했다. 최제우가 순도한 뒤 최시형은 관의 지목을 받게 되자 안동·평해·울진 등지로 피해 다니면서 포덕에 힘쓰게 된다.

동학의 교세가 확장되고 교단이 안정을 찾아 가고 있을 때 이필제가 교조신원운동을 제안한다. 이필제의 영해작변이 실패로 돌아가자 최시형은 교단이 초토화되고 관에 쫓기게 되었지만, 그의 잠행 포덕 지역이 경상도 경계를 넘어 강원·충청·경기도로 지평을 넓혀 가는 계기가 되었다.

1) 최시형의 수도와 포덕의 발원지 포항 검등골, 포항

검등골의 왼쪽 골짜기 마을 터일은 최시형이 성장한 곳이며, 더 안쪽 올금당에 있는 종이 공장에서 17세부터 19세까지 직공 생활을 했다. 최시형은 터일에서 결혼했으나 생활이 곤궁하여 처가가 있는 흥해 매산동에서 한동안 농사일을 했다. 그러나 형편이 나아지지 않아서 마북동으로 돌아온다. 이곳 생활 역시 곤궁하게 되자 20여 리 떨어진 검등골로 들어가 화전을 일구어 생활하게 된다.

최시형이 고단한 삶의 여정에 있을 때, 민중들에게 새로운 희망을 주는 동학의 도(道)가 세상에 퍼지고 있다는 소문을 듣는다. 최시형은 경주 용담정으로 최제우를 찾아가 입도한다. 최시형은 한 달에 서너 번씩 용담정을 찾아가 스승으로부터 강론을 듣고 도법(道法) 배우기에 힘썼다. 당시 최시형은 추운 겨울날에도 검등골 집 아래 계곡의 찬물에 매일 목욕을 하며 수련했다. 이런 고된 수련을 거듭한 최시형은 1865년 3월에 수운으로부터 '포덕에 종사하라'는 포교 명을 받고 포덕에 나서 여러 지역을 순회하였다.

최시형은 최제우가 처형되자 관의 추적을 피해 안동 · 평해 · 울진 등지로 은신하며 포덕했고, 검등골로 돌아와 많은 도인들을 모아 창도주의 탄신 향례를 봉행했다. 이때 최시형은 "사람은 한울이라 평등이요 차별이 없느니라. 사람이 인위(人爲)로써 귀천(貴賤)을 가리는 것은 곧 천의(天意)를 어기는 것이니 제군(諸君)은 일체 귀천의 차별을 철폐하여 스승님의 뜻을 계승하기로 맹세하라." 하여, 평등무차별(平等無差別) 양천주 법설을 했다. 이는 동학의 교세 확장과 조직 체계를 공고히 다지는 계기가 되었다.

주요 사적지

- 최제우가 최초로 접주제를 실시한 곳(흥해읍 매곡동, 위치 불상)
- 최시형 집터와 수련하던 곳(신광면 마북리 검등골, 올금당)
- 해월 최시형 어록비(신광면에서 마북리로 들어가는 입구)

2) 최시형의 은신처이자 동학 교단이 체계를 갖춘 곳, 울진

울진군 죽변리는 최시형이 '영해작변'으로 인해 쫓길 때 동경대전과 용담유사를 필사한 곳이며, 최제우의 부인 박 씨가 은거한 곳이다.

최시형이 죽변에 들어온 시기는 1865년 정월이었다. 최제우가 순도한 뒤 최시형은 대구를 탈출하여 안동 이무중의 집에 기거하다가 영덕 거천리를 거쳐 평해 황주일의 집에 은신한다. 그러나 최시형을 추적하던 안동 포졸이 이무중을 체포하여 최시형의 행적을 추궁하는 급박한 상황이 되자 울진 죽변으로 옮겨 온다. 당시 죽변은 동학교도들이 많아 경제적인 뒷받침이 가능했고, 경주와 대구로부터 멀리 떨어진 해안이어서 관의 지목을 피할 수 있었기 때문이다.

당시 울진의 동학 교세는 영해작변 때 동학교도 150명이 참여한 것으로 미루어 동학의 교세가 매우 컸음을 짐작할 수 있다.

최제우가 순도한 뒤 박씨 부인과 아들 세정은 대구 관아에서 풀려나 잠시 경주 지동의 최세조의 집에 머물렀으나 계속된 관아의 지목으로 정상적인 생활이 어려웠다. 상주 도인의 소개로 동관음으로 옮겼으나 10여 명의 식솔을 돌봐야 하는 박 씨는 극심한 생활고에 시달렸다. 그러던 중 최시형이 죽변에 은거하고 있다는 소문을 듣고 죽변으로 찾아왔다. 최시형은 곧 집을 마련하여 극진히 모셨다.

최시형은 죽변에서 2년을 보내면서 사가(師家)에 대한 보살핌은 물론 『동경대전』과 『용담유사』의 필사, 연중 네 차례의 49일 기도식을 봉행하고, 정기적인 집회와 계 조직 등 다양한 동학 교단 활동을 펼쳤고, 검등골 등지를 순회하면서 법설에 힘썼다.

최시형이 죽변에 거처하는 동안 영해 · 영덕 · 영양 · 상주 · 문경 등지에 동학교도가 늘면서 교세가 크게 중흥되었다. 이는 뒷날 영해 교조신원운동을 결행케 하는 계기가 되었다고 볼 수 있다.

주요 사적지

● 최시형이 은신하며 『동경대전』 및 『용담유사』 복사(울진군 죽변리, 위치 불상)

5. 이필제의 교조신원운동 영해작변 사적

1) 교조신원운동의 시발점, 영해작변

영해에 동학이 들어온 것은 최제우 재세 시절인 신유 포덕 때 용담으로 직접 찾아온 박하선(朴夏善)의 입도로 비롯되었다. 이듬해 최시형이 영해 · 영덕 · 흥해 등지로 포덕에 나서면서부터 동학 교세가 확장되었다.

이로부터 10여 년 뒤인 1871년 3월 10일, 최제우의 제삿날을 맞아 전국의 동학교도 500여 명이 병풍바위 아래에 모여들었다. 모두 청포를 입고 머리에 유건을 썼다. 동학농민군은 형제봉에 올라가 소를 잡아 하늘에 고하되 '무극대도의 후천개벽 동학의 이상 세계가 열리기를 축원'했다. 제천 행사를 마친 동학교도들은 죽창과 몽둥이와 횃불을 들고 3시간 정도 걸어서 영해에 도착했고, 울진에서 온 교도 150여 명과 합류했다. 단숨에 영해 관아를 점령하여 군기고에서 무기를 탈취하고, 부사를 포박하여 부정부패를 추궁했다. 부사가 저항하자 김진균 · 강사원 등이 칼로 쳐서 죽이고 부사의 인부를 탈취했다. 다음 날 오후까지 영해부에 머물면서 읍민을 위무하는 격문을 내고, 탈취한 돈 140냥을 나누어 주었다. 읍민들이 산으로 도망가서 이들을 규합하여 영덕 · 영양 · 평해 등지를 연이어 공격하고, 여세를 몰아 서울로 진격하려던 계획은 실현되기 어렵다는 현실을 깨닫게 되었다. 안동 부사 박제관(朴齊寬)이 영해 안핵사로 임명되어 진격해 오자 이필제가 이끄는 동학농민군은 일월산으로 퇴각했다.

이필제는 몰락 양반 출신으로, 현세의 정치 현실에 불만을 가진 신지식인이었다. 이필제는 동학을 통해 사회 현실에 불만을 가진 신지식인들을 규합해 나갔으며, 1871년 당시에는 최시형에 버금가는 동학교도들을 거느리고 있었다. 이들은 관군에 포위되었다. 최시형과 이필제 · 강사원 · 김낙균 등 지도부는 관군의 포위망을 뚫고 나와서 봉화를 거쳐 단양으로 피신했다. 교전 중에 관군의 총칼에 죽거나 체포되어 효수형으로 희생된 동학교도가 77명에 이르렀다. 이른바 영해작변 혹은 신미사변이다.

당시 최시형이 영해작변에 소극적이었다는 기존의 견해와 달리 적극적으로 참여한 것으로 알려졌다.[7] 이필제와 그를 뒤따르던 동학의 신지식인 계층이 표면적으로 내세운 것은 교조신원이었지만, 그들은 동학이 한 사회를 이끌어 갈 사상임을 인정받고자 했다.

영해작변으로 인해 동학 교단이 와해되는 등 피해가 컸지만, 이를 통해 최시형의 지위가 확고해지는 계기가 되었다. 동학교도들의 참상을 목격한 최시형은 종교적인 동기보다 사회적인 동기가 강한 신지식인들의 집단행동을 경계하게 되었으며, 때를 중요시하는 용시용활(用時用活)의 법설을 내렸다.

이필제는 그해 8월 문경새재에서 재기를 꾀하다, 관에 의해 사전에 발각되어 체포되었고, 서울로 압송되어 12월 23일 서울 서소문 밖에서 능지처사로 47세 생애를 마감했다.

주요 사적지

- 영해작변 싸움터(영해부 관아터와 영해 읍성 자리, 영해면 성내리)
- 영해작변 사전 제사터(창수면 신기2리 병풍바위 아래)

2) 영해작변 세력 최후의 전투지 일월산, 영양

1868년 최시형이 예천 수산리를 떠나 일월산 상죽현(윗대치)으로 옮겨 왔다. 영해부에서 물러난 이필제를 비롯한 동학 지도부는 영양군 일월면 용화리 일월산으로 도피했으나 곧 관군에 포위되었다. 최시형과 이필제 · 강사원 · 김낙균 등 지도부는 관군의 포위망을 뚫고 탈출하여 단양으로 피신한다.

영해작변 이후 영양 지역의 동학교도 활동은 구체적으로 나타나지 않는다.

주요 사적지

- 최시형 도피처 일월산 상죽현(上竹峴, 용화리 윗대치)
- 영해작변 일월산 싸움터(일월면 용화리)

6. 동학농민혁명 시기 경상북도 북부 지역의 동학 투쟁 활동

경상북도 북부 지역은 상주 · 예천 · 선산 · 김천 · 성주 · 안동 · 문경 · 의성 · 개령 등지로, 최시형의 후기 도피처이자 주요 포교 지역이었다. 이 지역 동학 조직은 관동포(예천 문경), 충경포(상주 선산 김천), 상공포(상주 예천), 선산포(선산 김천), 영동포(김천 개령)의 5개 대접주 조직을 두었을 정도로 동학 교세가 성했다. 따라서 동학농민혁명 시기에 투쟁이 활발했고 희생 또한 어느 지역보다 극심했다. 전라도 쪽에서 봉기 소식이 전해진 1894년 3월부터 상주 · 김천을 중심으로 동학교도들의 움직임이 나타나기 시작했고, 6월부터 동학교도들의 본격적인 투쟁 활동이 전개되었다. 특히 2차 봉기를 전후한 시기에는 일본군 병참부가 있던 예천 · 상주 · 선산 · 김천 · 안의 · 거창 · 의흥 · 성주 지역에서 투쟁 활동이 치열하게 전개되었다.

고성 부사 오횡묵이 쓴 '고성부총쇄록(固城府叢鎖錄)'[8]에 따르면 "갑오년 9

월 초까지 경상도 지역 71개 군현 가운데 무려 60여 군현에서 농민 봉기가 일어났다."고 하여 당시 경상도 봉기 상황을 짐작케 한다.

특히 경상 북부 지역 동학교도들이 일찍부터 무장봉기에 나서게 된 까닭은 일본군이 조선 침략을 위해 설치한 병참기지 때문이다. 일찍이 예천의 동학농민군이 일본군 병참부 공격을 준비하자, 태봉 병참부의 일본군 다케우치 대위가 정탐하러 나왔다가 용궁에서 동학농민군에게 피살당하는 사건이 일어났다. 이로 인해 예천의 동학농민군은 가장 먼저 일본군과 전투를 벌이게 된다.

9월 22일 김천 · 선산 · 상주의 동학농민군은 각각 김산 관아와 선산 · 상주 읍성을 점거했다. 이는 해평과 낙동 지역에 자리 잡고 있는 일본군 병참부를 공격하기 위해서였다. 비록 일본군의 기습 공격으로 바로 읍성에서 패퇴하고 물러났지만, 이런 투쟁 양상이 경상 북부 여러 지역에서 일어났다.

1) 경상 북서부 지역 동학 활동의 중심지, 상주

상주는 경상 북서부 지역 동학농민군 활동의 핵심 지역이었다. 상주는 소백산맥을 경계로 충청도와 경상도가 나뉘는 지역인데, 최시형이 산세에 의지하여 잠행 포덕하기에 용이하기도 했지만, 충청 · 전라 · 경기도 지역으로 교세를 확장하는 데 용이한 지리적 여건을 지니고 있었다.

상주의 동학 사적은 초기 최시형의 상주 포덕과 박 씨의 도피 과정, 최시형의 후기 포교 과정과 교조신원운동 추진 과정, 집강소 설치 시기와 후기 동학농민혁명 시기의 전투, 상주 지역 소모군의 동학농민군 토벌 과정 등을 통해 살펴볼 수 있다.

최시형이 최제우로부터 동학을 널리 포덕하라는 명을 받아 관의 기찰을 피해 상주로 들어와 지역 토호 양반 세력의 눈을 피하기 위해 산골 마을을 다니면서 포교 활동을 전개했다.[9] 그렇지만 외서면 우산서원의 동학 배척 통문이 1863년 9월부터 돌기 시작했고, 상주 일대 유생들의 결속체인 도남서원에서 동학을 배척하는 통문을 옥성서원에 보낸 사실만으로도 당시 상주 지역 동학 교세를 짐작할 수 있고, 보수 양반 세력의 조직적인 저항을 짐작할 수 있다.[10]

『천도교창건사』에 따르면 왕실촌 동관암은 박씨 부인이 관의 추적을 피해 1865년과 1867년 두 차례 은신했던 곳이다.[11] 처음 동관암을 소개한 이는 육 씨 성을 가진 사람이었으며, 상주 교인 황문규 · 한진우 · 황여장 · 전문여 등이 뒷바라지했다. 그러나 이곳 생활 역시 안전하지 못해서 최시형이 은신하고 있는 울진군 죽변리로 옮겨야 했다. 이는 1865년 무렵이었다. 왕실촌은 오늘날 공성면 효곡리인데, 박씨 사모와 최시형이 어느 집에서 기거했는지는 알 길이 없다.

최시형이 1885년 9월부터 1887년 3월까지 왕실촌에 머물면서 봄가을에 한 차례씩 49일 기도를 봉행했으며, 교도들에게 사인여천의 생활화와 위생관념을 고취시키는 법설을 남겼다. 최시형이 왕실촌에 다시 들어온 것은 1892년 5월 중순으로, 충청 감사 조병식의 동학 탄압 때문이었다.[12]

최시형은 1893년 10월까지 왕실촌에 머물면서 공주 삼례취회를 비롯하여 광화문복합상소, 보은취회와 같은 교단 일을 계획하거나 지휘했다. 최시형이 왕실촌으로 들어온 지 얼마 지나지 않아 서인주(徐仁周=서장옥) · 서병학(徐炳學) 두 사람이 찾아와 창도주의 신원운동을 허락해 줄 것을 간청했으나 최시형은 처음에는 자중할 것을 권유했다. 1871년 영해 교조신원운동 때 많은 교인들의 희생을 뼈저리게 체험했기 때문이다.

최시형의 이 같은 포교 행적과 동학 교단 활동으로 인해 1894년 여름 경상 북서부 지역의 군현 가운데 상주의 동학농민 조직이 가장 강력한 활동을 펼쳤다. 특히 동학 교단의 거점이었던 충청도의 보은·황간·청산과 인접한 화동·화서·화북·모서·모동·공성면 일대는 상주 동학 세력의 중심이었다. 그리고 상주는 선산·김천·개령·지례·함창 등지로 동학 교세를 확장해 나가는 교두보 역할을 했다.[13]

지금까지 살펴본 바와 같이 상주 지역 동학은 1860년대 창도 초기에 교세가 확장되었다가, 후기인 1880년대에 다시 교세가 활성화된 것으로 보인다.

상주 31개 면 가운데 동학 세력이 특히 강력했던 지역은 중화(화북·화서·화동·모서·모동면) 지역이었다. 이 중 하부 조직을 통제하던 마을로는 덕곡·임곡·용호·사제·대곡·왕곡 등지였다. 덕곡의 동학농민군 지도자는 접주 신광서 정기복인데, 이들은 1894년 여름이 되면서 동학 지도자로 대두된다. 그리고 모서 지방에 김현영(金顯榮)·현동·현양 3형제가 걸출한 동학농민군 지도자로 부각된다.[14]

상주의 동학농민군이 무장을 강화한 시기는 1894년 6월 말경이었으나 이렇다 할 충돌은 없었다.

9월 18일 최시형이 재기포령을 내리자 호서·기호 각 군현의 동학농민군들이 보은·청산·옥천·영동·황간 지역으로 집결하고 있었으나, 상주 지역은 읍내 점거를 시도하고 있었다. 9월 22일경, 이곳의 대읍인 상주와 선산 관아가 별다른 충돌 없이 동학농민군에 의해 점거되었다. 상주 읍성 점거에는 함창·예천·상주의 동학농민군이 동원되었고, 선산·읍성 점거에는 선산 김천의 동학농민군이 합세했다.

당시 상황을 좀 더 상고할 필요가 있겠다. 당시 상주목에는 진영도 있었고, 관포대 100명이 수성군으로 있었지만, 엄청난 동학농민군의 세력 앞에서는 속수무책이었다. 상주 목사 윤태원은 물론 호장 박용래·이방 김재익을 비롯하여 향리들이 모두 성 밖으로 달아났다. 관아를 점령한 동학농민군은 객관에 지휘부를 설치하고 관아의 무기로 무장했다.

낙동 병참부에 있던 일본군이 출동한 것은 9월 28일 10시경이었다.[15] 화력이 우세한 일본군이 조교(弔橋)를 이용하여 성벽을 넘어 총을 쏘고 들어가자 동학농민군들은 100여 명의 희생자를 낸 채 뿔뿔이 흩어졌다.

일본군이 읍성에서 철수하자 향리들이 장악하여 치안을 맡았다. 곧이어 집강소라는 이름으로 상주 민보군이 결성되었다. 집강은 지역을 대표하는 성씨인 박명현(朴明顯)·강진규(姜進圭)·차재혁(車載爀)이 맡았다. 이들은 태평루에 자리 잡고 체포한 동학농민군을 처형했다. 동학농민군을 토벌할 민보군이 처음에는 호응을 얻지 못하다가 조정에서 정의묵을 상주 소모사로 선임한다는 공문서가 도착하자 상주의 보수 지배층이 모여들어 소모군이 결성되었다. 이렇게 결성된 소모군에 의해 동학농민군에 대한 가혹한 토벌전이 전개된다. 특히, 유격장을 자청하고 나선 김석중은 유격병대를 이끌고 모동·모서·공성·화동·화서·화북·중화, 심지어 충청도 보은·청산·영동·옥천 등지까지 진출하여 동학농민군을 닥치는 대로 학살했다.[16]

상주 지역 동학농민군은 1백여 명의 희생자를 낸 채 읍성에서 퇴각한 뒤부터 기세가 급격히 꺾였다. 대접주 김현영을 비롯한 동학농민군 지도자들은 읍성 재점거를 포기하고 북접 동학농민군에 대열에 합류했다. 모서면 김현동·구팔선 등이 기포 통문을 돌려 11월 거사를 종용했지만 별다른 호응이 없었다. 상주 동학은 거대한 조직을 지니고도 단지 읍성 점거와 패퇴로 투쟁의 막을 내리고 말았다. 이어서 일본군과 관 민보군에 의한 참혹한 토벌 대상이 되었다.

최시형의 상주 지역과의 인연은 질겼다. 최시형은 1996년 7월부터 9월까지 2개월간 상주군 화서면 높은 터에 다시 찾아들어왔다가 떠났다. 최시형에게 은신처는 늘 막다른 골목이었지만, 최시형이 이곳에 들렀을 때는 동학농민혁명의 실패로 그의 주위에는 참혹하게 죽어 간 동학교도의 원혼들이 곁을 서성이고 있을 때였다. 게다가 관의 추적도 극심해져서 혈혈단신이었다.

주요 사적지

- 동관암, 박씨 부인 은거지(화남면 동관2리)
- 앞재마을 최시형 은거지(사인여천 설법터, 화서면 봉촌리 전성촌)
- 윗왕실 최시형 은거지(공성면 효곡로 429-33)
- 높은 터 최시형 은거지(제사의례 제정 터, 화서면 높은터)
- 상주 동학교당(상주시 은척면 우기1리 728)
- 동학농민군 강선보의 머리무덤(화남면 임곡리 마을 입구)
- 태평루. 동학농민군 처형 터(상산관 옆, 만산동 699)
- 상주 읍성 점령지(왕산공원, 상주시 서성동)
- 화령 장터 동학농민군 처형지(화령버스터미널 자리, 화서면 신봉리 126번지)
- 상주 향청(동학 집강소, 민보군 집강소, 인봉동 90)
- 동학농민혁명 100주년기념상(가장동 경북대 상주캠퍼스 인근 국도)
- 동학농민혁명 기념비(무양동 북천공원)
- 김현영 대접주 옛집 터(모서면 사제마을)
- 낙동 일본군 병참부 터(낙동면 낙동리 낙동나루 부근, 장소 불상)

2) 북서부 지역 최대 동학농민혁명 전투지, 예천

1867년 당시 예천 풍양면 수산리 일대는 달성 최씨들의 집성촌이었다.

최시형은 이듬해 3월까지 1년 조금 넘게 이곳에서 머물렀으며, 은거하면서 수도에 힘써 〈내수도문〉을 반포했다.[17] 1868년 4월 영양군 일월산 아래 상죽현으로 거처를 옮겨 갔다.

예천의 동학은 1880년대 최시형이 보은·상주·예천에 들어오면서 교세가 급속히 확장된 것으로 보인다. 최맹순은 동로면 소야리에 사는 옹기장수로, 공공연히 접을 조직하여 교세를 키워 나갔다. 소야리가 예천 지역 동학 조직의 총본부 격이었는데, 수접주 최맹순 예하에 7만여 동학교도가 있었다.[18] 이 같은 사실은 예천 선비 반재원이 지은 『갑오척사록(甲午斥邪錄)』에 당시의 예천 지역 동학 활동이 잘 드러나고 있다. "3월부터 예천군 동로면 소야리에 옹기 상인 최맹순이 접소를 차리고 집강소를 차렸다.… 유림들이 이르기를 접소를 나누어 설치해서 각 면 방곡(坊曲)에 없는 곳이 없었고, 서북 외지가 더욱 심했다. 대접은 만여 인이요, 소접은 수백 인인데 시정잡배와 못된 평민이나 머슴 등이 득지(得志)할 때라고 말하고, 관장을 능욕하고 사대부를 욕보이고 마을을 약탈하고 전재(錢財)를 빼앗고 도둑질하고 남의 말을 몰아가고…."라 적어서 당시 이 지역 동학 활동과 규모를 짐작케 한다. 또, "송사는 모두 소야(동학농민군 본부)로 돌아가고 관부는 적막할 뿐이다. 또 동도 검찰관 장복원이란 자는 각 읍을 순행하면서 폭정을 금한다고 칭하고 도리어 탐학(貪虐)이 많다. 행리와 수행원은 감사를 본떠 이르는 곳마다 호랑이 같은 품위이고 소송 자가 저자와 같이 모였다."라 하여 당시 예천 지역 집강소의 활발한 활동을 짐작하게 한다. 예천의 23개 면 가운데 동학 활동에 적극 가담한 지역은 동로·유천·개포·칠곡면 등이었다.

일본군과 최초로 충돌한 것은 최맹순 예하의 예천 동학농민군이었다. 예천 동학농민군이 산양에서 집결하여 일본군 병참부 공격을 준비하자, 태봉 병참부의 일본군 다케우치 대위가 병정 2명과 함께 용궁으로 정탐하러 나왔다가 동학농민군에게 피살당했고, 함께 나온 병정 2명은 손가락이 잘렸다. 예천 지역 동학교도들이 무장 활동을 펼치면서 벌어진 첫 사건이었다.

이에 대응하여 예천 향리 층이 주도하여 집강소를 설치하여 동학농민군이 읍내를 침범하지 못하게 막았다. 이들이 동학농민군이 사용하던 집강소라는 이름을 그대로 사용한 것도 특징이다. 예천군 보수집강소에는 일부 양반도 참여했고, 향리가 민보군을 주도했다.

동학농민군과 보수집강소의 민보군이 대치하면서 여러 사건들이 꼬리를 물고 일어났다. 그중 심각한 사건이 예천과 성주에서 벌어졌다. 두 지역의 민보군이 동학농민군을 체포해서 전규선 등 동학농민군 11명을 화적 혐의로 한천 모래밭에 생매장해 버렸다. 당시 예천의 동학농민군 본부에서는 대일전쟁에 민보군이 함께 나서 줄 것을 요구하고 있었고, 토치의 접주 박현성과 화지 접사 김노연을 보수집강소에 파견하여 살인자 2인을 압송해 줄 것을 요구하고, 힘을 합쳐 일본을 치자고 제안하고 있었다. 그러나 한천 모래밭 생매장 사건으로 인해 모든 논의는 중단되었고, 위기를 맞았다.

예천의 동학농민군이 막강한 수를 앞세워 읍내를 압박했다. 외지와 동서남북 사방으로 통하는 길을 한 달 이상 막아서 식량과 땔감을 읍내로 들어가지 못하도록 통제했다. 물자 보급이 막히자 읍민은 기아 상태에 들어갔고, 군수도 여러 날을 죽으로 끼니를 때우는 형편이 되었다. 하지만 더 두려운 일은 동학농민군이 언제 읍내를 공격해 올지 모르는 위협이었다. 그러자 하루라도 빨리 일전을 치르는 것이 더 낫다고 생각한 보수집강소는 동학농민군의 집결지인 화지(花枝)에 300여 명의 민보군을 보내 도전했다. 수접주 최맹순(崔孟淳)이 이에 대응하여 화지와 금당실에 예천 인근 지역 동학농민군을 집결시켰다. 화지는 읍의 서쪽에 있는 마을이고, 금당실은 북쪽의 큰 마을이었다. 함양 박씨의 세거지인 금당실은 이미 8월 초에 동학농민군에 점거되어 동학농민군의 근거지로 변해 있었다.

예천의 동학농민군이 기세를 돋우고 무장을 강화하기 위해 8월 26일 인근 용궁현의 관아를 쳐서 무기를 탈취했다. 윤치문을 중심으로 한 화지 동학농민군 수천 명이 남산에 진을 치고 있었다. 마침내 8월 28일 화지와 금당실의 동학농민군이 협공하기로 하고 읍내 공격에 나섬으로써 동학농민군과 민보군의 대규모 접전이 벌어졌다. 동학농민군 3천여 명이 서정뜰을 가로질러 북을 치고 피리를 불며 진군했고, 관 민보군 2천여 명이 현산(흑응산성)에서 포를 쏘며 동학농민군을 결사 저지했다. 아침나절에 시작한 혈전이 저물 녘까지 계속되었다. 이 전투에서 고산 출신의 동학농민군 지도자 윤치문이 서정뜰에서 전사했다. 그러나 협공을 약속한 금당실 동학농민군은 정해진 시간에 오지 못하고 늦게 도착했다. 보수민보군이 화지 동학농민군을 물리치고 나서 쉬고 있을 때 동학농민군이 서북쪽에서 북을 치고 피리를 불면서 몰려왔다. 이때 청복리 쪽에서 갑자기 불길이 솟으며 3천 명 구원군이 왔다는 거짓 소문에 속아 동학농민군들이 달아나기 시작했다.

예천읍 공방전에 보수민보군 1천 5백여 명과 읍내 거주인 대부분이 참가했고, 조정에 보고된 당시 동학농민군 수는 4천 내지 5천 명이었다. 6천 내지 7천 명이 대규모의 전투를 벌인 것이다. 이 벌재싸움에서 동학농민군 지도자 윤치문에 이어 최종영이 전사했다.

동학농민군이 패주한 이튿날 일본군이 소야리와 석문리에 들어와 군량미와 무기를 실어 갔다. 이후부터 동학농민군 가담자들과 친척들은 보수민보군에 처절한 보복을 당했다. 당시 보복이 너무 잔혹하여 보수 세력 내에서도 우려할 정도였다.

예천의 동학농민혁명 사적은 비교적 생생하게 전해지고 있다. 소야는 예천 지역 동학 조직의 총본부가 있었던 곳이며, 석문은 당시 동학농민군의 병참기지였다.

모량도감 전기항은 최맹순과 밀접한 지도자로, 추모비가 용문면 금당실 뒤 오미봉에 세워졌다. 꽃재에는 당시 동학농민군의 열망이었던 '사람이 곧 하늘이다'를 새긴 기념비가 1997년에 세워졌다.

주요 사적지

- 내칙 내수도문 반포지(예천시 풍양면 고산리 수산리)
- 동학 활동 본부(금곡 접주 권순문이 함양 박씨 유계소 본부로 사용, 백전 2리, 예천여고 앞)
- 동학농민군 집결지 비문(꽃재 들머리)
- 예천 동학농민군 전투지(동학 지도자 윤치문 전사, 예천읍 성당 앞뜰)
- 예천 보수집강소(대창중고 교무실 자리)
- 동학농민군 병참기지(예천군 석문리)
- 동학 총본부 최맹순 관동 수접주의 집(예천 소야리)
- 일본군 다케우치 대위 피살지[용궁 장터(추정)]
- 동학농민군 생매장터에 표지석(예천읍 동본리 공설운동장 앞 냇가)
- 남산 전투지(화지, 윤치문을 중심으로 동학농민군 수천 명이 진을 치고 전투)
- 동학농민군 지도자 전기항의사추모비(용문면 금당실 뒤 오미봉)

3) 민보군의 결집으로 동학농민 활동이 미미했던 안동 지역

창도주 최제우가 순도하자 최시형은 대구를 탈출하여 안동 이무중의 집에 기거하다가 영덕 거천리로 갔다는 기록으로 미루어, 안동에는 창도주 최제우 재세 시절부터 동학교도가 있었던 듯하다.

안동 동학교도로는 1871년 영해 교조신원운동 참가자 처벌 기록에 효수자 장성진(張成眞) 김천석(金千石), 절도정배 정계문(鄭啓文), 관찰사 경중처리된 정백원(鄭伯元) 등의 이름이 등장하는 것으로 미루어 안동은 창도 초기부터 동학교도가 꾸준히 활동하고 있었던 것으로 보인다. 그리고 1893년 보은 취회에 참가 규모는 알 수 없으나 안동에서 동학교도가 참가했다는 기록이 보인다.[19]

안동의 이웃 고을인 예천 동학 지도부가 예천 보수집강소에서 동학농민군 11명을 생매장하는 사건이 벌어지자 예천읍을 공격하기로 하고, 이를 위해 안동·의성 두 고을 관아를 먼저 점령하여 무기를 탈취하기로 했다. 동학농민군이 8월 22일과 23일에 의성과 안동을 치려고 나섰으나, 이 지역 민보군의 선제공격으로 읍내 관아 공격은 미수에 그치고 말았다. 당시 안동과 의성에서는 전직 관리와 유생들이 민보군을 결성해서 읍내를 지키고 있었는데, 유생 곽종석이 민보군 도총소(都摠所)를 이끌고 있었다. 이후부터 안동의 동학농민 활동 기록이 보이지 않는다.

그런데 동학농민혁명이 한창 진행되던 시기인 9월에 호서의 유학자 서상철이 영남 지역에 방문을 돌려 일본군의 궁성 난입을 신랄하게 통박하고, 팔도의 충의지사는 9월 25일 안동의 명륜당으로 모이라고 했으나[20] 정작 집결한 것은 3천여 명의 동학농민군이었다.

주요 사적지

● 1894년 동학농민혁명 시기(9월 25일) 동학농민군 집결지, 9월 25일 유학자 서상철이 영남에 방문을 돌려 명륜당에 모일 것을 호소했으나 "3천여 명의 동학농민군만이 모였다."고 했다.(현 안동 명륜당)

4) 상주 · 예천 지역과 연계된 동학농민혁명 활동, 의성

의성 지역의 동학 활동에 대한 연구는 신진희로부터 비롯되었다.[21]

의성 지역의 동학 활동에 대한 기록은 『남헌유집(楠軒遺集)』, 「도유영계(道儒營啓)」 등에서 "임진년(壬辰年, 1892) · 계사년(癸巳年, 1893) · 갑오년(甲午年, 1894) 3년 동안 이른바 동학이라고 말하는 자들이 횡행하고 있다."고 했다. 이로 보아 1892년 무렵부터 의성에 이미 동학이 전파된 사실을 유추할 수 있다.

1894년 동학농민혁명 시기에 의성의 동학농민군 활동은 비안현에서 시작된 것으로 보인다. "동도가 비안에서 의성으로 들어왔다[東徒自比安來到義城]."는 기록이 이를 뒷받침한다. 비안에서 유입된 이유는 당시 동학 교세가 비교적 큰 세력을 이뤘던 상주 · 예천과 인접한 지역이기 때문이다. 비안 도곡(陶谷)의 남쪽 구천(龜川)의 동쪽 지역에 동학 접소가 마련되었을 것으로 추측하고 있다. 특히 의성 관아의 관노들이 동학 접소 설치에 참여했고, 동학농민군이 의성 관아를 공격할 때 관노가 내응했다는 기록을 보면, 의성읍에 이미 동학 교도가 많았을 가능성이 있다. 동학농민군을 주도한 인물이 누구였는지는 알 수 없다. 비안과 가까운 예천 지역의 경우 1894년 3월 최맹순이 접소를 설치하고 7월에 활발한 활동을 하고 있었다. 상주 또한 6월 이후 동학농민군의 세력이 강력해지고 있었던 상황을 염두에 두면 의성 지역 동학교도 활동도 맥을 같이했던 것으로 보인다.[22]

비안현의 동학농민군이 의성현으로 진격한 시기는 1894년 8월 초순이다. 비안현에서 의성현까지의 거리는 약 80리(33km) 정도였는데, 이들의 목표는 '관아를 점령하고 군수를 죽이는[奪軍器欲殺郡守] 데' 있었다. 동학농민군은 무기와 군량미 확보가 필요했다. 당시 의성 현감은 이관영(李觀永)[23]이었는데, "의성의 관노들이 산록의 공간에 동학 접소를 설치하였다."는 기록이 있어 관노들이 동학교도였으며, "관아 공격 때 사전 내통이 있었다."고 했다. 동학농민군이 들어오자 "현감이 도주[郡守李觀永越城而走/郡守逃他一邑] 했으며, 동학농민군이 읍청을 접수[接於邑廳]했다."고 기록하고 있어서 관아를 무혈점령했음을 알 수 있다.

신진희의 연구에 의하면 이장회가 "인민이 양적을 없앴다.[人民消譺良籍]"고 하는 소식을 전해 들은 시기는 8월 20일이었고, 신면형이 의성 관아 점령 소식을 듣고 의려를 결성할 뜻을 가졌던 것이 8월 14일이었던 점을 들어 동학농민군이 의성 관아를 점령한 시기를 8월 초순으로 추측하고 있다. 동학농민군이 의성 관아를 점거한 기간도 짧은 기간이었을 것으로 추측하고 있다. 의성 읍성이 함락된 정황에 대해 "성안은 텅 비었고, 적의 세력은 나날이 커지고 있다[城中空虛賊勢日益熾盛]."거나, "아침에 열이 저녁에 백이 되어 촌마을을 협박해 재물을 빼앗고 있다[朝十暮百剽掠村里]." 혹은 "(동학당)이 아침에 열이 저녁에 백이 되어 그 수를 헤아릴 수 없다[到處聚黨朝十暮百其數不億]."라 하여 의성 읍성이 동학교도의 세상이 되었음을 알 수 있다.

이렇게 의성의 동학농민군이 읍성을 장악하자 향촌 양반 보수 지배층의 대응 방안이 다양하게 모색되었는데, 첫째, 동학농민군과의 협상을 들 수 있다. 점곡면 사촌마을의 김상종이 벌인 협상이 그 예인데 "일면(一面)이 논의하여 김상종을 통장(統長)에 추대하니 일방(一方)이 이로 인해 평안하였다."라 했다. 둘째, 다른 지역으로의 도피를 들 수 있다. 현령 이관영과 장리들이 이 사례에 속한다. 셋째, 소위 '의려'를 일으켜 동학농민군 진압에 나서는 일로, 의성에서는 신면형[24]과 이장회를 들 수 있다. 신면형은 빙산면 오목동에서 신면류 · 신면기 · 신면석 등으로 하여금 8월 14일 통문을 돌리게 한 뒤 그 다음 날인 15일 장전시장[將田市場, 현 춘산면 금천1리에서 등평에 걸친

장척(長尺)을 지칭]에 모여 의려를 결성했다.

이어 이장회가 8월 21일에 의려를 결성했다. 그는 '신면형 씨와 더불어 상의하고 발문하여 하룻밤 안에 읍에 돌려 볼 수 있게 했으며', 그는 '각 면에 있는 도통수(都統首)가 해당 면민 500-600명을 인솔[率其面民五六百名]하게'했고, 집결지는 귀천시장(현 가음면 귀천 3리, 추정)이었다. 귀천시장은 동학농민군이 모여 있던 귀천의 동쪽과 가까운 곳이었다.

의성 지역에서 동학농민군과 의려 사이에 세 차례의 전투가 벌어졌다. 1차 전투는 도곡전투(陶谷戰鬪)로, 갑오년 8월 15일 계해일 밤[甲午八月十五日癸亥夜]에 시작되어 16일에 끝이 났다. 이 전투에 참여한 신면형이 이끄는 의려군 규모는 '촌정 100여 인(村丁百餘人)'이었다. '의려를 두 대로 나누어, 일대는 남쪽 언덕의 사잇길로 쳐들어가고, 또 다른 일대는 석봉을 넘어서 북쪽 계곡 길을 따라 들어가는[分二隊一隊從南岸間路一隊踰石峰沿北溪] 공격'이었다. 의려는 두 방향에서 동학농민군을 공격하였고, 동학농민군은 "갑자기 습격을 당해 조치할 바를 알지 못했다[猝當襲擊莫知所措]."고 했다. 이 도곡전투에서 "(동학농민군) 사망자가 10인이고 생포자가 15명이며, 나머지는 숨거나 도주했다[馘馘者十生擒者十五餘皆遁走]."고 했다. 현재 전투지는 빙산면(현 춘산면)이라고 기록되어 있을 뿐, 구체적인 지명은 알 수 없다.

2차 전투는 귀천전투(龜川戰鬪)로, 8월 22일에 벌어졌다. "이날은 이장회 의려가 결성된 다음 날이며, 1차 전투를 치른 지 6일 뒤였다. 이날 의려병의 규모는 이장회가 500-600명, 신면형이 100여 명을 이끌고 있었다. 의려군의 작전은 동학농민군을 회유하는 한편, 회유당하지 않은 동학농민군을 공격하는 계략을 썼다. 이는 의려가 동학농민군을 회유하기 위해 보낸 격문에서도 잘 나타나 있다. 격문에 "항복하면 어진 백성으로 여겨 받아 줄 것이요, 만약 명령을 따르지 않는다면 죽일 것이고 구원이 없을 것이다."라고 했다.

그래서 "적당들이 격문을 보고 감읍하여 귀화하는 자가 태반이었으며, 숨거나 도주하는 자도 무수했다[賊黨見書感泣歸化者太半遁逃者無數]."고 했다. 귀천전투에서 의려의 공격은 '삼면진격(三面進擊)'이었지만, "이장회 의려군이 귀천시장에 모이니 역적들이 도주했다[會于龜川市而役賊逃走也]."는 기록처럼 전투다운 전투도 벌이지 못한 것으로 보인다.

3차 전투는 길포전투(吉浦戰鬪)로, 이틀 뒤인 8월 24일에 치러졌다. 8월 23일 이장회 의려가 '귀상강변에 와서 유숙[來宿於龜上江邊]' 했는데, 이곳은 2차 전투가 있었던 가음면 상귀천이 아닌 사곡면 오상 2리에 있는 상귀천이었다. 8월 24일 이장회 의려가 '길포강변에서 진을 쳤는데[宿於吉浦江邊]', 이곳에는 '적들이 산을 꽉 메우고 들을 덮을 정도[則賊人滿山廢野]로' 많은 동학농민군이 모여 있었다. 의려 측의 작전에 대한 기록은 보이지 않지만 이장회가 귀상강변과 안평면 길포강변에서 먼저 동학농민군을 공격했던 선발대였고, 신면형 의려는 본진으로 '군의 서쪽인 철파언덕에 집결[會于郡西鐵坡之原]' 하고 있었다. 이장회 의려의 공격으로 싸움이 시작되었다. 길포에서 "면민과 더불어 서로 싸운즉 적들이 산을 올라 도망갔다[與面民相鬪則賊人登山逃去耳]."고 하는 것으로 보아 역시 격렬한 전투가 오래 지속된 것이 아니었다. 본진이 있던 철파에서는 신면형 의려가 진을 치자, "각지의 적당이 소문을 듣고 해산했다[各地賊黨望風解散]."고 하여 그나마 본진은 전투도 치르지 않았음을 알 수 있다.

주변 지역 동학농민군의 전투 기록을 보면, 안동에서는 8월 25일, 예천에서는 7월 26일-8월 29일, 상주에서는 9월 28일-12월 17일과 18일이며, 김천에서는 10월 5일에 해산되었다. 이로 보아 의성의 동학농민군은 주변 지역에 비해 비교적 전투가 빠른 시기에 있었으며, 해산 시기 또한 빨랐다. 의성에서 패주한 동학농민군 일부는 주변 지역으로 옮겨가 투쟁 활동을 계속 벌인 것으로 보인다.

의려는 동학농민군이 해산하자, 철파전투 다음 날인 8월 25일에 도망쳤던 현령 이관영이 급히 와서 베푼 성대한 잔치 끝에 해산했다. 신면형과 이장회는 경북 토포장에 초계된 뒤, 제릉참봉에 제수되었지만 나아가지 않았다가, 신면형은 광무 6년(光武, 1902) 정3품 통정대부(通政大夫)의 교지를 받았고, 이장회는 광무 7년(1903) 지릉참봉(智陵參奉)에 봉해진 교지를 받았다.

주요 사적지

● 의성 군청 및 객사 터, 동학농민혁명 시기에 군아가 점령되었다(현 의성군청과 의성초등학교, 의성읍 군청길 31(후죽리 509-2)), 의성읍 군청길 26(의성읍 후죽리 530-1)

● 비안 동학 접소 터, 도곡(陶谷)의 남쪽 구천(龜川)의 동쪽 지역(의성군 구천면 유산리)

● 1차 도곡전투지(陶谷戰鬪地), 동학농민군과 의려 사이에 싸움이 벌였다.(현 춘산면, 장소 불상)

● 2차 구천전투지(龜川戰鬪地), 동학농민군과 의려 사이에 싸움이 벌였다.(현 구천면 내산방면, 장소 불상)

● 3차 길포전투지(吉浦戰鬪地), 동학농민군과 의려 사이에 싸움이 벌였다.(현 사곡면 오상 2리에 있는 상귀천로)

● 의려 결성터 장전시장(將田市場, 현 춘산면 금천1리)

5) 8월 동학농민군이 의흥 · 신령 관아 점거, 군위 · 영천

군위군 · 영천군 두 지역은 경상북도 중부에 위치한다. 군위군 동학농민혁명의 사적에 대해서는 의흥(義興)과 신령(新寧)에서 8월에 동학농민군이 기포하여 관아를 점거했다는 기록으로 활동을 추정할 수 있다.

천도교 교사의 최시형 행적에, 최시형이 포덕 16년(1875) 2월 단양 절골에서 송두둑으로 이사를 하여 추석을 맞아 천제를 봉행하고 나서 9월 초 영남 순행에 나섰다. 이때 문경→상주→선산→신령→용담 가정리→청하→달성의 행적을 기록하고 있다. 여기서 선산과 신령이라는 구체적인 지명이 등장하는 것으로 보아 당시 이 지역에 동학교도가 존재했던 사실을 추정할 수 있다.

그리고 10년 뒤인 포덕 26년(1885) 6월 초에 충청도 관찰사 심상훈이 단양군수 최희진과 통모하여 6월에 보은 장내리 본부를 기습하여 많은 동학도들을 체포하여 투옥한 일이 있다. 이때 최시형은 가까스로 몸을 피하여 공주 마곡사 인근에 1개월간 은신했다가 먼 경상도 영천군 임고면 불냇(현 지명 화계(火溪))으로 가서 9월 중순까지 머물렀다는 기록으로 미루어 영천 지역 동학교도의 존재를 다시 확인할 수 있다.

최근 군위군 부계면 부림리 출신 유학자 창암 신석찬이 지은 『창계신공실기(蒼溪申公實記)』[25]에서 의성·군위·영천·칠곡 지역의 동학농민군 활동이 언급되고 있다. 당시 의흥의 보수 유림의 실세로는 홍양 이씨, 귀산 박씨, 부림 홍씨, 평산 신씨 등이 있었다. 동학농민혁명 당시 신석찬은 의흥 향교의 제를 주도하는 책임자였다. 신석찬은 동학농민혁명 당시 팔공산 아래 부계면 부림(창평)에 근동의 보수 유림 세력들을 결집하여 동학농민군을 토벌할 진지(지휘소)를 마련하고, 적극적으로 동학농민군 토벌에 나섰다.

군위군 우보면(두북리, 북동), 의성군 금성면 탐리 지역에서 동학농민군이 기포했다. 이들이 효령과 부계(수북동, 뒷 고을)로 들어가 전투를 벌인 세력인지 명확하지 않지만 『창계신공실기』에 따르면 세 곳에서 세 차례 전투가 벌어졌다. 기록에 따르면 "첫 번째 싸움에서 신원(薪院)에 둔취한 적을 베고, 두 번째 싸움에서 신녕(新寧)의 진을 격파하고, 세 번째 싸움에서 효령(孝令)의 소굴을 도려내고 그 괴수(魁首)를 죽이고 그 무리를 풀어 주니…."라 적었다.

첫 번째 싸움은 8월 17일에 있었다. 향교의 종[校奴]이 아뢰기를 "동도가 의성으로부터 바야흐로 본 경내로 들어온다."고 보고했고, 이날 밤 인정(人定, 밤 10시경)에 동도가 갑자기 마을 동쪽에 이르러서 촌락을 협박하니, 거주하는 사람들이 놀라서 흩어졌는데 나무 우거진 숲에 숨는 자가 많았고, 교궁(校宮)에 숨은 자도 있었다."고 했다. 상황이 상세하게 기록되었다. 19일 신석찬이 관아에 들어갔을 때 그의 눈앞에서 "수리(首吏) 박주목(朴周睦)이 결박당하니… 곡성이 사방에서 일어나서 산야가 모두 새하얗게 되었다. 내가 몸을 빼어 곧바로 동헌에 들어가니 처마의 풍경 소리는 고요한데 관아 사람들은 오합지졸처럼 흩어지고, 다만 일개 통인 박오현만 있었다. 현감이 놀라서 말하기를 "이러한 때에 나를 보러 오는 자가 있는가? 화가 장차 급하니 어떤 계책을 세우면 좋겠는가?"라고 물었다. 신석찬이 "삼가 대중을 놀라게 하지 말고 동정을 살피소서."라 말하고 동헌을 물러 나오니 "적은 과연 더 범하지 못하고 남쪽을 공략하기 위해 내려갔다."고 했다. 여기서 남쪽이란 신석찬의 거처가 있는 신원(薪院) 지역을 뜻한다. 당시 신원 지역 정황을 "신석찬이 신원에 다다르니, 완악한 저 비적(匪賊, 동학농민군)들이 널리 와굴(窩窟)을 점령하고 총칼로 으르고 있었다. 도당을 나누어 사방으로 보내 촌락을 침략하여 재화와 비단 · 우마 · 미속(米粟) 그리고 총과 창을 있으면 빼앗고, 없으면 거인(居人)을 죽이고 상해를 입혔다."라고 기록하고 있다. "남쪽의 대율과 서쪽의 거수 · 칠곡의 동북 · 군위의 효령은 가히 (동도 세력이) 하늘과 땅을 덮었는데, 본동에서 만난 것보다 심함이 있다."고 하여 당시 동학농민군이 장악한 정황을 기록하고 있다.

마침내 신석찬이 20일 아침에 적당과 마주쳤으나 "동학농민군이 (신석찬에게) 한편이 되자."고 했으나 그는 "의를 내세워 청을 거부하고 도리어 그들을 교화했다."고 기록했다.

신석찬의 동학농민군 토벌에 대해서는 다음과 같이 기록하고 있다. "성항산(城項山)에 올라 같은 유학도들과 비적(동학교도)을 칠 궁리를 하고 내려와, 드디어 적을 베어 없앨 계책을 결정했다. 이정표 · 홍기진 · 이류는 신원에서 적세를 탐지하게 하였고, 홍기표 · 우규석 · 백성근은 서남(효령?)에 빨리 통지하도록 했다. 또한 본면 각리에 연락을 취하자 서로 호응하여, 밤을 새워 군사들을 모아 새벽에 거행키로 했다.

21일, "… 이정표를 동으로 보내고, 나는 서쪽으로 가서 소재지에서 각기 무리를 일으키도록 했다. 어떤 이가 와서 말하기를 '동도가 밤에 거수리 김좌수 집에 들어와 약탈하고 갔는데, 빼앗은 물건을 수령해 가기 위해 한 놈이 남아 있습니다.'"라 하였다. 곧바로 가서 결박시키고 뒤따라갔다. 또 발 빠른 사람으로 하여금 군위와 효령 등지에 통지하게 하고, 선봉대로 하여금 곧바로 신원을 향하여 구 장터로 달려가게 하고, 남쪽의 무리들은 이미 유목정에 이르렀고, 동쪽의 무리들도 남방제에 이르렀다. … 일시에 나란히 나아가서 삼면을 포위하고 담력이 큰 사람 수백 인으로 하여금 빨리 굴 속에 들어가 먼저 병기를 거두고 토벌하게 하니, 거괴는 머리를 바쳤고, 여러 무리들은 달아나는 것으로 상책을 삼았다. 사로잡은 자는 단지 27인이었다. … 적이 달아나면서 칼을 휘둘러 상처를 입은 아군 또한 많았다. 거의 죽게 된 자는 사람들에게 들게 하여 집으로 돌아가게 했고, 상처를 입은 자는 부축하여 보내고, 이어 자리를 크게 벌여서 차례대로 줄지어 앉게 했다."

위는 자신의 덕(德)이나 공(功)을 중심으로 기록하여 전투 상황은 상세하지 않다. 그런 중에도 수괴가 목베임을 당했고, 피아간에 죽거나 죽음에 이르도록 크게 다친 사람이 많았던 사실만큼은 정확해 보인다. 뒤의 기록에 '칠곡의 소용구(蘇龍九)가 와서 포로를 죽일 것을 주장'했지만 덕을 베풀어 관에 넘겼다고 했다.

신석찬이 이끄는 유회군은 본원[薪院]에 유진하고 있을 때 이웃 고을 신령에서 "동도가 바야흐로 화산부(花山府)에 소굴을 설치했다고 합니다."라는 보고가 들어온다. 이에 최임문에게 1백여 인을 보내 "보검과 3명의 적(동도)을 포로로 잡았다."고 기록하고 있다. 화산에서 붙잡은 포로에게 형틀을 채워 앞장세워 곧바로 효령에 다다르니, 그 지역도 또한 동도가 설치한 소굴이 있었는데, 이곳 군사가 간다는 소문을 듣고 이미 스스로 해산하였고, 소용구가 칠곡(동북)과 군위(영서 효령 서면) 양 면의 무리를 거느리고 먼저 동도를 붙잡아서 기다리고 있었다. 이어 화산에서 붙잡은 자들과 함께 나란히 결박하여 사중(沙中, 현 군위군 화곡면 사지리) 군위 현감 이인긍(李寅兢)에게 인계했다.

8월 25일 급한 편지가 당도하는데, "적당이 효령으로 향하고 있다고 하여 출동했으나 효령에 이르니 적이 이미 듣고 달아나 버려 그 거처를 알 수 없다."고 했다.

9월 들어 "김산 · 상주 등지에서 동도가 출몰하여 약탈하며 돌아다닌다고 했다." 하여 이웃 고을의 움직임을 포착하고 있다.

11월 20일, "칠곡 부사 남궁억(南宮檍)이 재주가 문무를 겸비하였으며, 의리를 내세우고, 도적의 침략을 막았으며, 또한 비류(匪類) 십수 명을 베어 죽였다."는 소문 기록으로 미뤄 칠곡의 동학교도 활동과 토벌 사실을 짐작케 하고 있다.

다음은 공주전투에서 패한 손병희가 이끄는 호서 동학농민군의 이동에 대한 대응이 이 지역까지 미치고 있었음을 확인할 수가 있다. 12월 13일 밤 술각(戌刻, 7-9시)에 이르러 인동부 토포사 조응현이 급히 보낸 편지를 뜯어 보니 "의흥 · 군위 · 칠곡 삼 읍의 약정이 창의하고 설소하여 경영한 것을 듣고 안 지가 오래되었다. 오늘 소모사의 관문서와 선산 부사가 알린 바를 보니, "양호 간에 비류들이 한결같이 창궐하여 무주로부터 청산을 함락시키고 곧바로 황간에 다다랐는데 현재 고개(추풍령)를 넘고 있다는 정세입니다."한다. 그러나 실제로는 당시 동학농민군이 경상도 경계인 추풍령을 넘지 않았다.

다급한 전갈이 연이어 전달되었다. 12월 14일, 인동부에 이르러 토포사를 보았다. 토포사가 말하기를 "현재 양호의 비류들이 곧바로 창궐하여 현재 영남으로 넘어오려 한다고 하니, 어떻게 하면 좋겠는가?" 하고 상의하는 것으로 보아 호서의 동학농민군을 경계하는 내용이 보인다.

12월 19일 일기에 따르면 영남의 토포사의 명으로 신석찬은 군사 2백 명을 조발하여 김산으로 출동하라는 명을 받은 것으로 보인다. 당시 명에 "호남의 비류 7, 8만 명이 바야흐로 지금 영동 · 보은 · 청산 등지에 둔취하고 있다. 상주의 소모사의 공문과 해당 목사가 보고한 바가 있기 때문에 바야흐로 장차 김천 등지에 행진하고자 하니, 본 읍의 군정 2백 명을 곧바로 조발하여, 이달 19일 내로 일제히 거느리고 행도소인 김천 지경에서 대령하라.… 각기 총과 창 · 약연 · 연환 등의 물건 · 5-6일 양식은 일체 지체 없이 기송하라."고 하는 것으로, 최시형 · 손병희가 이끄는 호서의 동학농민군이 경상도 지역으로 넘어올 것을 경계하여 대처한 일로 보인다.

12월 22일 기록에, 의흥 현감이 출병한 길 위에서 소모사가 의흥 진중에 내린 감결을 받아 들었으며 호남 비류 2천 명을 영동의 산곡에서 격살하고 본군이 다시 돌아가니, 본 읍에서 일으켜 보낸 군정은 일일이 진을 혁파하라고 격려하는 내용으로 미뤄 의흥에서도 김천으로 출동했다가 되돌아온 기록이 보인다.

부계면 명산리(거수리=巨首里, 현 군위군 부계면 명산리)에 동학 거괴가 살았다고 했다.

주요 사적지

- 의흥(義興) 관아 점령(의흥 관아 터)
- 신령현(新寧縣) 관아 점령(신령 관아 터)
- 군위 지역 동학농민군 토벌 지휘소[현 군위군 부계면 부림(창평)리]
- 최시형 도피처. 1885년 7월부터 9월 중순까지 영천군 임고면 불냇[火溪]에 머물렀다(현 경북 군위군 효령면 화계리).

6) 일본 병참 공격을 위한 선산 읍성 전투, 선산

구미와 선산은 경상도 북서부 지역 동학 활동의 핵심 근거지였다. 주한 일본 공사관의 1894년 5월의 정황 보고에 "경상도에선 충청도와 전라도에 접경한 지방에 동학농민군이 많고, 특히 선산 · 상주 · 유곡은 동학농민군의 소굴이라고 부산에 있는 일본 총영사가 파악했다"고 했다. 이에 따라 일본 병참부에서는 일찍부터 상주 · 구미 · 선산 지역 동학농민군의 움직임을 주목하고 있었다. 무엇보다도 선산 지역 동학농민군에게는 해평의 일본군 병참부[26]가 있어서 눈앞에 공격할 목표가 있었다.

선산 지역 동학 사적은 창도주 최제우가 묵었다가 대구 감영으로 들어갔다는 마지막 원터의 흔적이 남았고, 선산 읍성 공격을 위해 동학농민군이 모였던, 선산 읍성 전투 사적이 있다.

8월 21일에는 경상 북서부 13접주가 산양취회를 열어 예천 보수집강소에서 동학농민군 11인을 생매장한 사건에 대해 경고하며 시위를 벌였다.

선산 동학농민군은 9월 18일 최시형의 재기포령이 떨어지자 즉각 행동에 나섰다. 해평의 일본군 병참부를 공격하기로 하고, 9월 22일에 인근 지역인 선산 · 무을 · 옥성 · 낙동 · 도개 · 해평 · 산동 · 고아 · 구미 · 김산 등지의 동학농민군 3백 명을 규합하여 선산 읍성을 공격하여 관아의 무기를 확보했다. 하지만 일본 병참부 주둔병들이 신무기를 앞세워 동학농민군이 점거한 선산 읍성 기습을 감행했다. 선산 읍성 전투에서 패한 동학농민군은 뿔뿔이 흩어지고, 대대적인 토벌 대상이 되었다.

구미 · 선산 지역의 동학 사적으로는 선산 읍성 전투 사적이 있고, 일본군이 병참부로 쓰던 최열 씨의 가옥이 대표적 유적이다. 이 집은 전주 최씨가 대대로 살았으며, 현재 살고 있는 후손 최열 씨는 "선친으로부터 당시 증조부가 동학농민군의 활동을 피해 합천으로 피란 가 있던 동안 일본군이 이 집을 무단으로 점거해 병참부로 사용했다고 들었다."고 했다. 그의 증언에 따르면 사랑채는 당시 일본 주둔병이 기거하고, 5칸 곡식 창고는 무기고로 사용했다.

선산 읍성 전투 특히, 김천 지역 동학농민군의 선산 읍성 공격 상황에 대해서는 경북 지역 동학농민혁명기념사업회 한명수 회장의 구전이 유일하다. 그가 조모로부터 들은 증언에 의하면 "김천에서 감천을 거쳐 고아 · 강정 · 나루를 건너온 김천 동학농민군의 1차 공격은 해평면 해평리 526번지 보천사(寶泉寺)에서 시작되었다. 당시 보천사에는 일본군의 화약 저장소가 있었는데, 이곳에는 일본 하사와 병사 5-6명이 기거하고 있었다. 동학농민군의 공격은 초저녁에 시작되었고, 동학농민군의 벌떼 같은 공격에 일본군은 도망칠 수밖에 없었다. 여기서 승리는 쌍암고택을 거쳐 선산 읍성 공격으로 이어졌다. 당시 선산 읍성 공격에 한교리 한장교 부자가 선산 읍성 선봉장으로 공격에 나섰다고 증언한다. 선산 읍성을 함락한 동학농민군은 당시 읍성을 교두보로 삼아 일본 병참부를 공격할 목표를 세웠으나 사흘 만에 일본군의 공격을 받아 많은 희생자를 낸 채 후퇴하고 말았다.

참여자 기록에는 김정문(金定文, 접주) · 한정교(韓貞敎, 지도자) · 한문출(韓文出, 지도자) · 신두문(申斗文, 지도자) 등이 있는데 이 중 신두문은 1894년 10월 14일 선산에서 체포되어 총살되었다.

주요 사적지

- 갑오농민전쟁전적비(해평면 해평리 239, 쌍암고택)
- 산양취회 터, 1894년 8월 21일, 경상 북서부 13접주가 산양취회를 열어 예천 보수집강소에서 동학농민군 11인을 생매장한 사태에 대해 경고하며 시위했고, 9월 22일 개령 · 김산 등지의 동학농민군이 선산 읍성을 공격하기 위해 집결했다.(해평면 산양리, 해평면 산양면 산양로 51 산양초등학교 병설유치원)
- 선산 갑오전쟁선산창의비(선산 읍성 낙남루 앞 공원)
- 선산 읍성 전적비(선산 읍성 낙남루)
- 해평 보천사(寶泉寺) 전투지(현 해평면 해평리 526번지)
- 새재 상림역원(上林驛院) 최제우 머문 원터(현 선산군 산동면 상림 인덕1리 앞 장천면과의 경계, 일제 때 철거)

7) 충청 · 경상도 동학 활동의 연결 고리가 된 김천

김천은 최시형이 1880년 초반부터 이미 동학 포교로 기틀을 다져 둔 곳이

기도 하다. 참나무[眞木, 진목] 마을에 동학 지도자 편보언(片甫彦)이 대표적인 인물이다.

최시형은 충청도 지역 관의 지목을 피해 산맥을 넘어 1889년 11월 경상도 쪽으로 내려와 금릉군 구성면 복호동 김창준 가(金昌駿 家)로 은신했다. 최시형은 이듬해인 1890년 3월까지 이곳에 머물면서 부인들의 실천 덕목인 〈내수도문(內修道文)〉과 태교에 관한 실천 항목인 〈내칙(內則)〉을 만들어 반포했다. 〈내수도문〉과 〈내칙〉은 쉽고 평이하며 친근감이 가는 글이다.[27] 현재 이곳에 천도교 복호동수도원이 있고, 마을 어귀에 내칙 내수도문 반포 기념비가 서 있다. 이후 최시형의 김천 잠행 포덕 기록은 1893년 7월 배성범(裵聖凡) 가에 피신해 있었다. 손병희 · 손천민이 찾아오자 장남 덕기(10월에 청산 문암에서 병사)를 김천의 편겸언(片兼彦) 가로 보낸다.

김천은 지리적으로 전라 · 충청도의 길목에 속하는 지역이어서 동학농민혁명의 소문이 가장 먼저 전달되는 길목이다. 이에 따라 하층 농민들을 괴롭히던 양반 지주들은 3월 말부터 동학농민들의 보복에 시달리고 있었다.[28] 『동학농민혁명 약사』에 따르면, 전라도 지역에서 동학농민군이 떨치고 일어섰다는 소문을 접하자 1894년 4월에 김천 군수는 이 지역의 동학농민들이 호남의 동학농민군과 연계할 것을 두려워하여 예비검속 차원에서 동학 교도 20여 명을 체포하여 대구 감영으로 이송했다. 이 중에 세 명은 품속에 동학 주문을 지니고 있다가 적발되기도 했다.[29]

1894년 8월 초가 되자 동학농민군 지도자 편보언이 김천 장터에 폐정 개혁을 추진하는 도소를 세웠다. 도소의 우두머리를 도집강이라 칭하고 입도자를 늘리고 사회 개혁을 추진하는 데 힘썼다. 김천에서 활동한 동학농민군 중에는 전라도 지역처럼 폐정 개혁을 주도하던 이들도 있었는데 전천순(全千順)과 김원창(金元昌)이 그들이다. 이 시기에 김천 지역 동학 지도자 중에 양반과 관의 위력에 버금가는 동학 지도자로 죽전의 남정훈, 참나무(진목)의 편보언 · 편상목 · 편겸언 등이 있었다.

9월 24일에 최시형의 재기포령이 김천에 전달되자 편보언은 각지 접주들에게 이를 즉시 알리고 곧장 무장에 들어갔다. 강주연은 죽정에서, 배재인은 신하에서, 김정문은 기동(耆洞)에서, 강기선은 하기동에서, 권봉제는 장암에서, 조순재는 봉계에서, 장기원은 공자동에서 본격적인 무장 활동에 나섰다.[30] 이들에게는 바로 눈앞에 일본군 병참이라는 공격 목표물이 있었다. 무력 강화에 진력하던 동학농민군은 곧 큰 반발에 부딪치게 되었다. 동학농민군은 부농과 지주에게 강요해서 거병 경비를 거두어들였는데, 그 과정에서 곤욕을 치르던 보수 세력이 많았다. 이 지역은 특히 이웃 고을에서 넘어온 동학농민군의 횡포가 보수 집단의 기록에서 발견되는데, 김재덕 · 김성봉 · 이홍이 등은 성주 · 금산 · 황간 · 영동에 근거지를 둔 이들이었다. 이들의 약탈이 특히 심했다고 기록되어 있다. 지례의 여영조 · 여중룡은 동학농민군의 보복을 피해 피난 생활을 해야 했다. 민보군을 결성해서 견제하기에는 김천의 동학농민군의 세력이 워낙 막강했던 것이다.

김천 동학농민군 활동의 특징은 김천 지역 내에만 그치는 것이 아니라 선산까지 진출하여 활약하고 있었고, 해평의 일본군을 몰아낸 다음에는 영동 · 황간 등지에 집결해 있던 북접 동학농민군에 합류하여 호남 또는 서울로 직향할 준비를 하고 있었다.[31]

당시 김천에서 선산을 향해 출전하는 광경은 실로 장관이었다. 각 면의 동학농민군들은 여러 개의 장대에 많은 깃발들을 만들어 달고 이를 앞세워 출발했는데, 그 행렬이 어찌나 길었던지 마을에서 들판 끝까지 늘어섰다고 했다. 선산 읍내 공격에는 기동 접주 김정문이 앞장섰다. 한편, 접주 강기선은 김천에 남아 하기에 접소를 설치했다. 이는 김천의 도소를 대신하여 민

정 기관인 집강소를 총괄하는 동시에 군수물자 조달까지 맡은 것으로 보인다.[32]

이 같은 김천 동학농민군의 활동에 대응하여 경상 감영에서는 9월 13일에 선산 · 김천 지역에 남영병 120명을 파견했다. 10월 하순에는 동학농민군에 대한 대비책으로 남영병을 배치했는데, 대구로 내려오는 통로인 김천 · 지례 · 거창 · 안의에 집중되었다. 김천에는 초관 장교혁이 거느린 100명의 남영병이 김천 장터에 머물렀고, 지례에는 초관 이완근과 77명의 남영병이 주둔했다.

11월 18일에 이르러 동학농민군을 소탕하기 위해 보수 유림을 중심으로 향병을 모집하고 김천 소모사에 조시영이 임명되자 이곳 보수 향반 세력들은 비로소 한숨을 돌리게 되었다.

12월 12일, 최시형 · 손병희가 이끄는 북접 동학농민군이 장수 · 무주로부터 북상한다는 소문을 들은 경상 감영에서는 영관 최처규가 165명의 남영병을 인솔하고 칠곡을 거쳐 김천으로 출병했다.[33] 이들은 오직 북접 동학농민군이 경상도 경계를 넘어오지 못하도록 막는 것이 목적이었다. 호서 동학농민군이 보은에서 패했다는 소식을 듣고 나서 이들은 철병했다.

주요 사적지

● 삼도봉 동학교도 둔취 터 및 전 경상 감사 이용직 귀양 집터 : 1893년 보은취회 뒤에 삼도봉 아래에 모였다(현 부항면 해인리, 취회터 위치 불상, 이용직 귀양지 집터가 남아 있음).

● 편보언 가, 최시형 은거지(현 어모면 다남리2길 771, 참나무골).

● 천도교 복호동수도원, 최시형 은거지이자 내칙 반포 터 : 뒷날 김구의 은거지로 알려졌다(현 구성면 용호리 295번지).

● 김천 집강소 터 : 도집강 편보언이 1894년 도소를 설치하고 김천 일대에 폐정 개혁 수행했다(현 황금시장).

● 동학 접주 강기선 처형 터(현 지좌동 까치골, 성의중종고 뒤)

● 동학 접주 조순재 근거지, 김천 관아 터, 김천 소모사 조시영(曺始永) 세거지 및 소모영 자리(현 봉산면 예지리, 봉계).

● 김천 소모영의 민보군의 추풍령 방어지(현 영동군 추풍령면, 김천군 황금소면).

8) 가장 빠른 시기에 읍성 점령, 성주

성주 지역 동학은 상주에서 김천 · 지례를 거쳐 포교되어 접 조직이나 동학활동이 이들 지역과 밀접하게 관련되어 있다. 성주 지역도 인근 지역과 마찬가지로 1880년대부터 동학 교세가 급속하게 신장된 것으로 보인다. 1893년 보은취회에 30여 명의 동학교도가 참가할 만큼 막강한 교세였다. 1894년 동학농민혁명 시기에는 주도적인 투쟁에 나설 수 있게 되었다.

6월 들어 예천 · 상주 · 김천에서 동학농민들이 도소나 접소를 중심으로 폐정 개혁을 추진하자 성주의 동학농민들도 긴밀하게 호응하여 동학교도 탄압을 이유로 가장 먼저 성주 읍성을 점거한다.[34] 성주 읍성 점거에 대한 자세한 상황은 알 수 없지만 기록에 따르면 상공접과 충경접 예하의 상주 · 김천 · 성주의 동학 조직이 참여한 것으로 알려졌다.

8월이 되자 성주 읍내에 접소를 설치하고 공공연하게 동학농민 세력을 규합해 나갔다. 성주 읍지 『성산지(星山誌)』에 당시 상황을 다음과 같이 전하고 있다. "갑오년에 스스로 동학을 칭하면서 도당을 불러 모아 도처에서 난을 일으키니 8도가 소란했다.… 8월이 되자 동학농민군이 읍내로 돌입하여 접을 세우고 도당을 모으니 우민패류들이 다투어 그 당에 들어갔다."이로 미루어 6월에 성주 읍성을 점거했지만 동학농민군이 주둔하지 않다가 8월에 동학농민군들이 들어와 집강소를 설치하고 운영한 것으로 보인다. 당시 읍내의 정신적인 지주였던 하강공 · 김호림도 "장차 동학농민군이 지배하게 될 것이고 신분제는 폐지될 것이니 이러한 변화에 맞추어 처신하라."고 심산 김창숙에게 타일렀다는 일화가 말해 주듯이, 당시 진보적인 지식인들은 동학이 시대의 대세라는 사실을 인지하고 있었던 것 같다.

성산 동학 집강소의 횡포에 대한 기록도 있다. "기민을 잡아다가 전곡을 토색하고 입당을 강요했다."거나, "접소의 명령에 따르지 않는 자에게는 형벌이 부과되었다. 공산 송준필이 입당하기를 거부해 생명이 위독할 정도로 매를 맞은 것도 이 시기의 일이었다."라고 했다. 물론 성산의 동학 세력이 모든 사족을 무차별로 공격한 것은 아니었다. 가령, "갑오년에 동학당이 크게 일어나, 가는 곳마다 약탈을 하며 떼를 지어 휩쓸고 다니는 자들이 하루도 문 앞에 끊어지지 않았다. 그러나 그들 무리가 서로 일러 말하기를 '여기는 김하강의 마을이다. 조심하여 범하지 말라'고 했다." 하여 스스로 신분제를 부정하는 진보적인 사족은 공격 대상에서 제외되기도 했다.

사태가 이렇게 되자 향리들은 장정을 모집하여 군기고의 무기로 무장시켜 놓고 밤을 틈타 접소를 공격했다. 이 공격으로 접소에 남아 있던 10여 명의 동학농민군이 살해되었고, 나머지 동학농민군은 일단 읍내에서 퇴각한다. 성산 읍내를 회복한 향리와 사족들은 수령과 더불어 인근의 동민을 모아 밤낮으로 방비를 굳게 했다.

한편, 성주 읍내에서 퇴각한 동학농민군이 즉각 이를 김천 · 상주 등 상부 조직에 보고하자, 상공접과 충경접은 상주와 김천의 읍내 공격을 지원하기로 결정했다. 그리하여 9월 6일, 성주읍에서 북쪽으로 15리 정도 떨어진 대마 장터에 무장한 만여 명의 동학농민군이 집결했다. 향리와 사족들도 맞서 결전을 준비했으나 동학농민군의 위세를 두려워한 목사가 전의를 상실하여 밤을 틈타 도주하자 동학농민군은 아무런 저항도 받지 않고 읍내를 재점령하여 향리 가에 방화했다. 때마침 큰 바람이 일어 불이 순식간에 천여 호로 번졌고, 이후 3일 동안 불타면서 읍내를 온통 잿더미로 만들었는데, 연기가 인근 100여 리까지 미쳤다.[35] 성주 읍성을 점거한 동학농민군들은 송대(松臺) 높은 곳에 막을 설치하고 서리 및 부호들의 재산을 몰수하는 등 본격적인 동학농민 지배 체제에 들어갔다. 당시 성주 읍성 공격에는 이 지역 접사 여성탁 · 장여진이 앞장섰다.[36]

경상 감사는 성주읍이 함락되고 1천여 호의 인가가 불탄 사건을 즉시 조정에 보고했다. 고종은 당일로 목사 오석영을 파직하고 조익현을 신임 목사로 발령했으며, 감영에 군대를 급파해 두목을 잡아 참수하라고 명을 내렸다.

감영에서는 일본군에 성주 동학농민군 토벌을 의뢰했고, 신무기로 무장한 일본군 100여 명이 성주에 급파되었다. 이 소식이 전해지자 성주 동학농민군은 대책을 논의한 끝에 김천 · 상주 등지로 후퇴하기로 결정했다. 성주 읍성이 재래식 무기로는 신무기로 무장한 일본군을 상대하기에 부적합했고, 더욱이 읍내가 불타 오랫동안 싸움을 벌일 전곡이 없었다.

성주의 동학농민군이 김천 · 상주로 퇴각하면서 성주의 동학농민의 읍성 투쟁은 막을 내린다.

이후 성주 동학농민군은 김천 · 상주 등지의 동학농민군과 연합하여 상주 · 선산 읍내 공격에 가담했다. 그리고 일부 세력은 손병희가 이끄는 북접 동학농민군에 합류하여 공주성전투에 참가했다가 보은 북실에서 궤멸되는 세력 안에도 끼어 있었다. 또, 상주 소모영 김석중이 이끄는 상주 유격대에 의해 11월 27일 충청도 청산 와지에서 체포된 여성도나, 12월 6일 영동 수석에서 붙잡혀 총살된 장여진은 성주 읍성 공격에 앞장섰던 성주 동학 지도자들이다.

주요 사적지

- 대마 장터 동학농민군 집회터(성주 북쪽 15리, 장소 불상)
- 성주 읍성 싸움터, 동학 집강소 성산관(星山館, 성주읍 심산로 95-6)

7. 나오며

경북 지역의 주요 동학 및 동학 사적을 지역별로 고찰했다.

경상북도 동학은 창도 이후 탄압 속에서도 포교 활동이 활발해지고, 교단 조직이 정비되면서 본격적인 사회운동에 나서게 된다. 그러나 곧 보수 반동 세력에 의해 좌절되었지만 오히려 포교 지역을 넓혀 동학 조직이 정비되는 과정을 거치게 되고, 새로운 사회운동에 나서게 된다. 이는 다시 교세 확장의 계기가 되고, 이 같은 막강한 교세를 바탕으로 투쟁 활동이 본격화되는 과정을 살펴볼 수 있었다.

역사에 대한 평가나 비중이 사적과 온전하게 일치하지는 않는다. 그렇지만 역사적인 평가나 비중이 사적을 통해 가늠되는 현실 또한 무시할 수 없다. 이렇게 사적을 중심으로 역사에 접근하는 것도 가치 있는 일일 것이다. 다만 사적을 실증적으로 고찰하고 사적의 의미를 총체적으로 도출해야 한다.

'동학농민혁명기' 김천 지역 동학농민군의 활동

- 김산 · 개령 · 지례를 중심으로

조 규 태 _ 한성대학교 역사문화학부 교수, 한국민족운동사학회 회장

1. 머리말

1894년에 일어난 동학농민운동은 우리의 근현대사에서 획기적인 사건이었다. 동학농민군은 지배 세력의 교체 · 신분 철폐 · 토지 균분과 같은 혁명적인 사상에 입각한 혁명적 운동을 전개하였다. 비록 이 운동이 성공하지는 못하였지만, 동학농민군의 주장은 국가정책에 반영되어 '갑오개혁'으로 신분제가 철폐되기도 하였다. 그리고 동학농민군은 보국안민(輔國安民)의 기치하에 외세의 침략을 물리치고 국권을 보존하기 위한 민족운동을 전개하였다. 그러나 불행하게도 이 운동이 성공하지 못하여 이후 일본의 지배력이 점점 강화되어 1910년 대한제국은 결국 국권을 상실하게 되었다.

이처럼 동학농민운동이 우리의 근현대사에서 차지하는 위상이 높았기 때문에 지금까지 동학농민운동에 대해서는 수많은 연구가 있어 왔다. 최제우의 출신지이고 동학의 탄생지인 경북 지역의 동학농민운동에 대해서도 연구자의 관심이 컸던 것은 너무나 당연하였다.[1] 최근에는 경북의 상주, 예천 등 시 · 군별로 동학농민군의 활동을 집중적으로 검토하기도 하였다.[2]

경북의 북서부로 전라도와 충청도를 연결하는 교통의 요지인 김천 지역에서의 동학농민군의 활동에 대해서도 약간의 연구가 있었다. 신영우는 『세장연록(歲藏年錄)』을 토대로 동학농민운동기 김산의 농민군과 양반 지주층의 공격과 보복을 다루면서 현재 김천의 일부 지역인 김산군의 동학의 조직과 지도자, 동학농민군의 기포와 활동 등에 대하여 다룬 바가 있었다.[3] 그리고 이이화는 경북 김산군 김천면의 대표적 접주인 편보언(片輔彦)의 사회 · 경제적 배경과 동학농민운동기의 활동에 대해 검토한 바 있었다.[4] 그리하여 현재 김천시의 중심지인 김산군의 동학 조직과 접주, 동학농민군의 기포와 활동 등이 밝혀졌다.

그렇지만 현재의 김천에 속하는 당시의 개령현과 지례현 등지의 동학농민군의 활동은 거의 다루어지지 않았다. 아울러 동학농민운동 이전 김산군 · 개령현 · 지례현의 동학 수용과 동학 조직, 동학농민운동 이후 이 지역 출신 동학인의 동향에 대해서도 거의 관심을 갖지 못하였다.

따라서 필자는 「'동학농민혁명기' 김천 지역 동학농민군의 활동: 김산 · 개령 · 지례를 중심으로」라는 글을 통하여 이 문제를 전체적으로 살펴보려고 한다. 먼저 동학농민운동 이전 김산 · 개령 · 지례인의 동학 수용과 동학 조직에 대해서 살펴보도록 하겠다. 다음으로 김산 · 개령 · 지례 지역 동학인의 기포와 동학농민군의 활동을 검토하고, 마지막으로 동학농민운동 이후 이 지역 동학인의 동향을 고찰하도록 하겠다.

2. 동학농민운동 이전 김산 · 개령 · 지례인의 동학 수용과 동학 조직

조선 시대 말 현재의 김천 지역에 해당하는 김산군(金山郡) · 개령현(開寧縣) · 지례현(知禮縣)에 언제 동학이 최초로 전래되었고, 이를 수용한 사람이 누구인지에 대해서는 분명히 알 수 없다. 다만 동학 관련 사서(史書)에서 그 실마리를 찾을 수는 있다.

황현(黃玹)의 『오하기문(梧下記聞)』에 따르면 다음과 같은 구절이 확인된다.

> 於是 慶州有崔濟愚者 自言天神降乩撰文書・造謠言・施符呪 其學亦尊天主而欲自別於西學 改稱東學 往來知禮金山及湖南珍錦 山谷間遍滿 良民祭天受戒 宣言李氏將亡鄭氏將興 大亂將作 非東學者 無以得生 吾黨但坐念天主輔佐眞主 將享太平之福 其倡在庚申辛酉間已而誅死 其黨屛息 然濟愚死後 愚民轉益誑惑 欲神奇其跡 或稱劍解 或稱飛昇 或稱遁形 不死現在人間 是以其黨雖伏 其敎終不絶 而務欲與西學異 西學則不瘞埋祭祀 而東學曰 瘞埋祭祀西學則耽貨色 而東學曰不耽貨色 故其徒信之有若眞道學 而其實鄙俚淺近襲取天主之糟粕[5]

위의 밑줄 친 부분에 따르면, 최제우가 1860년 동학을 창시하고 1863년관에 체포되기 전에 김산과 지례의 산곡(山谷)에 와서 동학을 포교하였음이 확인된다. 이는 최제우가 체포되어 대구감영에 수감되었을 때 순찰사 서헌순(徐憲淳)이 지례현감(知禮縣監) 정기화(鄭夔和)를 조사관으로 삼아 신문하게 한 사실로써도 짐작된다.[6]

당시 김산과 지례의 동학인들은 동학의 가르침에 따라 하늘에 제사를 지내고 계를 받았다. 이들은 조선의 체제와 질서에 불만을 품고, '인시천(人是天)'과 같은 동학의 이념에 따른 새로운 사회가 도래되기를 희망한 사람들이었다. 그러면서도 이들은 천주를 숭배하고 평등을 주장하는 서학에는 반감을 갖고 있었다. 왜냐하면 이들은 매장과 제사를 행하지 않고, 재화와 여색을 탐한다고 보았기 때문이다. 요컨대 1860년대 초 동학을 수용한 지례와 김산의 사람들은 평등하고 개혁적이지만 효와 도덕과 같은 동양의 전통적 가치가 구현되는 새로운 사회를 꿈꾼 사람들이었다.

1864년 최제우의 환원 이후 도통을 전수받은 최시형(崔時亨)이 1880년대 초 강원도 인제와 충청도 단양·목천과 경상도 경주 등지에서 『동경대전(東經大全)』·『용담유사(龍潭遺詞)』 등의 경전을 발간하여 보급하고, 포접 조직을 정비하자, 충청도와 경기도 등지의 도인이 증가하였다.[7] 특히 1886년 질병이 만연하자 충청도·전라도·경상도·경기도 등지의 사람 중에 피병의 목적에서 입교하는 사람들이 많았다.[8] 이러한 추세에 따라 김산과 개령과 지례의 사람들 가운데에서 동학 입교자가 증가하였으리라 짐작된다.

1880년대 후반 김산과 개령과 지례의 동학인 중에는 교주인 최시형과 접촉하며 활동한 인물도 생겨났다. 경상도 김산군 김천면 복호동(伏虎洞, 현 김천시 구성면 용호리)의 김창준(金昌駿)은 1889년 11월 최시형에게 자신의 집을 거처로 제공하여 그가 부인의 수도를 위한 내수도문(內修道文)과 세칙(細則) 등을 지어 일반 부인에게 반포하는 데 도움을 주었다.[9]

1890년대 초 김산에는 여러 명의 접주들이 있었던 것이 확인된다. 진목(眞木)의 편보언(片甫彦)·편백현(片白現), 죽정(竹汀)의 강주연(姜柱然), 기동(耆洞)의 김정문(金定文), 강평(江坪)의 도사(都事) 강영(姜泳, 基善), 김천면 봉계리(鳳溪里)의 조순재(曺舜在), 공자동(孔子洞)의 선달(先達) 장기원(張箕遠), 신하(新下)의 배군헌(裵君憲, 宰演), 장암(壯岩)의 권학서(權學書)가 바로 김산의 접주였다.[10] 그리고 김상수(金尙水)와 최봉비(崔鳳飛)도 김산 동학 조직의 지도자였다.[11] 10여 명의 접주가 있었다면, 1890년대 초 김산의 교인 수는 수백 명에 이르렀다고 판단된다.

이처럼 김산에 10여 명의 접주가 있었을 정도로 교세가 신장된 것은 무엇 때문이었을까? 이는 김산 지역 동학 지도자의 역할과 관련이 깊을 것이다.

김산의 진목에 거주한 편보언은 무반가의 자손이었다. 그의 조부인 편기진(片沂珍)은 중군(中軍)을 지냈다. 편기진의 여섯 아들 중 장남인 사언(士彦)은 김산의 대지주로 통덕랑(通德郞)이란 품계를 갖고 있었고, 둘째 아들인 대언(大彦)은 계당 유주목 선생 문하에서 수학한 학자였고, 셋째 아들은 정평 부사와 함안 군수를 지낸 인물이었다. 그리고 다섯째와 여섯째도 무과에 합격한 인물이었다고 한다. 편보언은 약 50마지기 정도의 토지를 가진 부농이었다고 한다.[12] 편보언이 적출이었다고 단정할 수 없지만, 그래도 이 지역의 농민 등의 피지배층에게 큰 영향력을 행사하였고, 양반 등의 지배층에게도 적지 않은 영향력을 가졌을 것으로 짐작된다.

강평의 강영도 정조·순조 대에 활동한 사헌부(司憲府) 지평(持平)으로 활동한 강석구(姜碩龜)의 현손(玄孫)으로 음직으로 금부도사(禁府都事)를 지낸 인물이었다. 그리고 조순재는 봉계의 거족인 창녕(昌寧) 조씨(曺氏)의 일원이었고, 공자동의 장기원(張箕遠), 신하(新下)의 배군헌(裵君憲)은 무과에 급제한 선달(先達)이었다.[13] 이들이 모두 적출(嫡出)로 양반 사회에서 큰 영향력을 행사하였다고 단정할 수 없지만, 적어도 농민 등의 피지배층에게 미치는 영향력은 컸다고 짐작된다.

이러한 김산군의 동학 조직은 동학농민운동 이전에는 독자적으로 포(包)를 형성하지 못하고 충경포(忠慶包)·상공포(尙公包)·선산포(善山包)·영동포(永同包) 등에 속하였다.[14] 이는 1894년 음력 5월(양력 6월) 부산 일본 총영사관이 "경상도에서는 충청도와 전라도에 접경한 지방에 동학농민군이 많고, 특히 선산·상주·유곡이 '동학농민군의 소굴'이다."[15]라고 파악한 정보와도 일치한다. 1893년 음력 3월 무렵 충경 대접주는 임규호(任奎鎬), 상공 대접주는 이관영(李觀永)이었고[16], 상주의 대표적 동학 지도자는 내서면의 전오복(全五福)과 갈곡의 이규삼(李圭三)이었다. 이 중에서 이규삼은 1860년대 중반부터 동학을 믿은 인물이었다.[17]

1890년대 초 지례현에도 상당한 동학 신자들이 있었다. 정확한 지례현의 교인 수를 알 수 없지만 수십 호는 되었을 것으로 판단된다. 이 지례현의 동학인들은 전남의 영암 · 무안 · 순천 등지의 호남 지역 동학인들과 연계하여 활동하였다.[18] 개령현의 동학인와 그 수효는 파악되지 않는데, 이는 1862년 개령현의 농민항쟁 후 이종상(李鍾祥) 등 수령의 항쟁 처리와 삼정 이정책, '사학(邪學)' 금지 활동[19] 등의 결과로 입교자가 적었던 때문이 아닌지 모르겠다. 짐작컨대 소수의 개령현의 동학인들이 인근의 선산포에 속하여 활동하였을 것으로 짐작된다.

1893년 교조신원운동 시, 김산 · 개령 · 지례의 동학인들은 보은취회에 적극적으로 참여하였다. 이는 다음의 제 기록에서 확인된다.

① 1893년 3월 29일 보은군 장내리에 김산의 金尙水; 崔鳳飛 등이 취집하였다가 물러갔다. 그리고 知禮의 사람 수십 명도 모였다가 오후에 물러갔다. (중략) 30일 9시에 將色이 보고한 내용에는 "星州 · 선산 · 김산 · 상주 등지의 사람 36명 정도가 나갔고, 長水의 黃丙元 등 130여 명과 靈巖 · 務安 · 順天 · 仁同 · 知禮 등지의 사람 260여 명이 깃발 세 개를 세웠는데, 한 곳에는 '湖水赴義'라고 글을 쓰고, 또 한 곳에는 '湖長大義'라고 쓰고, 다른 한 곳에는 '湖南水義'라고 써서 차례대로 들어왔습니다(『聚語』(1893.3.30).[20]

② 이달 초(4월: 필자) 3일 아침부터 저녁까지 동학의 무리들로 돌아간 사람들은 전라도 한 도에서 빠진 고을이 거의 없어 이를 합하면 5,600여 명이 됩니다. 도내에는 沃川接이 150여 명, 青山接이 30여 명, 庇仁接이 8명, 連山接이 13명, 鎭岑接이 30여 명, 公州接이 5명, 영남의 金山 사람이 2명이라고 합니다.

> 하나, 동면(東面) 관리(官里)의 장리들이 기록하여 보고한 내용에는 초 2일에 돌아간 사람은 전라도에는 咸平·南原·淳昌·茂山·泰仁·靈光 등의 지역 사람이 200여 명이고, 경상도에는 星州接이 30여 명, 善山接이 30여 명, 尙州接이 90여 명이고, 충청도 도내에는 옥천접이 30여 명, 永同接이 50여 명입니다. 초 3일 아침부터 저녁때까지 돌아간 사람은 전라도에는 長水接이 230여 명, 靈巖接이 40여 명, 羅州接이 70여 명, 務安接이 80여 명, 順天接이 50여 명이고, 영남에는 河東接이 50여 명, 상주접이 20여 명, 선산접이 60여 명, 金山接이 18명, 晉州接이 60여 명, 仁同接이 40여 명이었다고 합니다.[21]

위의 자료 ①과 ②에 따르면, 1893년 음력 3월 보은에 취회하였다가 음력 4월 초까지 돌아간 김산의 동학인은 김삼수·최봉비 등 18명에 달하였다. 그리고 ①의 자료에 따르면, 지례의 동학 교인 중 1893년 음력 3월 보은취회에 참여하였다가 음력 3월 29일 이전 돌아간 지례의 교인들은 수십 명 정도 되었던 것 같다. 이들은 전남 영암·무안·순천, 구미 인동의 동학인들과 무리를 이루어 '호수부의(湖水赴義)', '호장대의(湖長大義)', '호남수의(湖南水義)'의 기치를 내걸고 활동하였음을 알 수 있다. 개령의 동학인과 동학 조직은 보이지 않으나, 이들은 인근 선산의 동학 조직에 속하여 활동하였을 것으로 짐작된다.

보은취회 후인 1893년 음력 4월 무렵 동학인들이 지례현의 삼도봉(三道峰) 아래에 둔결(屯結)하였다는 소문도 돌았다.[22] 지례가 동학 집회의 거점으로 자리를 잡게 되었던 것이다.

이처럼 동학농민운동 직전 김산·개령·지례의 동학인의 수는 급격히 증가하고 있었다. 이에 따라 이 지역 출신 인물의 교단 내의 역할도 커졌다. 보은취회 직후인 1893년 음력 7월에서 10월 사이 최시형이 김산군 김천면 진목리의 편보언(片甫彦, 片輔彦, 片謙, 片士彦)의 집에 머물렀던 사실은[23] 이를 방증한다고 하겠다.

3. 김산 · 개령 · 지례 동학인의 기포와 동학농민운동

동학농민운동의 발생 후, 김산 · 개령 · 지례 지역 동학인의 주목할 만한 움직임은 이른바 남접의 동학농민군이 봉기한 직후의 1894년 음력 4월(양력 5월) 무렵이었다. 부산의 일본 공사관에서 파악한 바에 따르면 다음과 같다.

> 경상도 내 동학당 사건에 관하여 이번 길에 탐문한 바는 다음과 같다. 지난달 중순경 도내의 金山 · 知禮 · 居昌 세 곳에서 불온한 싹이 트기 시작하여 동학당이라는 혐의로 大邱로 잡혀 간 자가 20여 명 있었는데, 그중에 3명이 동학당의 隱語를 품 안에 은닉하고 있었으므로 현재 대구에서 엄히 심문하는 중이라고 한다. 이 隱語라는 것은 '爲天柱造化定永世不忘萬古知' 13자로, 전부터 동학당의 거두라고 일컬어지던 전라도 光陽의 李 某라는 자가 지은 말이라고 한다.
>
> 경상도에서도 충청도 · 전라도와 접경한 각 지방에 동학당류가 많고 특히 善山 · 尙州 · 幽谷 등의 각지는 평소 동학당의 소굴이라고 일컬어진다. 이번 충청도의 소요 때에도 동학당을 응원하기 위하여 상주 쪽에서 그곳으로 간 사람이 적지 않다고 한다. 위의 각 지방 백성들은 동학당에 대하여 누구나 암암리에 경의를 표하며 동학당을 지목하여 東學君 혹은 東學人이라 칭하며 黨이라고 말하지 않는다는 것이다. 그리고 그 말하는 바를 듣건대, 모두가 閔氏 집안의 전횡에 분개하고 지방의 폐정을 탄식하지 않는 자가 없다고 한다.[24]

위의 기록과 같이 1894년 음력 4월(양력 5월)경 김산과 지례의 동학인들은 눈에 띌만한 활동을 하였다. 비록 무장을 하여 봉기한 것은 아니지만, '시천주조화정영세불망만사지(侍天柱造化定永世不忘萬事知)'라는 '은어(隱語)'를 지니고 다니면서 동학을 포교하였다. 포교의 수단으로 이들은 민씨 정권의 전횡과 지방관의 폐정에 따른 민심의 이반을 활용하기도 하였다. 김산과 지례에서의 적극적 동학 포교 활동은 지방관의 검거로 일시 움츠러 들었으나 그것은 잠시뿐이었다.

1894년 음력 8월경 김산과 개령과 지례의 동학인들은 더욱 적극적인 포교 활동을 전개하였다. 『동요일기』에 따르면 다음과 같은 기록이 있다.

> 1894년 8월 일 이른바 東學의 무리가 곳곳에서 들고 일어나니 이런 난리가 없다. 가까운 읍으로 말하자면, 金山, 開寧, 善山, 仁同, 知禮 등을 비롯하여 소요의 피해를 입지 않은 곳이 없었다. 8월 23일 성주(星州) 지역에 들어와 여기저기 옮겨 다니면서 침학하였고, 27일에는 읍에 들어와 소요를 일으켰다.[25]

위와 같이 1894년 음력 8월경 김산・개령・지례의 동학인들은 '난리'에 가까울 정도로 곳곳에서 들고 일어났다.

이 상황은 김산군 조마남면(助馬南面) 안서동(安棲洞)에 거주한 화순 최씨 최봉길(崔鳳吉)이 기록한 『세장연록(歲藏年錄)』을 통하여 짐작할 수 있다. 그 내용은 다음과 같다.

> 8월 초 3일
>
> 당시 동학이 더욱 성대해져 더럽혀지지 않은 곳이 없었다. 우리 고장의 괴수

는 바로 죽전(竹田) 남정훈(南廷薰), 진목(眞木) 편보언(片輔彦)·편백현(片白現)이라는 자들이다.

죽정(竹汀) 강주연(康柱然), 기동(耆洞) 김정문[(金定文, 감호정(鑑湖亭) 고자(庫子)], 강평(江坪) 도사(都事) 강영(姜永), 봉계(鳳溪) 조순재(曺舜在), 공자동(孔子洞) 선달(先達) 장기원(張箕遠), 신하(新下) 배군헌(裵君憲), 장암(壯岩) 권학서(權學書)가 접주(接主)가 되었다. 포덕(布德)이라고 칭하면서 어리석은 백성들을 유혹하여 말하기를, ① "동학도에 들어오면 난리를 피할 수 있고 굶주림을 면할 수 있다. 동학도에 들어오지 않는 자는 모두 죽을 것이다"라고 하였다. 아, 저 지각이 없는 사람들이 일시에 모두 동학도에 들어가는 것이 마치 물에 젖고 불이 타게 하는 것과 같았다. 아비가 제 자식을 금지할 수 없었고 형이 그 아우를 금지할 수 없었다. ② 손으로 죽장(竹杖)을 끌고 목에는 염주(念珠)를 메고, 무리를 이루고 떼를 지어 마을을 침략하고 돈과 곡식과 베와 비단을 탈취하였다. 사가(私家)의 노예들이 상전을 구타하고, 하인이나 하천민이 사대부를 매질하며, 작은 원한이라도 반드시 되갚고 예전의 은혜를 아랑곳하지 않았다. 사람들 중에 받아 내기 어려운 빚이 있으면 반드시 받아 내서 나누어 먹고, 파내기 어려운 무덤이 있으면 반드시 파내어 위엄을 보였다. 동학도에 들어가지 않은 자는 꼬투리를 잡아 지목하여 속자(俗子)로 도(道)를 훼손한다고 하여 무리를 거느리고 가서 곧장 악형(惡刑)을 행하여 머리가 깨지고 뼈가 부러지는 자가 있었다. 그 악형을 견디지 못하여 속전(贖錢, 죄를 면해 주는 돈)으로 몇 냥을 주면 이를 통해 풀어 주었고, 가난한 자는 아무리 도를 훼손하였더라도 그냥 내버려 두었고, 이름 없는 자는 비록 면박을 하더라도 그냥 내버려두었다. 부자(富者)나 이름 있는 자만이 그 피해를 당하였다.

봉계(鳳溪) 조승지[(曺承旨, 시영(始永)] 정도사[(鄭都事, 운채씨(雲采氏)], 기동(耆洞)

여도사[(呂都事, 영필(永弼)], 여감역[(呂監役, 위룡씨(渭龍氏)], 배헌(裵瀗) 등 여러 집안이 재산만 손상이 있을 뿐만이 아니라 그 사이 모욕을 당하니 그 끝이 없을 지경이었다. 여감역(呂監役) 어른은 또 선산에 변고를 당하고 윤자(胤子, 장자) 영소(永韶)가 구타를 당하여 거의 죽을 지경에 이르렀으니 피해를 당한 사람들 중 더욱 심한 경우이다. 그 외에 아침에 밥을 먹고 저녁에 죽을 먹는 집안이라면 욕을 당하지 않은 집이 없었다. 우리 역시 신촌(新村)의 족인(族人)에게 욕을 당하고 30금(金)의 손해를 받아서 분한 마음이 끝이 없었다. 어찌하여 일종(一種)의 사학(邪學)이 이와 같이 극히 심하단 말인가. 한 고을이나 한 도(道)뿐만이 아니라 조선 팔도가 모두 그러하다고 하니, 이 역시 시대의 운수에 관계된 것이다.

8월 초 6일

근자에 동학도가 점점 성대해져 이른바 편보언(片輔彦)이 '도집강(都執綱)'이라고 칭하고 김천 시장에 도소(都所)를 설치하였다. 동학도에 들어온 자는 그 성명을 기록하고 유사(有司)를 나누어 정하였는데, '접주(接主)', '접사(接司)', '대정(大正)', '중정(中正)', '서기(書記)', '교수(教授)', '성찰(省察)' 등의 명칭이 바로 이것이었다.

최법헌(崔法軒)의 인장(印章)을 명지(名紙) 위에 찍어서 주면서 '예지(禮紙)'라고 칭하였다. 동학도에 들어온 자는 모두 예지 한 폭이 있었다. 상놈의 경우 모두 성찰로 임명이 되었다. 성찰은 마치 관가의 차사(差使)와 같았다.

해당 접주는 날마다 포덕(布德)을 일삼았는데, 각기 포솔(包率)이 있었다. 충청포(忠淸包)에 들어간 자는 충청포(忠淸布)라고 칭하고, 상공포(尙公包)에 들어간 자는 상공포(尙公布)라고 칭하고, 선산포(善山包)에 들어간 자는 선산포(善山布)라고 칭하고, 영동포(永同包)에 들어간 자는 영동포(永同布)라고 칭하였다. 접주의 경우 안장을 갖춘 좋은 말을 타고 큰 깃발을 세우고 포명(包名)을 적었다. 포졸의 경우 모두 총과 창을 지니고 뒤를 따라다녔다. 나가건 들어오건 간에 총을 마구 쏘았다. 만약 저녁에 들어올 경우에는 큰 소리로 성찰을 불러 마을마다 횃불을 들게 하니, 그 불빛이 하늘과 이어져, 기염이 사람으로 하여금 머리카락이 쭈뼛 설 지경이었다. 어느 곳을 따질 것 없이 사가(私家)의 노예들이 대부분 동학도에 들어가 그 상전인 자들이 값을 받지도 않고 속량하였다. 그렇지 않은 경우에는 망칙한 피해를 당하였기 때문에 우리 세 집안의 노비 역시 세상에 따라 방출하여 수하에 한 명도 없어서 근심스럽고 답답하였다.

지례 현감(知禮 縣監) 이재하 씨(李宰夏 氏)가 비류(匪類)를 금지하고자 하여 몇 사람을 결박해서 형틀을 채우고 엄히 가두었다. 그 때문에 저 비류들이 사방에서 모여 곧장 지례 동헌(東軒)으로 쳐들어가, 본관(本官, 지례 군수 이재하)을 둘러싸고 때려 거의 머리가 부서질 지경에 이르렀으니, 그 변괴가 극도에 달하였다. 이후로 각 고을의 수령들이 더욱 두려워 금지하지 못하였다.

죽정(竹汀) 강주연(康柱然)의 포솔 중 상놈 최판대(崔判大), 상놈 차돌이(車乭伊), 이치윤(李致允)이라는 자가 방자하기가 매우 심하였다. 최판대는 일찍이 광수(廣水) 여해수 씨(呂海叟氏) 집 안에 무리를 거느리고 들어가 여씨 어른을 결박하고 황각(黃角) 주점에 끌고 가서 마구 때려 죽였다. 이 때문에 그의 아들 정옥(廷玉) 형제가 최판대를 죽여 복수하였다. 당시 온갖 변괴가 일어났는데, 매원(梅院) 광리(廣李)의 노비 반란과 경주(慶州)의 양리(陽李) 족속의 반란은 모두 지극한 변괴이다.[26]

1894년 여름 청일전쟁과 가뭄으로 인한 혼란으로 백성들이 동요하고 있을 때, 김산 지역의 접주 편보언은 "동학을 믿으면 난리를 피하고, 굶주림을 면할 수 있다"고 하면서 적극적으로 포교를 전개하였다. 이에 따라 농민과 노비를 비롯한 피지배층의 동학 입교가 마치 요원의 불길 같았다. 그러자 편보언은 김천에 도소(都所)를 설치하고 새로 입교한 사람들에게 접주(接主)・접사(接司)・대정(大正)・중정(中正)・서기(書記)・교수(教授)・성찰(省察) 등의 교직을 주고, 충경포・상공포・선산포・영동포 등의 포(包)에 소속시켰다.

1894년 음력 8월 무렵 김산・개령・지례의 동학인과 새로 입교한 농민들, 즉 동학농민들은 자신들의 기세를 믿고, 굶주리고 수탈을 당하고, 신분적으로 멸시받던 상황을 일거에 해결하려고 하였다. 먼저 그들에게서 빼앗아 갔다고 여긴 돈과 베와 곡식을 양반과 부자로부터 '탈취'하였다. 다음으로 노비주를 강박하여 노비 문서를 없앰으로써 노비의 신분에서 벗어나려고 하였다. 동학농민의 민원 해소를 위한 대상, 혹은 '공격 대상'은 대체로 이름 있는 양반과 부자들이었다. 김산의 동학농민군은 봉계의 승지(承旨) 조시영(曺時永), 도사(都事) 정운채, 기동의 도사(都事) 여영필(呂永弼)・감역(監役) 여위룡(呂渭龍)・배헌(裵憲)을 찾아가 재물을 요구하여 뜻을 이루었다. 신촌(新村)의 동학농민 최 모(崔 某)도 조마남면 안서동의 최씨가로부터 30금을 얻어내었다. 사가의 노비 출신으로 동학에 입교한 사람들은 주인을 찾아가 노비에서 해방시켜 줄 것을 요구하여 속전도 내지 않고 양인이 되었다. 조마남면 안서동의 최봉길(崔鳳吉)가도 예외가 아니었다. 이들의 행위는 도를 넘어서 폭력을 행사한 경우도 없지 않았다. 경위를 알 수 없지만, 죽정 접주 강주연(康柱然)의 포솔 중 최판대(崔判大)・차돌이(車乭伊)・이치윤(李致允)이 광수(廣水)의 여해수(呂海叟)를 죽인 사례가 바로 그러하였다.

김산군과 개령현과 지례현의 관헌들은 동학농민의 행위를 국기를 문란케 하는 것으로 판단하여 동학농민들을 대거 체포하여 형벌을 가하였다. 대표적으로 지례 현감 이재하(李宰夏)는 동학농민 몇 사람을 체포하여 형틀을 채우고 옥에 가두는 체형을 내렸다. 그러자 원한에 사무친 지례 등지의 동학농민은 지례의 동헌으로 쳐들어가 지례 현감 이재하를 잡아 머리가 부서질 정도로 구타하였다.

1894년 음력 8월 23일 지례의 동학농민은 김산과 개령의 동학농민과 함께 김산·개령을 거쳐 성주에 들어가 농민들에 대한 가혹한 수세, 향리층 등의 가렴주구, 동학농민의 처형에 대해 항의와 보복을 행하였다. 이 자세한 사항은 1894년 음력 8월 동학농민의 성주 시위를 기록한 도한기(都漢基)의 『동요일기(東擾日記)』를 통해서 짐작할 수 있다. 그 내용 중 김산과 개령과 지례와 관련된 내용을 소개하면 다음과 같다.

1894년 음력 8월 23일 지례의 동학농민은 천창(泉倉)에 이르러서 진사 여명구(呂命九)를 끌어내어 묶고 때리고, 수천 냥의 돈을 탈취하였다. 이들에게 천창(泉倉)의 돈은 자신에게서 수탈한 돈과 다르지 않았다. 이들은 장참판댁에 들어가서 그의 차남인 장순화(張舜華)를 잡아내어 곤욕을 당하게 하였다.

8월 24일 지례의 동학농민과 합세한 김천의 동학농민은 함께 천창에서 성주로 향하였다. 김천(金泉)에 사는 조춘삼(曹春三)과 구가(具哥)도 이 대열에 동참하였다. 이날 낮에 동학농민 10여 명이 대마시장(大馬市場) 근처의 접주(接主) 문용원(文龍元)의 집에 모였고, 저녁에 10여 명이 합류하여 모두 25-26명 정도에 이르렀다. 이들은 환도(還刀) 1구, 총 몇 자루, 붉은 깃발 2쌍, 창 2자루를 가지고 문밖에 서 잡인들이 집에 들어오는 것을 막았다.[27]

8월 25일 지례와 김천 등지의 동학농민은 성주읍에 들어갔다. 이날 아침 일찍 동학농민 7명은 성주 목사를 면담하였다. 이들은 목사에게 내년의 결가(結價)를 결당 15냥, 호포세(戶布稅)를 봄가을로 각각 6전씩만 거두라고 요청하였다. 이것이 받아들여졌는지 잘 알 수 없으나 회담의 분위기는 성주목사가 매우 공손히 동학농민을 도인이라 높여 칭하고, 음식과 술을 마련하여 대접할 정도로 원만하였다.[28]

그렇지만 성주에 들어간 동학농민 중 일부는 새벽에 대산령(大山嶺)의 배좌(裵座)의 집에 들어가 금전과 물건을 '토색'했고, 한 부대는 좌방리(左方里) 배웅천(裵熊川)의 첩 소지(小之) 집에 들어가 그 오라비 송가(宋哥)를 잡아다가 묶고 때리며 배웅천의 소재를 파악하였다. 또 동학농민의 일부는 오전에 본동의 배숙현(裵叔賢)의 집에 가서 그의 아들 배경일(裵敬一)을 잡고자 하였으나 배 부자(裵 父子)의 도피로 뜻을 이루지 못하였다. 배숙현의 부인을 겁박하여 그 아들의 소재를 파악하려다가 그 부인이, 다행히 목숨을 구하였으나, 우물에 빠져 자살을 기도한 사건이 발생하기도 하였다. 이날 저녁 동학농민 6명은 동야리(東也里)에 가서 배웅천을 잡아 배국언(裵國彦)의 소재를 파악하고자 하였으나 이미 도망친 후였다.[29]

8월 26일 새벽 40여 명의 동학농민은 시장 근처 문용원의 집에 회집하였다. 이날 낮에 이들은 무리를 나누어 첫째, 패는 본동에 가서 이원집(李元集)을 잡아들이고, 둘째, 패는 본동의 이성삼(李聖三)을 잡으려 하였으나 실패하였다. 셋째, 패는 서문 밖으로 가서 이백원(李伯元)을, 넷째 패는 헌풍리(獻風里)에 가서 상인 김사일(金士一)을 잡으려 하였으나 이미 도피하여 실패하였다. 다만 다섯째 패는 봉산(鳳山)으로 가서 이항수(李項壽)의 형을 수색하여 잡았다. 같은 날 저녁 동학인들은 사창 앞의 배운겸(裵雲兼)을, 객사 뒤의 이성묵(李聖默)의 아들을 잡았다. 또 본동에 도착하여 이정수(李頂壽)를 잡으려 하였으나, 내외가 모두 피하여 대신에 그의 빙모를 잡아 소재를 추궁하였다.[30]

8월 27일 100여 명의 동학농민이 성주 읍내에 들어왔다. 이날 장교 및 감옥사령, 향리 등은 처음에는 두려워 숨었다가 어두워질 무렵 성밖 송대(松坮) 근처에서 모여서 의논하여 100여 명의 초군과 머슴으로 하여금 동학농민을 위협하게 하였다. 그러자 동학농민은 관문으로 난입하여 옥문을 부수고 군영과 읍의 죄수들을 풀어 주었으며, 군기고를 깨뜨려 총칼과 탄약 등의 물건으로 무장한 후 맞서 싸웠다. 그렇지만 동학농민은 관군과 초군과 머슴 등으로 구성된 민보군 등의 공격으로 18명이 희생을 당하였다. 몇 명은 접주인 문용원(文龍元)과 서달룡(徐達龍)의 집에 숨어 있다가 희생을 당하였다. 이에 동학농민은 성을 내주고 성 밖으로 도망할 수밖에 없었다.[31]

이 이후 동학농민은 일제히 일어나 포솔(包率)이 각자 총과 창을 들고 사방에서 운집하여 거의 만여 명이 성주읍의 대마시장에서 머물렀다. 성주 목사 오석영(吳錫永)은 겁에 질려 밤중에 도망치고 아전들 역시 사방으로 흩어졌다. 동학농민은 아전들의 집을 찾아가 금전과 재물과 의복을 마련하였다. 동학농민은 민가를 불태우기도 하였지만 관공서를 소훼하지는 않았다.[32] 한편 김천의 동학농민은 9월 22일 선산의 동학농민과 함께 상주에 모여 예천 · 안동 · 의성을 공격할 작정이었던 것 같다.[33]

1894년 9월경 최시형으로부터 군사를 일으키라는 명을 받은 김산군 김천면의 편보언은 9월 25일 김산 각 곳의 접주에게 개인적인 통문을 보냈다. 그리하여 강주연이 죽정에서, 김정문이 기동에서, 강영이 하기동에서, 권학서가 장암에서, 조순재가 봉계에서, 장기원이 공자동에서 군대를 일으켰다.[34]

김산과 지례와 개령의 동학농민군은 1894년 9월 28일경 개령을 거쳐 선산에 집결하였다.[35] 김산군 기동의 김정문과 그 휘하의 동학농민군도 예외가 아니었다. 그러나 대구의 남영병이 9월 28일 선산에 도착하고,[36] 이 무렵 낙동수비병의 후지타와(藤田) 분대 및 하시타(橋田) 분대도 선산부에 도착하였다.[37] 선산에 모인 김산 · 지례 · 개령의 동학농민군은 10월 1일(양력 10월 29일) 관군 및 일본군과 교전하여 일본군 낙동수비병 등 2명을 죽였으나[38] 수백 명의 희생자를 내고 말았다. 이때 김정문의 포솔들도 15명이나 희생을 치렀다.[39]

강영은 김산의 하기에 도소를 설치하고 후방에서 군수를 마련하는 역할을 수행하였다.[40] 예를 들어, 강영은 선산부 파계(巴溪) 사람인 수접주 이주일(李柱一)로 하여금 그의 사위 진사 여제동(呂濟東, 都事 永弼의 조카이고, 진사 永根의 아들)을 동학에 입교시키도록 하였다. 이때 여영필이 찾아와 여제동을 교단에서 빼 줄 것을 요구하자 강영은 40금 가량의 농우 한 마리를 받고, 그를 집으로 돌려보냈다.[41]

선산에서의 패배 후 김산과 지례와 개령의 동학농민군은 대구 남영병(南營兵)의 수포(搜捕) 활동으로 큰 희생을 치러야만 하였다. 강영은 10월 6일 조마면 장암에서 체포되어 곤장 12대를 맞고 총살되었다. 그리고 공자동의 장기원의 가족과 소속 동학농민군들은 도피하여 목숨을 건질 수 있었으나 10월 7일 가옥이 전소되고 말았다. 10월 8일에는 지례에서 동학농민군 4명이 처형되었다.[42]

이 이후에도 김산과 지례와 개령 등지의 동학농민군은 관병의 주둔과 수색과 체포 활동으로 숨어 다녀야만 하였고 때로는 큰 희생을 치렀다. 지례에는 10월 8일 이후에도 병정 100명이 잔류하였고, 11월 초에는 초관(哨官) 이완근(李完根)이 이끄는 120명이 지례에 주둔하였다. 김산에는 10월 25일 초관 장교혁이 병정 200명을 거느리고 김천에 들어와 동학농민군을 추포하여 총살하였다.[43] 10월 25일 편보언과 남정훈 등 4-5명의 동학농민군이 체포되어 김천시장에서 총살되는 등 김산 지역에서는 20명의 동학농민군이 피살되었다.[44]

4. 동학농민운동 후 김산 · 개령 · 지례 동학농민군의 동향

동학농민운동 후 김산 · 지례 · 개령의 동학농민들은 이 주변 지역에서 갑옷을 입고 투쟁하기도 하였다. 황현의 『오하기문(梧下記聞)』에는 다음과 같은 기록이 확인된다.

> 1895년 訛言 嶺右金山郡 鑿甲軍起. 忠淸內浦 有宋都事者 夢有告曰 ○往金烏山鑿某穴 當得鐵甲宋依 其言得之 從者日數千. 稱鑿甲稧云. 或曰此亦東學流也.[45]

위의 기록과 같이 1895년에 김산군에서는 착갑군이 일어났다는 소문이 돌았다. 이 착갑군은 철갑과 송의를 입은 군인으로 동학류로 인식되었다.

김산과 개령과 지례의 동학농민은 고향을 떠나 외지에서 생활할 수밖에 없는 경우도 허다하였다. 예를 들어 김산군의 지사(地師) 정구현(鄭求鉉, 1894년 입교)은 '개류(改謬)'하였다고 하나, 김산의 집을 떠나 대구에 도피하여 생활해야만 하였다.[46]

때로는 의병에 가담하거나 칭탁하여 관의 추적과 체포를 피하였다. "건양 원년인 1896년 김산 사람 120명이 의병이라 칭하고 지례군으로부터 ○월 23일에 공주부로 들어왔다"[47]는 기록이 그러한 사례로 판단된다. 일본의 명성황후 시해 후, 국모를 위해 불공을 드리고자 한 김산 · 개령 · 지례의 동학농민이 많았던 점도 이러한 추정에 힘을 보탠다.

김산 · 개령 · 지례의 동학농민들은 1900년 초 속리산에 대거 입산하였다. 지사(地師) 정구현(鄭求鉉)은 1900년 3월 김산군의 농민 이일문(李日文)을 짐꾼으로 고용하여 함께 속리산에 가서 동학인들과 함께 '치성(致誠)'을 드리는 등의 활동을 전개하였다.[48] 개령의 김당골과 김산의 편합덕·육사명은 대구의 서정만을 도통한 사람으로 인정하여 속리산 치성에 함께 갔다. 이들은 속리산으로 가기 전에 김산과 지례와 개령의 농민을 만나서 서정만을 성인이라 칭하고, 국모를 위하여 불공을 드린다는 등의 이야기로 설유하고, 소위 성심전(誠心錢)을 내게 하여 상복과 떡과 술 등의 물건을 준비하게 한 후 다수의 사람이 모여 함께 갔다.[49] 이때 함께 간 김산군 사람으로는 편만은(片萬恩, 35)·김종영(金宗永, 53)·김중금(金中今, 38)·이장중(李掌中, 45)·김성일(金聖一, 41)·정두일(鄭斗一, 48)·배배판(裵排判, 39)·정광수(鄭光洙, 31)·편일삼(片日三, 49)이 있었다.[50] 그리고 지례군 사람으로는 김용보(金用甫, 37)·김극성(金克成, 47)·공시주(孔時周, 34)·양극석(梁克石, 32)·이봉화(李奉化, 55)·유덕술(柳德述, 37)·김재봉(金在奉, 27)·전경문(全京文, 45)·김수대(金水大, 36)·최불이(崔不伊, 35)·문정기(文正基, 47)·김영식(金永植, 30)·김길도(金吉道, 43)가 있었고, 개령군 사람으로는 장택근(張宅根, 33)이 있었다.[51]

이들이 속리산에 간 이유는 명확하지 않다. 개령 거주 농민 김당골(金堂骨)과 김산군 거주 농민 편합덕(片合德)과 육사명(陸四明)의 스승인 서정만(徐定萬)은 1898년 최시형의 사망 후 그의 신원을 위해 사람과 재물을 모아 속리산에서 치성한 후 상경복합(上京伏閤)한다고 하고, 청기를 만들어 '남조선충의장군선봉대원수(南朝鮮忠義將軍先鋒大元帥)'라고 크게 쓰고 상복·지납·등촉 등의 물건을 준비하여 속리산에 갔다고 한다.[52] 이것을 보면 최시형의 신원 때문인 것 같지만, '남조선충의장군선봉대원수(南朝鮮忠義將軍先鋒大元帥)'라는 기치를 보면 임금과 국가를 위한 거동인 것처럼 보이기도 한다. 그를 따른 김산과 개령과 지례의 동학농민 중 상당수는 국모와 국가를 위해 불공을 드리기 위해 속리산에 갔다고 하였다. 그렇지만 개인적인 기복을 위해 갔다고 말한 경우도 적지 않았다.[53] 속리산은 『정감록』의 10승지지의 하나이므로 피난의 목적으로 속리산에 갔을 가능성도 높다.

그 이유야 어쨌든, 입산 동기와 행위로 보았을 때, 김산과 개령과 지례의 동학농민들은 상당히 보수적인 가치관과 정서를 지니고 있었다. 시해당한 국모와 국가를 위해 충성과 절의를 바치려는 자세를 보였으며, 치성의 방식으로 개인과 가족의 만사형통을 기원하기도 하였다.

손병희가 이끄는 동학 교단이 1904년 진보회(進步會)를 설립하고 일본에 의지하여 갑진개화운동(甲辰開化運動)을 전개하였을 때, 김산 · 개령 · 지례의 동학농민들은 전혀 참여하지 않았다.[54] 이것은 국모를 시해한 일본과의 타협을 거부한 것이며, 서구적 가치와 사회로의 전환을 받아들이지 않은 것이다. 일제강점기에 천도교인이 자칭 300만 명이나 됨에도 불구하고 김천지역에 천도교구가 없었던 것은 천도교의 문명론적 근대화 노선을 따를 수 없었던 김천지역 동학인의 성격을 드러낸 것으로 판단된다.

5. 맺음말

김산 · 개령 · 지례에 동학이 전파된 것은 1860년대 초였다. 동학의 창시자 최제우가 활동하던 1863년경, 동학은 지례에 전파되었고 다수의 지례인이 동학의 가르침을 따르고 있었다.

1864년 최제우가 죽고 도통을 전수받은 최시형이 1880년대 초 『동경대전』과 『용담유사』를 발간하고, 1860년대 중반 질병이 만연하고 흉년이 들자, 피병하거나 목숨을 부지하기 위하여 동학에 입교하는 김산 · 개령 · 지례인이 증가하였다. 1889년 김산군 김천면 복호동의 김창준은 최시형이 〈내수도문〉과 〈세칙〉을 발간할 수 있도록 후원하기도 하였다.

1890년대 초 김산 · 개령 · 지례에는 편보언 · 강주연 · 김정문 · 강영 · 조순재 · 장기원 · 배군헌 · 권학서와 같은 다수의 접주들이 있었다. 이처럼 교세가 신장된 것은 김산 · 개령 · 지례의 동학 접주 중에는 반가 출신의 인물이 적지 않아 포교에 상당한 도움이 되었던 탓일 것이다. 아울러 청일전쟁의 혼돈 속에서 질병과 배고픔과 두려움에 고통받던 농민에게 포교하여 교세가 크게 신장된 때문이기도 하였다. 그렇지만 1894년 이전 김산 · 개령 · 지례에는 독자적인 포(包)가 만들어질 정도로 교세가 신장되지는 못하였다.

1894년 전라도에서 동학농민군이 봉기하였을 때, 김산 · 개령 · 지례의 동학인들도 동요하였다. 이들은 지대와 세금을 낮추고, 신분적 예속에서 벗어날 수 있기를 기대하였다. 그렇지만 중간 지배층이 그들의 요구를 받아들이지 않았다. 관헌들은 그들을 폭압하기까지 하였다.

지례에서 출발한 동학인들은 김산과 개령을 거치며 교인을 합세시킨 후 1894년 음력 8월 23일 새벽 성주목에 들어갔다. 그리고 8월 25일 아침에는 동헌에 들어가 수령을 만나 전세와 군역세를 낮추어 줄 것을 요구하여 우호적인 분위기 속에서 회담이 끝났다. 그러나 다른 한편 동학농민들은 자신들을 착취한 향리 등의 집을 찾아다니며 해당 인물을 색출하거나 금전을 마련하였다. 그런데 8월 27일 저녁 관군과 일본군, 향리 등이 조직한 민보군 등의 공격으로 동학농민군은 큰 희생을 치르고 쫓겨날 수밖에 없었다. 이후 동학농민들은 10,000여 명의 군중을 이루어 성주목에서 항의성 시위를 전개하기도 하였다.

1894년 9월 중순 김산의 접주 편보언은 최시형의 기포령을 받았다. 그는 즉시 김산 · 개령 · 지례에 기포령을 전파하였다. 이에 죽정의 강주연 · 기동의 김정문 · 하기동의 강영 · 장암의 권학서 · 봉계의 조순재 · 공자동의 장기원 등이 기포하였다.

김산과 지례와 개령의 동학농민군은 1894년 9월 28일경 개령을 거쳐 선산에 집결하였다. 선산에 모인 김산 · 지례 · 개령의 동학농민군은 음력 10월 1일 관군 및 일본군과 교전하여 일본군 낙동수비병 1명을 사살하였으나 김정문의 포솔 15명 등 수백 명이 희생을 치렀다. 선산에서의 패배 후 김산과 지례와 개령의 동학농민군은, 대구 남영병(南營兵)의 수포(搜捕) 활동으로, 강영이 10월 6일 조마면 장암에서 체포되어 곤장 12대를 맞고 총살되었고, 공자동의 장기원은 간신히 목숨을 건졌으나 가옥이 전소되었다. 지례에서는 10월 8일 동학농민군 4명이 처형되기도 하였다. 관군과 일본군이 주둔한 가운데, 김산에서는 10월 25일 초관 장교혁이 이끄는 병정 200명에 의해 20명의 동학농민군이 피살되었다.

동학농민운동 후 김산 · 개령 · 지례의 동학인들은 도피하여 신분을 숨기고 살거나 의병으로 활동하였다. 그런데 이들은 1900년경 대구의 서정만을 따라 『정감록』 상 십승지지의 하나인 속리산에 대거 입산하였다. 이는 시해당한 국모와 국가를 위한 기도, 개인과 가족의 만사형통, 위험 모면 등의 이유 때문이었다.

이처럼 김산 · 개령 · 지례의 동학인들은 임금과 국모에게 충성하고 절의를 지키려는 보수적 성격을 띠었다. 바로 이런 연유에서 김천 지역의 동학인은 1904년 동학 교단이 진보회(進步會)를 설립하고 일본에 의지하여 갑진개화운동(甲辰開化運動)을 전개하였을 때, 전혀 참여하지 않았다. 일제강점기 김천 지역에 천도교구가 설립되지 않은 것도 천도교의 문명론적 근대화 노선을 따르지 않으려던 김천 지역 동학인의 특성 때문이었다.

1894년 경상 감사 조병호의 동학농민군 진압 기록과 김천

신 영 우 _ 충북대학교 사학과 명예교수

1. 머리말

1894년 4월 25일 경상 감사로 임명된 조병호(趙秉鎬, 1847~1910)는 부임 초기부터 어려운 문제에 부딪쳤다. 가장 시급했던 문제가 전임 감사 이용직을 비롯한 지방관들의 부정부패를 조사해서 농민항쟁을 수습하는 일이었다. 전라도와 충청도에서 동학농민군이 봉기하여 한창 소란스러운 와중에 경상도 여러 군현에서는 농민항쟁이 벌어지고 있었다. 동학 조직이 가세하지 않았던 농민항쟁이 경상도에서 일어난 것이다. 이를 수습하는 유일한 방안이 탐관오리의 처벌이었다.

농민항쟁이 일어나지 않은 군현에서도 원성이 높았던 지방관이 적지 않았다. 전라도에서 동학농민군이 활동하는 소식을 듣고 경상도의 동학도들이 공공연히 표면에 나와서 세력을 키우기 시작했다. 점차 경상도에서도 전라도나 충청도와 다름없는 상태가 되었고, 10월 초 경상 감사 조병호는 경상도 60여 군현에서 민요가 일어났다고 하였다.

다음은 연이은 흉년 때문에 굶주리는 농민들을 구제하는 문제였다. 1893년부터 극심한 가뭄과 흉작으로 기근에 시달리는 농민들은 한여름에 이르기까지 비가 내리지 않자 절망상태가 되었다. 5월 20일 이후 비가 오지 않아서 들판에는 모판이 말라 버렸고, 7월 초 비가 왔지만 17개 군현에서만 호미로 개울 부근을 갈아 모를 심을 정도였다. 큰 하천도 거의 물이 끊어졌고, 바람이 불면 저수지 바닥에서 먼지가 이는 정도였다. 민심이 흉흉한 속에서 쌀값은 폭등하였고 시장에는 곡식이 전혀 나오지 않았다. 경상 감사는 시급히 민생 문제를 해결해야 했다.

그러한 와중에 경상 감사로서 감당할 수 없는 사태가 벌어졌다. 일본군 제5사단 제10여단 병력이 부산에 상륙해서 대구 감영까지 들이닥친 것이다. 경복궁이 일본군에게 기습을 당해서 국왕이 인질로 된 실상은 잘 알고 있었지만 수많은 일본군이 감영에 들어오게 되자 당황하지 않을 수 없었다. 대구는 청국군과 전쟁을 하기 위해 문경을 거쳐 서울까지 올라가는 일본군의 통로가 되었고, 경상 감사 조병호는 인부 동원이나 조선 돈 환전에 편의를 제공해주는 역할을 해야 했다. 더욱이 경내 지방관에게 일본군에게 협조하라는 공문까지 보내야 했다. 임란 이후 경상도는 일본의 재침을 막는 방벽으로 막대한 세금을 지출해서 통영에 삼도수군통제사를 두고 진주 병영과 함께 경상 감영에 병대까지 배치했지만 전혀 기능을 하지 못했다.

또한 갑오년 봄에 세력을 키운 경상도의 동학도들이 8월부터 다른 지역보다 앞서 무장봉기에 나서고 있었다. 경상 감사 조병호는 정부에서 사교로 금지하는 동학을 용납할 수 없었다. 그래서 각 군현에 지시하여 이들이 '동학의 이름을 빌려 집을 부수고 겁탈하며 재물을 가로채고 사람을 속이는 한 무리의 화적'이라면서 활동을 못 하도록 막았다. 그렇지만 감사의 지시나 권한만으로 '관리의 악정과 양반의 압박'에 항거하여 봉기한 동학농민군을 막을 수 없었고, 일본의 침략에 대항하자는 동학농민군에게 명분마저 밀리고 있었다.

정부는 9월에 들어와 동학농민군이 전국에 걸쳐 재봉기에 들어가자 양호도순무영을 설치하고 진압에 나섰다. 이때 삼남을 비롯한 각도의 감사들에게 진압에 적극 참여하도록 하였다. 경상 감사 조병호도 왕명에 따라 경내의 동학농민군을 진압하는 조치를 취하였다. 진남영 병대를 동원해서 전라도와 충청도 접경 군현을 순회하도록 했고, 토포사에 임명된 대구 판관 지석영에게 진남영 병사 일대를 이끌고 남해안 일대를 순회시켰다. 1894년 가을부터 1895년 초에 이르기까지 가장 중요한 현안이 동학농민군 진압 문제였다.

경상 감사 조병호는 경내 각 군현에서 일어나는 여러 사태를 조정에 보고하고, 동학농민군을 진압한 과정을 그때그때 장계로 알렸다. 이 장계는 원문 그대로 전해지는 것들도 있지만 『별계(別啓)』라는 제목을 붙여서 따로 묶어 놓기도 했다. 격동기에 경상 감사를 지낸 조병호가 1894년 말과 1895년 초에 작성한 주요한 장계와 별보를 선정해서 묶은 것은 이 시기를 파악하는 중요한 자료가 된다.

조병호는 1895년 10월 11일에 장례원 경(掌禮院 卿)에 임용되었다.[1] 약 1년 6개월 동안 경상 감사로 재임하던 시기는 수많은 사건이 벌어지던 시기였기 때문에 장계를 쓴 편수도 많았을 것이다. 드리고 『별계』라는 제호로 묶은 것도 여러 책이었던 것 같다.

필자는 이 『별계』 중 하나를 오래 전에 구해서 경상도 지역의 사례연구에 활용해왔다.[2] 그렇지만 원본 소장처를 몰랐기 때문에 규장각 장서 목록을 비롯해서 여러 도서관의 고서 목록을 조사하였으나 찾지 못하였다.[3] 소장처를 알지 못한 상태로 논문에 활용하는 것이 꺼려졌고, 학계에 그 내용을 공개하려고 해도 필자가 소개하는 것이 적절한지 몰라서 그대로 지내 왔다. 이제 더 늦기 전에 이 자료의 내용을 밝히려고 한다.

『별계』의 내용 중에는 『갑오군정실기(甲午軍政實記)』 등 다른 자료에 나오지 않는 것이 적지 않다. 이 글은 『별계』에만 나오는 경상도의 동학농민군 진압 보고를 검토하고 김천의 상황을 살펴보려는 것이다.

2. 경상 감사 조병호의 『별계』 구성과 주요 내용

경상 감사는 도내 71개 군현의 지방관을 지휘 감독하고 행정을 비롯한 사법과 군사를 통할하는 중요한 직책이었다.[4] 각 군현을 순찰해서 지방관들의 행적을 조사하고 민간의 실정을 살피는 순찰사와 관찰사의 임무가 함께 부여되었고, 또한 대구도호부에 설치된 병영인 친군 남영을 지휘하는 군사 직책도 겸무하였다. 경상 감사 조병호과 장계를 올릴 때 기재하는 직함에는 이 모든 직무가 열거되어 있다.

1894년 11월 25일 자로 작성한 조병호의 장계에는 정2품 품계인 정헌대부(正憲大夫)와 행 경상도 관찰사 겸 병마수군절도사, 그리고 도순찰사와 대구도호부사를 기재하였고, 마지막에는 친군 남영외사(南營外使)인 것을 밝혔다.[5] 그래서 직함을 쓸 때 경상도 관찰사 겸 도순찰사(觀察使兼都巡察使) 친군 남영외사(親軍南營外使)를 함께 기재하였다.

경상 감사의 위상은 다른 도의 감사와 차이가 있었다. 조병호의 직전 직책이었던 충청 감사의 직함을 쓸 때와 비교하면 알 수 있다. 충청 감사는 충청도 관찰사 겸 병마수군절도사, 그리고 순찰사와 공주 목사를 기재하였다. 목사가 부임하는 공주에 비해 대구는 도호부사가 도임하는 자리였다. 또한 양도의 감사는 도순찰사와 순찰사의 차이가 있었고, 또한 경상 감사는 중앙이 아닌 지방에서 병영을 지휘하는 친군 남영의 외사였다.

친군 남영의 개인화기는 경군 병영보다 수준이 떨어지지 않았다. 개항장에서 관세를 걷어 들인 문서를 모은 『총관공문(總關公文)』[6] 제2책을 보면 1883년에 경상 감사가 친군 남영에서 새로 훈련할 병정들이 사용할 소총

600정을 일본에서 면세로 구입한 내용이 나온다.[6] 종래 보유했던 화승총이 아니라 뒷부분에서 총탄을 장전하는 후장식(後裝式) 소총을 외국에서 사들인 친군 남영은 지방에 배치된 군대 중에서 가장 강력하였다. 경상 감사는 이런 군대를 휘하에 두고 있었다.

그렇지만 1894년 감영에 주재한 조병호 감사는 시급한 여러 현안 때문에 곤란한 상황에 있었다. 탐관오리의 조사와 징치, 연이은 가뭄과 경내 백성들의 기근 극복, 일본군 대부대의 경내 행군과 병참부 군용전신선 설치 등이었다. 어느 것 하나도 경상 감사로서 감당하기 쉽지 않은 사태였다. 1894년 8월부터는 이러한 사태보다 더욱 큰 문제가 일어나기 시작했다. 동학도들이 무장봉기를 시작한 것이었다.

예천군에서 향리가 주도해서 민보군을 결성하고 동학도들이 활동하는 것을 금지하였다. 그러자 동학도들이 8월 2일부터 읍내로 들어가는 사방 경계의 도로를 막고 상인들의 통행을 막아서 시장이 열리지 못했다. 8월 하순에는 동학농민군이 유천면 화지와 용문면 금당실에 집결해서 읍내의 민보군을 위협하였다. 그리고 상주목과 문경부 그리고 용궁현 사이에 있는 산양에서 대규모로 집결한 후 용궁 관아에 들어가서 무기 등을 탈취하였다. 이때 산양 집결지를 정탐하던 일본군 태봉병참부의 부관 다케노우치 대위가 죽는 사건이 발생했다. 8월 25일에 일어난 이 사건으로 일본군이 동학농민군 진압에 개입하기 시작한다.

일본 공사 오토리 게이스케(大鳥圭介)는 외부 대신 김윤식에게 압력을 가해서 진압 병력을 파견하도록 요구하였다. 김윤식은 경상 감영에 전보를 보내 남영병 300명을 파견하도록 하였다.[8] 그러나 예천 읍내를 공격한 동학농민군은 향리들이 주도한 민보군에게 패배해서 기세를 잃게 되었고, 잇달아 충주에 있던 일본군 공병대 파견병력이 동학의 근거지인 소야를 기습해서 패산하고 말았다.

경상 감사 조병호는 관내에서 일어난 이 같은 사건들을 국왕에게 장계를 작성해서 보고하였다. 이때 올린 여러 편의 장계들은 각기 상세한 내용을 담고 있기 때문에 당시의 사정을 파악하는 1차사료가 된다. 이 장계들은 모두 모아 정서하여 묶어 놓은 책 중의 하나가 『별계』다.

조병호에 이어 충청 감사로 부임한 이헌영은 임기 동안 올린 장계 등을 모은 『금번집략(錦藩集略)』과 비교된다. 이 책은 일록(日錄)과 별계, 그리고 별보(別報)와 별감(別甘)의 4부로 구성되어 있다. 일록은 1894년 4월 25일부터 8월 29일까지 매일 일어난 사건들을 임명에서 퇴임까지 기록한 것이지만, 별계는 국왕에게 올린 21편의 장계를 모은 것이다. 별보는 의정부에 보낸 보고 문서이고, 별감은 충청도 관내에 내린 감결을 모아 자신의 주요 활동 기록을 망라하였다.[9]

이헌영의 『금번집략』과 달리 조병호의 『별계』는 일록을 수록하지 않았다. 『별계』는 국왕에게 올린 장계와 각 아문에 올린 별보만 모았다. 조병호가 경상 감사에 임명된 날짜가 4월 25일인데 처음 수록한 장계가 11월 4일자[10]인 것을 보면 부임 초기의 장계를 모은 별개의 책이 더 있었을 것으로 추정된다. 마지막에 수록한 장계는 12월 17일 자이다.

『별계』에 실린 장계는 모두 16편이다. 첫 번째 수록한 장계가 경상도 관내에서 동학농민군을 진압한 실태를 보고한 것이다. 주로 각 군현에서 감영에 올린 보고문을 취합한 형식으로 나열했는데 이를 보면 당시의 상황을 알 수 있다. 이미 11월(양력 12월)에 들어오면 각 군현의 집결지에 있던 동학농민군이 진압군에게 타격을 받은 후 흩어진 상태였고, 각 관아의 치안유지 기능이 회복되어 동학농민군 참여자들을 추적하고 있었다. 그런 과정이 장계에서 확인된다.

다음으로 별보는 을미 윤 5월까지 작성한 것을 모았고, 받는 관서별로 나누어 편집하였다. 가장 먼저 쓴 것은 갑오 7월 15일에 병조에 보낸 별보로서 뒤에 장계와 함께 성책하면서 중요성 때문에 추가한 것으로 보인다. 의정부를 비롯해서 여러 관서에 보낸 별보의 수신 대상과 수는 다음과 같다.

〈별보 수신처와 수〉

수신처	수	비고
의정부	1	
이조(내무아문)	6	吏掌
호조(탁지아문 · 탁지부)	22	
병조(군무아문)	4	
예조(외무아문)	7	禮掌
궁내부(종백부)	5	

별보를 가장 많이 수신한 관서는 호조였다. 탁지아문과 탁지부로 명칭이 달라질 때마다 다른 수신처를 쓰고 있다. 경상 감영에서 가장 빈번히 보고하는 업무가 조세를 수취해서 상납하는 문제였고, 당시는 가뭄이 심해서 각 군현별로 작황을 보고하는 것이 시급했다. 또한 전년도의 재해지를 보고하여 세금 부과에서 제외되는 면세지로 책정 받는 일이 시급하였다. 호조에 보낸 별보는 이런 내용을 보고한 것들이다.

또 일본군과 관련한 현안은 경상 감사가 결정할 수 있는 문제가 아니었다. 외무아문을 통해 그 상황을 보고하거나 지침을 받을 필요가 있었다. 일본군 제5사단장 노즈 미치쓰라(野津道貫) 중장이 경상 감영까지 들어와서 참모장 우에다 아리사와(上田有澤) 대좌에게 지시하여 조선 돈을 환전하거나 조선 인부를 모집하도록 강요한 것도 일일이 보고해서 처리하였다. 그와 같은 사정은 외무아문에 보낸 별보에서 드러난다.

경상 감사 조병호가 『별계』에 편집한 공문서는 중요성을 기준으로 선택하였다. 가장 중요한 문제가 동학농민군을 진압하는 문제였고, 장계는 모두 11편이 수록되었다. 병조와 군무아문에 보낸 별보도 동학농민군 진압문제를 다루고 있다. 지방관이 보낸 진압 기록은 비교적 구체적이다. 각 군현에서 벌어졌던 여러 가지 새로운 상황을 이 자료를 통해 확인할 수 있다.

그러나 동학농민군과 관련된 사료로서 『별계』는 한계가 있다. 경상도에서 동학농민군이 봉기해서 활동을 시작한 8월의 상황이 전혀 나오지 않는 것이다. 전라도와 충청도에서 재봉기한 9월에 경상도 일대에서 벌어진 상황도 전해 주지 않는다. 11월은 경상도에서 동학농민군의 위세가 크게 수그러든 시기였다. 그래서 『별계』에는 9월 하순 상주목과 선산부의 읍성을 동학농민군이 점거했고, 일본군 낙동병참부와 해평병참부의 주둔병들이 읍성을 점거한 동학농민군을 기습한 사실에 관한 기록도 나오지 않는다.

3. 『별계』의 동학농민군 진압 장계

1) 1894년 11월 4일 자 장계

11월 4일 자 장계에서는 경상도 남부의 곤양군과 진주목, 그리고 전라도와 인접한 하동현 등에서 벌어진 동학농민군의 진압상황을 보고하였다. 이 장계는 『별계』에 수록되지 않았지만 9월 30일 자 장계[11]에 있는 동학농민군의 활동상과 내용이 이어진다. 남해에 연해 있는 군현들은 일본군이 조선에 들어오는 부산항에 인접해 있었다. 그렇기 때문에 동학농민군이 쉽게 활동할 수 있는 지역이 아니었으나, 2차 봉기 이후에는 경상도의 전라도와 충청도 인접 군현과 마찬가지로 동학농민군의 활동이 격화되었다.

경상도의 남부 연해안에 있는 여러 군현에는 8월 초순부터 동학도들이 순회하면서 읍정(邑政)을 염찰했다는 기록이 있다. 고성부에서는 남원의 전봉준 접소의 공문을 가지고 하동에 사는 최학봉이 고성 관아로 부사 오횡묵(吳宖默)을 직접 방문한 것이 그런 사례가 된다.[12] 민간인인 동학도들이 전봉준의 공문을 가지고 관아에 들어가 정사를 논했던 것은 전라도 동학농민군의 영향이 컸던 사실을 보여주고 있다. 이미 8월 말이 되면 경상도 남부 일대에서도 동학 세력은 크게 확대되었다. 그리고 전라도에서와 같이 무장 활동에 들어가고 있었다. 그래서 동학이 처처에서 봉기하고 있다는 기록까지 있다.[13]

이 장계는 4편의 보고를 정리한 것으로서 그 주요 내용은 다음과 같다. 우선 곤양 군수 송휘로(宋徽老)의 첩정에는 10월 16일부터 26일까지 곤양 경내를 오갔던 일본군과 남영병 일대를 지휘해서 남하한 대구토포사 지석영(池錫永)의 활동을 전하고 있다.

16일 일병 170여 명 진주 栢谷里로 감

18일 일병 진주 大川里에서 하동으로 갈 예정

20일 광양 등지 둔취한 동도와 접전, 총에 맞아 죽은 동도 부지기수

21일 토포사 지석영이 포군 104명과 영관 2명, 수종 9명과 함께 진주에서 곤양에 들어와 숙박

22일 하동부로 떠남

24일 토포사의 포군 104명, 영교(領校) 2명, 수종 15명, 동래감리서 서기관 2명, 순사 1명과 일본군 200여 명이 하동에서 곤양에 들어와 숙박

26일 사천현으로 떠남

다음은 우병사(右兵使) 이항의(李恒儀)가 첩정으로 보고한 진주 병영의 진압 활동이 들어 있다.

> 진주 북평산(北坪山)에 있는 무리를 정탐, 지난날 부상당해 도주한 자 중 길에서 죽거나 귀가해서 죽은 자가 많음. 나머지 도망자는 동남쪽에서 본영 포군과 일본군이 막고 북쪽에서 단성 · 산청 · 함양 · 거창 · 안의에서 군병이 막고 있어서 서쪽 하동에서 광양으로 넘어감. 10월 20일 본영 포군 100명을 군교 박두각(朴枓珏) 지휘로 하동 파견.
>
> 군교 박두각의 보고를 받았음 '22일 새벽 하동 관아에 도착했더니 일본군은 광양으로 떠났고, 하동 관아에 6명만 남아 있었음. 동도 1,000여 명이 동남쪽에서 관아를 포위해서 본영 포군을 관아 뒤 양쪽에서 대응. 동도 9명이 죽음. 일본군이 합세하자 일제히 도망해서 그들을 추격하여 9명을 체포함. 그날 신시(申時)에 토포사가 관아에 들어와 처형함.'

하동 부사 홍택후(洪澤厚)의 첩정은 다음과 같다.

> 10월 18일 일본군 140명이 하동 관아 숙박, 다음 날 아침 곤양으로 출발 시 동도가 광양 귀등산(龜嶝山)에 집결 후 팔조면(八助面) 목도촌(牧島村)에서 배를 타고 나루를 건너는 것을 멀리서 보고 7명을 쏘아 죽이고 다시 관아에 돌아옴.
>
> 20일 광양에 가서 동도가 30여 명, 탄환을 맞고 피신한 자의 수를 셀 수 없음. 해산시킨 후 관아에 들어와 휴식.
>
> 22일 다시 광양 섬거역(蟾居驛)에서 동도와 싸워 죽인 자가 7-8명, 나머지 모두 도피. 동도 1,000여 명이 광양 사평촌(沙平村)에서 배를 타고 본읍 마전면

> (馬田面) 신방촌(新芳村)에 내려 사시(巳時)쯤 관아에 난입, 우병영 포군 100명이 마침 와서 관아에 있던 일본군 6명과 함께 대항. 신시(申時) 토포사가 관아로 행군 길에 조우해 해산시킴. 동도가 아직 광양 등지에 있기 때문에 포군과 일본군이 지금 본군에 주둔.

토포사 대구 판관 지석영(池錫永)의 첩정은 상세하게 행군일정과 전투결과를 기록했다.

> 9월 26일 대구 관아 출발, 28일 부산항 감리서 도착, 일본 영사관 방문 토벌방도 상의.
>
> 29일 진시(辰時) 부산항에서 배를 타고 통영에 가서 포군 100명과 영솔군관(領率軍官) 신철회(申徹會)·정인식(鄭仁植) 등 선발.
>
> 10월 2일 고성 관아로 가서 묵고 여러 군현 보고 받음, 비류 창궐 정도가 모두 마찬가지여서 한편 정탐 이교(吏校)를 파견하고, 다른 한편 군병으로 추격.
>
> 5일 일본군의 합세 요구에 따라 함께 곤양에 가다가 진주 옛 해창(海倉)에서 괴수 임석준(林石俊)을 잡아 곤양군에서 문초, 자백을 받아 8일 오시(午時)에 효수. 붙잡은 17명은 석방.
>
> 9일 밤에 동도 몇 백 명이 하동 안심동(安心洞) 뒷산 금오산(金鰲山) 위 둔취 소식을 들음.
>
> 10일 새벽 영솔군관 신철회와 정인식에게 본군을 인솔해서 일본군과 함께 하동으로 보냄. 8명을 죽이고, 본군은 21명 일본군은 9명 생포. 탄환을 맞고 도주하다 죽은 자는 셀 수 없음. 일본군이 빼앗은 기계(器械)는 나팔 1쌍·총 3자루·대쟁(大錚) 하나·북 하나·도끼 1자루·괭이 1자루·백미 5말, 본군은 소 1마리 탈취.

11일 밤 동도가 진주 시천면(矢川面)과 수곡면(水谷面)에 모였다는 진주 목사의 보고로 12일 새벽 진주로 행군. 장리(將吏)가 '시천면 동도는 해산하고 수곡면에 수천 명의 동도가 집결했다'고 전함. 본군은 진주를 지키고, 일본군이 진군해서 186명을 쏘아 죽임. 도주한 부상자 수는 알 수 없고, 생포 2명이고 죽은 말은 2필. 일본군 부상자는 3명. 총 136자루 · 창 50자루 · 깃발 3개 · 나팔 3쌍 · 연환(鉛丸)과 화약 1포 · 소 2마리 · 말 17필 · 환도 18자루 노획.

진주 목사의 보고에는 전라도에서 온 동학도의 이름이 나온다.

3남도 도성찰(三南都都省察)인 전라도 익산포(益山包) 김상규(金商奎)와 같은 무리 문쌀순(文乼順) · 박범이(朴凡伊) 등 3명을 읍에서 붙잡아 수감. 김상규는 진주 장시에서 효수. 김상규의 앞잡이 문쌀순과 금오산 전투에서 잡혀 진주에 이송된 최학원(崔學元)은 포살. 거지인 박범이는 잠시 김상규의 사환이었으나 흉악한 행적이 없기 때문에 진주 감옥에 가둠. 일본군에게 덕산(德山) 등지의 동도 집결 소식을 듣고 16일 새벽 본군과 일본군 100여 명이 추적했으나 정형이 없음. 하동에 있다는 얘기를 듣고 본병과 합세하자는 일본군의 기별이 있었음. 17일 새벽 하동 황토치(黃土峙)에 이르러 탐문. 진주에서 수감된 동도 10여 명을 문초한 뒤 수감. 21일 일본군이 하동 섬거진(蟾居津)에서 전투를 벌인다는 기별을 듣고 병영 포군 100명을 보내 호응. 행군하여 곤양에 들어가 숙박. 22일에는 하동을 향해 가는 길에 갈록치(渴鹿峙)에 이르러 동도 몇 백 명이 일본군에 쫓겨 배를 타고 광양 등지로 향하거나 흩어져 도주할 때 11명을 쏘아 죽이고 17명 생포, 총 2자루 · 창 2자루 · 환도 2자루 노획. 김달덕(金達德)과 김성대(金性大) 및 일본군이 잡은 김재희(金在僖)를 포살. 일본 육군 대위가 '하동 섬거진 1차 전투에서 쏘아 죽인 자가 3명, 부상 입은 도주자는 수를 모르고, 사로잡은 자는 2명이고, 깃발 5개 · 총 4자루 · 창 2자루 · 칼 1자루 · 소 2마리 · 말 2필 노획했고, 2차 전투에 쏘아서 죽인 자가 7명이고 사로잡은 자는 5명이며, 갑옷과 투구 각 1건 · 진우치(陣羽幟, 깃발) 1통 · 큰북 · 기 3개 · 총 5자루 · 나팔 1쌍 · 인 하나 · 화약과 활 및 화살 창 등 약간 노획'했다고 편지로 알림.

23일 우병사에게 공문을 보내 포군 100명으로 하동에 머물며 부사의 지휘 아래 지키게 함. 24일에는 일본군이 곤양군으로 이동하였고, 본군은 회군. 26일 본군은 일본군과 함께 곤양을 출발, 사천에 간 뒤에 일본군은 창원 마산포에서 배를 타고 부산항에 갈 것이라고 함.

토포사는 통영을 향해 출발하여 포군을 보내고, 바로 배를 타고 잠시 부산항에 정박하며 함께 고생한 일본군을 위문한 뒤에 대구로 돌아갈 계획임.

2) 1894년 11월 11일 자 장계 기록

이 장계는 경상도 우병사, 즉 진주 병영의 병사인 이항의(李恒儀)가 동학농민군을 진압한 과정을 보고한 것이다. 총어영(摠禦營) 병방을 지냈던 이항의가 전임 병사인 민준호(閔俊鎬)를 이어서 진주 병사로 임명된 날은 8월 17일이었으나 9월에 들어와 부임하였다.[14] 이항의는 부임 직후부터 무리를 지은 동학도들의 활동을 금지하였다. 그는 진주 병영에서 포교와 포군을 보내 직접 동학농민군 지도자를 체포해 오도록 하는 동시에 예하 군현에 지시하여 동학도들을 해산시키도록 하였다.

전임 진주 병사 민준호가 동학농민군을 지원했던 것과 정반대였다.[15] 민준호는 동학농민군이 진주 성내에 방문을 걸어 놓거나 인근인 평거면(平居面) 광탄진(廣灘津)에서 집결한 것을 알면서도 제어하지 않았다. 심지어 동학농민군에게 위협을 받은 하동 부사가 원병을 요청한 때에도 움직이지 않았다. 오히려 동학농민군이 진주성에 들어올 때는 30여 명의 병정을 이끌고 나가 맞아들였다.[16] "함께 죽기로 맹서하고 분개한 마음을 일으켜 왜적을 섬멸"하자는 동학도들의 대의에 동조했기 때문이었다.

진주의 양반들은 "동학당들은 본래 별난 인물들이 아니라, 오로지 무리를 취합하여 도적질"을 하는 무리에 불과하다면서 진주병사 민준호가 취한 행태에 분개하였다. 그리고 진주 일대의 동학도들을 초토하는 방안을 강구해서 제시하고 있었다.[17] 일본군은 이 같은 사실을 탐지해서 진주민의 내부 갈등을 상세히 파악하고 있었다.

신임병사 이항의의 보고를 토대로 작성한 장계는 부임 이후 동학농민군을 진주성으로 맞아들인 군교를 처형한 상황 등을 보고한 것이었다. 주요 내용은 다음과 같다.

> 동학농민군이 진주성에 들어왔던 9월에 이들을 성내로 맞아들인 병영 군교 유효순(柳孝淳)과 군뇌(軍牢) 김득현(金得賢)을 조사해서 10월 27일 북문 저잣거리에서 효수하고 그 결과를 의정부에 성책해서 보고함.
> 각처에서 궤산하는 동학도들이 전라도 광양 등지에 둔취하여 병영과 진읍(鎭邑) 군교와 포수를 하동의 좁고 험한 곳에 보내 방비하도록 함.

4. 『별계』의 동학농민군 진압 별보

1) 1894년 12월 28일 자 군무아문 별보

이 별보는 12월 27일 양호도순무영이 폐지되었기 때문에 그 임무를 인수

받은 군무아문에 보내진 것이다. 이 별보의 내용은 많은 내용이 다른 문서에 전혀 나오지 않은 것으로 『별계』의 사료가치를 드러내고 있다.

12월 말이면 전국에서 동학농민군의 활동이 끝나가던 시기였다. 경상도에서도 일본군 병참 노선의 인근 지역에 있던 동학농민군은 조직적인 활동을 할 수 없었다. 남영병이 충청도와 경상도 접경 군현을 순회하거나 요지에 주둔하고 있었고, 예천 용궁 함창 상주 선산 안의 거창 함양 등지에서 결성한 민보군은 동학 근거지를 수색하고 있었기 때문이다.

12월 28일 자 별보는 11월에서 12월에 걸친 시기에 경상도에서 벌어진 동학농민군 진압 상황을 전해 준다. 이 별보는 각 군현에서 감영에 올린 보고를 묶어서 경상도의 상황을 일괄 보고한 것으로 기록한 분량도 적지 않다. 그 순서대로 내용을 정리한다.[18]

먼저 산청 현감 정밀원(鄭密源)의 보고로 이 별보는 시작한다. 산청에서 체포한 이원극(李元極)과 조천수(趙千守)의 사건이다. 이들이 평민을 침탈하여 돈과 곡식을 빼앗고 조총과 마필을 탈취했는데 그 죄상을 당사자에게 자복받아서 이원극은 11월 29일에 처형하고, 조천수는 12월 3일에 처형하였다.

단성 현감 윤태일은 동학농민군 5명의 죄상을 보고하였다. 권인택(權仁宅)이 지칭 거괴라 하면서 말을 타고 읍촌을 횡행하였고, 강순서(姜順瑞)는 양반을 위협하고 곡식을 빼앗은 죄가 있으며, 이재석(李在石)은 노비로서 동학농민군에 들어가서 상전을 위협한 죄가 있고, 김준이(金俊伊)는 촌마을에 작폐하면서 마음대로 토색했으며, 김재수(金在守)는 어리석은 백성을 유인해서 강제로 무리에 끌어들였다. 이 같은 사실을 자백 받은 후 12월 6일 함께 처형하였다.

거창 부사 정관섭은 도소의 사통(私通)을 몰래 주머니에 가지고 있던 이 대련(李大連)을 12월 8일 총살한 사실을 보고하였다. 또 12월 9일에는 무주 접경지역에 민보군을 출동시켜서 체포해 온 동학도 9명 중 삼남의 동학 지도자인 문성술(文成述)은 용력을 제어하기 어려워서 체포 즉시 포살하였고, 거괴인 문형술(文亨述) 허관양(許寬湯)을 12월 11일 포살한 후 나머지 6명은 귀화를 원하는 까닭에 석방한 사실을 보고하였다.

안동 부사 이희원(李喜元)은 미리 피신해서 잡지 못했던 안동 동학의 지도자인 김한돌(金漢乭) 황묵이(黃默伊) 김서공(金庶公)의 체포 사실을 보고하였다. 안동 관아에서는 12월 7일 연무당에서 대회를 열고 이들을 모두 모래밭에 생매장하였다.

인동 부사 조응현은 먼저 동학농민군에 들어간 노비들에 관한 보고를 해왔다. 인동에서 체포한 우연석(禹連石) 김시종(金時從)은 동학농민군에 들어가서 그 상전을 협박하여 문서를 불태우고 스스로 노비 신분에서 벗어났다. 그리고 홍재준(洪在俊) 이덕필(李德必) 이춘실(李春實)은 작은 일로 양반 신분인 심 씨를 협박하여 목을 찔러서 죽게 하고, 신영옥(申永沃)은 김천 도회에 말을 타고 순행하였으며, 도시근(都時根)ㅇ; 사람들을 협박하여 재물을 빼앗는데 참섭하였다. 모두 감옥에 가두고 경중을 분간해서 처벌할 생각이라고 했다.

문경 부사 김정근은 문경 일대에서 동학농민군의 활동을 제어하면서 보은의 동학 교단의 실상까지 정탐했던 인물이었다. 장계에 실린 보고 내용도 상세하다. 문경에서 체포한 박여집(朴汝集)은 사람들에게 강제로 무리에 들어오도록 선동했고, 상주 읍성에서 무기를 탈취할 때 가담한 서덕구(徐德九)는 화약 1근과 화승 1묶음, 철환 20개를 자신의 집에서 갖고 있었다. 박만전(朴萬全)은 무리를 거느리고 집회에 나아가 불을 지르고 약탈했다. 따라서 이 3인은 12월 2일 읍내 시장에서 함께 엄히 곤장을 친 다음에 처형하였다.

안상균(安相均)은 청산에서 무기를 빼앗고 돌아오면서 상주 경내를 범한 자로서 12월 20일 체포 즉시 포살하였다.

김산 군수 박준빈은 전라도에서 온 동학농민군에 관해 보고하였다. 무주의 동학농민군 2명이 주머니에 전봉준이 신표로 도장을 찍은 문서를 가지고 있는 것을 확인한 다음 12월 19일 김산 소모사 조시영과 함께 연무당에서 대회를 열고 포살을 했다. 영호(嶺湖) 거괴인 남홍언(南洪彦), 편사흠(片士欽), 최복이(崔福伊), 김순필(金順必) 등 4명을 추적해서 체포하여 남홍언과 편사흠은 효수하였고 최복이와 김순필은 포살했다고 하였다.

하동 부사 홍택후는 하동 방어군이 광양강에 접해서 상하에 둔취한 동학농민군과 대진했던 형세와 경상도 군현의 민보군이 광양의 동학농민군과 싸운 사실을 보고하였다. 이 시기에 광양 순천 하동 진주 일대를 휩쓸었던 영호대접주 김인배(金仁培)의 동학농민군은 일본군의 개입으로 기세가 꺾인 상태였으나 섬진강을 경계로 대규모 세력이 집결해 있었다. 경상도의 관군과 민보군은 강을 건너오지 못하도록 대치하였는데 그 사실을 보고한 것이었다. 방어군에는 하동민보군과 함께 인근 군현의 민보군도 합세하고 있었다. 이들은 산청민보군, 삼가민보군, 단성민보군, 의령민보군, 진해민보군, 함안민보군, 진해민보군, 창원민보군, 김해민보군이었다. 여기에 진주병영과 통영의 관군도 가세하였다.

하동은 동학농민군이 읍내에 들어와 불을 질러 대화재가 일어났던 곳으로 12월 초까지 전개된 과정을 다음과 같이 보고하였다. 하동의 민보군은 12월 6일 동학농민군 8명을 체포해서 처형하였다. 그리고 하동의 화개면과 악양면의 민정 100여 명은 광양 옥룡면에 들어가서 동학농민군 가담자 31명을 붙잡아왔으며, 민보군 485명은 신암나루를 건너 바로 죽천을 기습하여 48명을 체포해왔다. 그 후에도 13명을 포살하거나 체포해서 감옥에 가두었고, 빼앗은 무기는 조총 41정, 환도 3자루였다. 통영군 100명은 직접 섬진강에서 4명을 포살하였고, 산청군 51명은 직접 대곡의 소굴을 불태우면서 11명을 포살하고 13명을 생포하였다. 삼가군 50명과 단성군 41명 그리고 의령군 50명은 연합해서 옥곡면으로 들어가 8명을 포살하고 5명을 생포하였다.

진주병영군 100명과 함안군 40명, 진해군 20명, 창원군 29명, 김해군 50명, 칠원군 23명, 하동군 100명 등 모두 362명이 광평으로 들어가 31명을 포살하고 59명을 생포하였다. 이 전투에서 사로잡은 거괴 김이갑(金以甲)은 진중에서 효수하고, 빼앗은 무기는 조총 20정, 갑옷 2건, 도장궤 1, 나팔 1쌍, 환도 1자루였다.

14일에 광양에서 하동으로 차례로 귀환한 뒤에 전투 상황이 알려졌다. 진주병영군 등은 동학농민군이 모여 있던 산에 접근하여 포위를 하고 화공으로 공격했다. 바람이 불어서 불이 확산해오자 북쪽으로 도망을 갔는데 이때 총에 맞아 피살된 동학농민군이 너무 많아 수를 셀 수조차 없었다. 광양으로 전진하니 광양민보군이 김인배와 유하덕(劉夏德), 그리고 동학농민군 50여 명을 붙잡아 포살하였다. 광양에는 양호도순무영 선봉이 이끄는 경군이 들어와 있었다. 생포자 중 영호의 거괴인 박정주(朴正周), 유윤거(柳允擧), 박사영(朴士永), 김백현(金伯賢), 김선준(金先俊), 고광신(高光信) 등 6명은 18일 군민대회를 열어 효수하였다. 나머지 중 죄가 중한 사람은 처형하고 용서할만한 사람은 풀어 주었다.

상주 목사 이만윤은 소모사 정의묵과 진압을 협의해서 동학농민군을 진압한 내용을 보고하였다. 상주 소모영의 유학 김석중(金奭中)이 120명을 거느리고 토포하러 나갔다가 11월 8일 회군하면서 거괴 6명을 잡아 왔다. 그 가운데 김경연(金景淵)은 포덕대장으로 칭하고 위협 공갈을 자행하였고, 서

오덕(徐五德)은 자칭 선봉대장으로 돈과 재물을 강제로 빼앗고 재상(宰相)을 지낸 사람을 꾸짖고 욕을 했다. 강경중(姜敬重)은 자칭 행군 도집강으로 부녀를 겁탈하면서 도성찰이 사대부를 구타하고 내정에 돌입하는 것을 허용했고, 정윤서(鄭允瑞)는 금산작변 시 100여 명을 살해하였다. 장여진(張汝振)은 좌익장을 칭했으며 또 성주읍을 침범하는데 가담했으며, 재상가를 공격하였다. 그런 까닭에 5명은 즉시 포살하였다.

11월 10일 충청도 소식을 정탐하니 수만 명의 동학농민군이 황간 영동 청산의 무기를 약탈하고 황간과 용산 장터에 머물면서 장차 상주를 침범할 것이라고 하였다. 그래서 급히 김석중에게 군병 200명과 함께 70리 거리의 작도동에 가서 막도록 했다. 그리고 감영과 일본군 병참부와 부근 및 인근 군현에 원병을 청하였다. 그러면서 12일에는 동학농민군 7명을 체포해서 이득이(李得伊) 박기봉(朴起奉) 2명은 소모사와 함께 효수하고, 이도생(李道生) 김순오(金順五) 권화일(權和一) 박창현(朴昌鉉) 배춘서(裵春西) 5명은 포살하였다.

상주에 각처의 원병이 도착하는 가운데 한편으로 소모사 정의묵이 원병을 보내지 않은 인근 군현에 독촉 공문을 보냈다. 한편으로 몰래 문자로 내통하던 최인숙(崔仁叔) 윤경오(尹京五) 김순여(金順汝) 김명숙(金明叔) 4명을 붙잡아 14일 소모사와 함께 종루에서 효수하였다. 15일에는 용궁 포군 20명, 함창 포군 20명을 율계로 보내 유격장 김석중과 합류시켰다. 19일에는 영관 최처규와 초관 김태인이 거느린 남영병 200명, 김산 소모사 수원 김응두가 영솔하는 선산포군 150명, 개령포군 90명, 인동포군 100명, 성주포군 10명이 율계에서 같이 모였다는 전갈이 왔다.

또한 동학농민군 세작(細作) 박효식(朴孝植)과 동학지도자 김홍업(金興業) 김경학(金慶學) 안두겁(安斗劫) 김마성(金馬成) 박기준(朴奇俊) 지상록(池尙彔)

김사문(金士文) 이상신(李尙信) 신윤석(申允石) 김오복(金五福) 이규삼(李圭三) 이태평(李太平) 등 13명은 조사를 마친 후, 박효식은 소모사와 함께 자리해서 효수하고, 나머지 12명도 모두 즉시 포살하였다.

2) 1895년 1월 10일 자 군무아문 별보

경상도의 동학농민군은 1894년 말에 활동을 종료하게 된다. 일본군 병참부와 전신소가 설치된 군현에서는 전신선로를 경비하는 수비병에게 철저히 제압당하였다. 1895년에 들어오면 각 군현의 관아에서 포교를 보내서 동학농민군 지도자의 근거지를 수색하고 있다. 경상 감사 조병호가 각 군현의 보고를 취합한 1895년 1월 10일 자 별보는 동학농민군을 진압하는 마지막 단계의 모습을 보여주는 것이다.

칠곡 부사 남궁억은 칠곡 관아에서 노비 신분인 배조이(裵召史)를 체포한 사실을 보고해 왔다. 배조이는 양반가의 여자종(婢子)으로서 상전을 꾸짖어 욕하고(詬辱) 재산을 탈취했다는 것이 죄목이었다. 동학농민군과 관련된 기록에서 여성이 나오는 사례가 거의 없는데 칠곡에서는 여자종의 이름과 혐의가 부사의 보고에 명기되어 나온다. 노비가 동학에 입도하면 스스로 속량(贖良)하는 것을 의미했고, 상전으로서는 큰 재산을 대가 없이 노비를 잃는 것이었다. 이를 막으려고 하면 오히려 해를 입을 수도 있었다. 다음은 김산의 유생이 노비와 관련해서 당시 상황을 기록한 것이다.[19]

> 사가(私家)의 노예들이 상전을 구타하고, 하인이나 하천민이 사대부를 매질하며, 작은 원한이라도 반드시 되갚고 예전의 은혜를 아랑곳하지 않았다.

> 어느 곳을 따질 것 없이 사가(私家)의 노예들이 대부분 동학도에 들어가 그 상전인 자들이 값을 받지도 않고 속량하였다. 그렇지 않은 경우에는 망칙한 피해를 당하였기 때문에 우리 세 집안의 노비 역시 세상에 따라 방출하여 수하에 한 명도 없어서 근심스럽고 답답하였다.

칠곡에서 체포한 동학농민군 지도자는 이경팔(李景八)과 송해출(宋海出)이었다. 이들은 무리를 모아서 사방에 출몰하며 위협을 하여 재산을 빼앗았다. 이원발(李元發)은 허다하게 소란을 피워서 죄가 무거웠고, 장사진(張士震)은 남을 겁박해서 재산을 빼앗았던 사람이었다. 이들은 "모두 죽여야 한다."는 여론에 따라서 11월 21일 함께 포살하였다.

하동 부사 홍택후는 광양 등지의 동학농민군을 진압할 때 멀리 도피했던 27명을 체포했다고 보고하였다. 그중 송덕언(宋德彦)과 손인석(孫仁碩) 두 사람은 충청도와 전라도의 거물인 까닭에 12월 23일 군민 대회를 열고 효수하였다. 강우용(姜又用) 김청로사(金青老沙) 감한대(金漢大) 강정인(姜正仁) 양백천(梁白千) 박운창(朴云昌) 최경화(崔敬化) 박정유(朴正有) 박성조(朴性祚) 곽자윤(郭子允) 정낙삼(鄭洛三) 박문조(朴文祚) 김시진(金時振) 김대방(金大房) 등도 행적이 밝혀졌기 때문에 처형하였다.

단성 현감 윤태일은 단성에서 체포한 동학농민군 3명을 처형한 사실을 보고하였다. 송응엽(宋應爗)은 무기와 군량미를 탈취한 사실이 분명하였고, 진주 서면 취회에 처음부터 참여한 서처갑(徐處甲) 박동화(朴東和) 등은 또 광양 순천 무리와 합세해서 활동하였다. 그러한 사실을 조사한 후 12월 23일 모두 처형하였다.

지례 현감 이재하는 남면 사람들이 동학농민군 4명을 붙잡아 왔다. 김재덕(金在德) 김성봉(金成奉) 이홍이(李洪伊) 등은 1894년 8월 무리를 데리고 읍내에 들어와 관아에서 행패를 부리고 마을에서 재물을 빼앗았으며 또 성주 금산 황간 영동의 작변(作變)에 참여했다는 자복을 받은 후 1월 5일 포살하였다. 신채봉(申彩鳳)은 위협을 받고 입도하였다고 변명하므로 효유를 하고 풀어주었다.

문경 부사 김정근은 동학농민군 6명을 체포한 사실을 보고하였다. 임도재(林道載) 남경준(南敬俊) 김여흥(金汝興) 이덕일(李德一) 장장덕(張長德) 등 5명은 과거의 행적이 드러나서 12월 28일 모두 처형하였다. 이수명(李守命)은 옷 속에 궁을(弓乙)을 쓴 표적이 드러났고 전후 범한 바가 극히 흉측한 것이 확인되어 원적지인 개령현에 공문과 함께 압송해서 처형하도록 했다.

김산 군수 박준빈은 동학농민군 13명을 처형한 사실을 보고하였다. 전천순(全千順) 전원창(全元昌)은 전봉준의 위협에 눌려서 복종한 우두머리로서 무리를 이끌고 기포하였으며, 김화준(金和俊)은 최시형의 인척으로 기포하였다. 조복용(曺卜用) 남성원(南聖元) 이인길(李仁吉) 이수원(李守元) 김봉이(金奉伊) 등은 각각 영남대접주가 되어 많은 무리를 이끌고 여러 성읍을 연달아 점거했던 까닭에 김산 소모사 조시영이 조사한 후 함께 포살하였다. 또 이후에도 이응원(李應元) 김명준(金命俊) 현복만(玄卜萬) 김상필(金尙弼) 이오철(李五哲) 등 5명을 체포해서 성주작변에서 수창자(首倡者)였던 사실을 일일이 자복 받은 후 1월 24일 김산 소모사와 자리를 함께 해서 포살하였다.

5. 남영병의 김천 주둔과 동학농민군 진압

경상도와 충청도 사이에 위치한 추풍령은 조령과 함께 군사상 가장 중요한 요충지였다. 외적이 침입해서 방어할 때나 동학농민군이 봉기하는 내전의 상황에서도 추풍령은 군사 요충지로서 중요한 곳이었다.

정부에서는 1888년 8월 18일 삼도육군통어영(三道陸軍統御營)을 충청도 청주목에 설치하고, 삼도육군통어사에 호조판서 민응식을 임명하였다. 경상도 남해안에 있는 통영에 삼도수군통제영을 설치라고 충청 경상 전라도의 수군을 통제하는 지휘부를 신설한 것과 마찬가지로 육군 통어영을 설치한 것이었다. 1890년 1월 제2대 통어사에 임명된 박제관(朴齊寬)은 추풍령 방비를 엄중하게 할 것을 주장하였다.[20]

> 삼남은 바로 우리나라의 울타리인데 조령과 추풍령이 영남과 호서 사이에 있는 군사상 가장 중요한 지점입니다. 대개 요해지가 있어도 방비가 없으면 그 요해지는 소용이 없고, 방비가 있어도 실속이 없으면 방비는 효과를 내지 못합니다. 신의 어리석은 생각에는 요해지를 방비하는 데는 우선 조령과 추풍령보다 더 중요한 데가 없다고 봅니다. --- 추풍령은 그 산맥이 조도치(鳥道峙)로부터 뻗어 내려와 상주를 거쳐 남동쪽으로 황간계선(黃澗界線)에 이르러 끊어져 평평한 육지로 되어 땅으로 말하면 요해지로 되었고 지형으로 말하면 평탄한 곳으로 되어 있으니, 두 갈래의 길이 교차되는 지점에 있어 사방이 막힌 험난한 곳이 없습니다.

추풍령은 요해지로서 중요한 곳이지만 조령과 같이 험준한 지형이 없고 평탄한 지형이기 때문에 진(鎭)을 설치하는 것이 필요하다고 하였다. 경상도 김산은 추풍령에서 경상도로 들어가는 길목에 있는 군현이었다. 따라서 1894년 충청도에서 일어난 동학농민군의 활동이 직접 영향을 미쳐온 곳이었다.

동학 제2세 교주 최시형은 정부에서 탄압을 받아온 시기에 김산과 지례 일대에 포교를 해서 동학마을을 확보해놓았다. 김산과 지례의 관아와 양반들은 그러한 사정을 잘 알지 못했다. 1893년 교조신원운동이 시작되면서 충청도 보은에 동학도들이 집결할 때 김산과 지례에 있던 동학도들을 알게 된 것 같다.[21]

1894년 봄 김산의 동학도들은 경상도의 다른 지역에 앞서서 활동하기 시작했다. 전라도와 충청도의 1차 봉기에 고무되었고, 전라도 무주와 충청도 영동으로 이어지는 교통로였기 때문에 소식이 빨리 전해졌던 것이다. 당시 정부도 이 지역의 3월 사정을 다음과 같이 전하고 있다.[22]

> 의정부에서 아뢰기를, "근래 호서, 호남, 영남 등지에서 협잡배들이 무리 지어 마구 행패를 부리며 거리낌 없다고 들었는데 어찌 이처럼 교화를 받지 못한 무리들이 있을 수 있습니까? 이것은 심상하게 다스려서는 안 되니 세 도의 도신(道臣)들로 하여금 엄격히 신칙하여 금지하게 하며 만일 또 버릇을 고치지 못하고 다시 이전과 같은 폐단이 있으면 그 두목을 잡아서 우선 효수하여 사람들을 경계한 후에 계문(啓聞)하도록 세 도의 도신, 수신(帥臣)에게 삼현령(三懸鈴)으로 행회(行會)하는 것이 어떻겠습니까?" 하니, 윤허하였다.

김산에서 당시 기록한 유생의 일기를 보면 의정부에서 논의하던 사정과 다름이 없었다.[23] 여름에 이르기까지 동학도들이 공공연히 나와서 활동하면서 세력을 키우고 있었다. 6월 일본군이 경복궁을 침범한 사태가 전해지면서[24] 무장봉기를 준비하였고, 최시형의 기포령에 따라 9월 25일 김산과 지례의 동학도들은 각 근거지에서 봉기하였다.[25]

> 최법헌이 군사를 일으키라는 내용으로 김천 편집강(片執綱)에게 통지를 하자, 편집강이 각 곳의 해당 접주에게 사통을 보냈다. 본 읍의 경우 강주연(康

杜然)이 죽정에서 군사를 일으키고, 배군헌(裵君憲)은 신하에서 군사를 일으키고, 김정문(金定文)은 기동에서 군사를 일으키고, 강영(姜永)은 하기동에서 군사를 일으키고, 권학서(權學書)는 장암에서 군사를 일으키고, 조순재(曺舜宰)는 봉계에서 군사를 일으키고, 장기원(張箕遠)은 공자동에서 군사를 일으켰다.

김산군의 동학 최고지도자인 편보언(片甫彦)은 집강으로 활동하였다. 동학의 6임 중 하나인 하위 간부가 아니라 전라도와 마찬가지로 집강이란 명칭으로 개혁을 주도하던 위치에 있었다. 그리고 주요 동학 지도자들을 근거지와 함께 기록하였다. 강주연은 죽정, 배군헌은 신하, 김정문은 기동, 강영은 하기동, 권학서는 장암, 조순재는 봉계, 장기원은 공자동이 근거지였다. 각 지역에서 무장활동을 본격적으로 시작하게 되자 김산 전 지역은 급박한 분위기를 띠게 되었다.

1894년 봄부터 벌인 활동이 향내의 누적된 폐정을 개혁하려는 성격이었다고 하면 기포령 이후의 활동은 일본과의 전쟁이 목적이었다. 따라서 동학농민군은 싸울 수 있는 능력을 강화해야 했다. 그리하여 집집마다 칼과 창을 거두고 군량과 군마를 모아들였다. 김산과 지례의 온 마을을 다니면서 활발히 움직이는 동학농민군의 기세는 양반층을 압도하였다.

양반지주들은 돈과 재물을 빼앗기며 과거의 횡포에 대해 보복을 받아왔는데 이제 이전보다 격심하게 시달리게 되었다. 재물을 더 빼앗기는 것은 물론이었고, 동학에 들어오지 않은 사람은 합류를 강요해서 협종자가 크게 늘어났다. 신입자들은 힘이 있으면 대열에 앞장 세우고 글을 배웠으면 서기로 삼았다. 김산과 지례 관아에서는 속수무책이었다.

기포령 직후 김산과 지례의 동학농민군은 선산 읍성 점거에 대거 가담하였다. 그러나 일본군이 반격해서 선산 읍성을 빼앗길 때 여러 사람이 희생되었다. 첫 전투에서 기세를 상실하게 된 것이었다. 더구나 10월에 경상감영에서 남영병을 파견하자 김산 일대의 동학농민군은 수세에 들어가게 되었다.

9월 26일 남영의 병방 박항래(朴恒萊)와 영관 최처규(崔處圭)가 거느린 220명의 병력은 전진과 후진으로 나누어 선산과 김산 일대로 향했다. 칠곡과 인동을 거쳐서 선산에 9월 28일 도착했고, 선산 일대를 수색하다가 개령을 거쳐서 10월 5일에 김산에 들어왔다.[26] 남영병은 김산에서 효유책을 썼다. 거괴는 섬멸하지만 협종자는 풀어준다고 하면서 동학지도자와 가담자를 구분해서 대처한 것이다. 김산과 지례는 남영병의 주둔으로 관치질서가 회복되었다.[27]

동학농민군은 전혀 저항을 하지 못했다. 일본군의 기습이 결정적인 타격을 주었고, 일단 기세가 꺾인 뒤였기 때문에 조직적인 항거를 하지 못했다. 남영병은 신식무기로 무장해서 화승총과 창칼로 무장한 동학농민군이 상대할 대상이 아니었다. 도집강 편보언은 미리 피신했고[28] 다른 참여자도 사방으로 흩어졌다. 영장 최처규는 접주 등의 이름을 벽에 붙여 놓고 체포에 나섰다. 6일 첫째로 기동의 강기선을 잡으러 나섰다. 그가 가장 위험한 대상으로 지목된 것이다.

강기선은 사돈인 구곡의 김태화 집에 은신해서 찾아내지 못했다. 대신 하기(下耆) 도소에 저장된 미곡 등을 몰수해서 가져갔다. 그리고 구곡으로 가서 김태화를 붙잡아 심문을 가해 강기선의 소재를 알아낸 다음 조마면의 장암동을 기습하여 체포하는 데 성공하였다. 강기선과 김태화는 김천의 영장소(營將所)에서 문초를 받았다. 죄목은 다른 사람의 곡식과 재물을 빼앗은 것, 관아의 무기를 약탈한 것, 군사를 일으켜 역모를 꾀한 것 등이었다. 강

기선은 곤장 12대를 맞은 후 총살되었다.[29]

다음으로 양반 신분인 동학지도자 조순재를 체포하기 위해 봉계를 수색하였다. 그러나 조순재는 이미 피신하여 체포하지 못했고 뒤에도 흐지부지 탈이 없었다. 이것은 그의 종숙(從叔)인 전승지 조시영(曺始永)이 힘써 준 덕택이었다.[30] 조시영은 곧 김산 소모사에 임명되어 김산 일대의 동학농민군 가담자의 색출과 처벌을 관장하는 권한을 가짐으로써 일가인 조순재를 살려낼 수 있었다.

그리고 공자동으로 가서 농민군 근거지를 불살랐다. 접주 장기원을 비롯한 일촌 주민이 모두 피신했기 때문에 접소와 함께 이웃집 7채가 모두 불태워졌다. 8일에는 지례에 들어가 동학농민군 가담자 4명을 처형하였다. 이날 일본군 20명이 김천에 들어왔다가[31] 농민군의 활동이 중지된 것을 알고 다른 곳으로 가버렸다.

〈남영병 9차 파견 자료와 경비〉

기간	인원	지휘관	행선지
9.26 - 10.11	120명	병방 박항래	선산·김산
10.25 - 11.26	79-100명	초관 장교혁	김천
11. 1 - 12.06	77명	초관 이완근	지례
12.12 - 12.24	165명	영관 최처규	김산·보은

김산과 지례에는 남영병이 장기 주둔하였다. 예천과 상주를 비롯해 경상도 남부 군현에도 파견되었지만 이처럼 많은 남영병이 한 지역에 오래 주둔하지는 않았다. 추풍령에서 내려올 우려가 있는 충청도의 동학농민군을 막는 것이 시급했던 것을 보여준다.

이 시기에 충청도의 황간과 영동에는 수만 명의 북접농민군이 모여 있었다. 김산 주민 누구나 그러한 사실을 잘 알고 있었다. 이러한 대규모 북접농민군이 밀려온다면 김산을 거쳐서 대구나 진주 방면으로 내려갈 것으로 추정되었다. 김산 읍내에 들어오게 되면 커다란 문제가 발생할 것이 걱정이었다. 김산 지역에서는 미리 대비책을 세워야 했다.

방어책은 김산에 들어온 남영병을 주둔시키면서 민보군을 결성하는 것이었다. 김산 일대를 지키는 것은 감영에서도 중요한 문제로 파악하고 있었다. 그래서 병방 박항래와 영장 최처규가 인솔하는 남영병이 10월 9일 김산과 지례를 떠나 성주 방면으로 간 뒤에 또다시 남영병 일대를 파견하였다. 그래서 10월 25일에 초관 장교혁(張敎赫)이 남영병 79명을 거느리고 김산에 들어와 그 달 말까지 주둔하였고, 11월 초에는 또 초관 이완근(李完根)이 인솔한 120명이 지례에 진주해서 12월 초까지 머물렀다.[32]

당시 국내 정세는 급속히 변화하였다. 일본군의 경복궁 습격 이후 정부의 요직은 일본에 의지하는 개화파 인사들이 장악하였고, 내정에 대한 일본의 간섭은 분노를 불러일으키고 있었다. 그리고 청일전쟁은 일본의 승리로 귀결되면서 위기감을 심화시켰다. 남접농민군 지도부는 재봉기를 결정하고 각지의 남접농민군을 삼례에 집결시켰다. 북접교단도 기포령을 내려서 황간과 영동에 대규모로 북접농민군을 집결시켰다.

경상도 각 군현에서는 북접농민군의 행군 목표가 최고의 관심사가 되었다. 대구 감영과 일본군도 주시하였다. 북접농민군이 경상도로 올 것이라는 소문이 널리 퍼졌다. 영동포 소속의 동학도들이 김산과 지례에서 활동하면서 그러한 유언비어를 유포한 것으로 보이기도 한다. 일본군 정탐병은 10월 말 황간과 금산 일대에서 탐지해서 대구 공격설이 보고하였다.[33] 행군로는 김산과 지례일 것이라고 하여 소규모의 병력을 파견하였고 진주에 주둔했던 일본군은 이동을 중지하였다. 전라도와 경상도의 경계지역에 있는 군현에서는 그 일부라도 온다면 그 지역의 일본군도 막기 어렵다고 보고하면서 증원군을 요청하였다.

정부에서는 9월 22일 도순무사에 호위부장 신정희(申正熙)를 임명하고 양호도순무영을 설치해서[34] 동학농민군을 진압하도록 하였다.[35] 9월 29일에는 영남 북서부의 동학농민군 진압을 통괄하도록 전승지 정의묵(鄭宜默)을 소모사에 임명하였다. 영남소모사 정의묵은 상주에 소모영을 설치하면서 10월 21일 여러 군현에 방유문을 전하여 진압 방침을 공포하였다. 이 방침은 당시 보수지배층이 택할 수 있는 유일한 방법을 제시한 것이었다.

27일에는 상주 소모영에서 김산을 비롯한 예하 각 군현에 관문을 보내 동학농민군 가담자의 귀화와 구제를 강조하면서 거괴의 체포와 시급한 군량 마련을 경직되지 않게 처리하도록 지시하고 있다. 이 지시에 따라 따라 김산 군수 박준빈과 개령 현감 민병익 그리고 지례 현감 이재하는 민보군 결성을 서둘렀다. 김산과 개령의 수령들은 동학농민군에 가담하지 않은 민정을 규합해서 머리에 백건을 두르게 하고 각기 총창으로 무장시켜서 김천 장터에 모이도록 하여 점고하였다.

지례에서는 사월(沙月)의 이성백(李性伯)을 방수장으로 선임하고 포정 20명을 뽑아서 들판에 나가 조련을 시켰다. 창병은 읍촌 민정 3천 66명[36]을 초모하여 조직하였다. 이들에게는 남영병들이 11월 15일 흑대(黑帶)를 걸치도록 하여 흰옷의 동학농민군과 구별되도록 했다.

이러한 방어군이 대나무 몽둥이로 무장하고 흰옷을 입은 농민군 무리를 막아 낼 기세를 보인 것은 격세지감이 들 정도였다. 하루는 또 무주 경계에서 몇 천인지 알 수 없는 동학농민군이 지례를 향해 온다는 척후가 들어온 까닭에 민보군이 무주 현내리까지 싸우러 나간 적이 있었다. 그러나 이때에

는 충돌 없이 돌아올 수 있었다.[37]

11월 26일에는 경상 감사 조병호의 관할 군현 조정에 의하여 김산은 인동 토포사 조응현(趙應顯)의 관할 아래 들어가게 되지만[38] 곧 김산에도 소모사가 임명되어 독자적으로 진압 활동에 나서게 된다. 기존 지방관이 존재하는 가운데 김산 일대의 방비를 책임진 군직이 임명된 것이었다.

김산 소모사로 선임된 사람은 현직 지방관이 아니라 봉계에 세거하던 거족대가의 일원인 전 승지 조시영이었다. 북접 농민군이 침범할 때 관군에게 의지하지 말고 결속해서 대처하라는 의도였다. 뒤늦게 농민군 진압 기구를 자력으로 구성해야 했던 소모사 조시영은 선례를 상주 소모영에서 구하고 있다.[39]

> 김산군 봉계 조승지(曺承旨), 상주 우산(愚山) 정승지(鄭承旨)가 소모사가 되어 경상도의 좌도와 우도를 나누어 통솔하여 바야흐로 의병을 창도하였다. 이 기별을 듣고 조 소모(曺 召募)가 본읍의 군정(軍丁)을 일으켜 요충지를 지키고 각 읍의 군대를 일으켰다. 대구 군사 3백 인이 용금문(湧金門) 밖에 유진(留陣)하고, 성주 군사 1백 2십 인이 천포(泉浦) 들판에서 유진하고, 선산(善山) 병졸과 개령(開寧) 군사 10명이 황간(黃澗) 창촌(倉村)에서 유진하고, 상주 군사 80명이 추풍방현(秋風防峴)에서 유진하여 칼과 창이 삼엄하니, 위세가 가을서리와 같았다. 그리고 지공(支供)은 모두 스스로 마련하였다.

그러나 소모영 직제를 짜는 것보다 더 급한 것이 당장 동학농민군의 내습을 막는 조치였다. 소모영 설치를 추진하면서 김산 군수가 급히 소집한 군정을 동원하여 요해처를 방비하는 한편 지원 나온 남영병 1백과 성주병 120명을 김산 주위에 주둔시키고 선산병 60명과 개령병 10명은 황간 창촌까지 나아가 충청도의 농민군이 내려오는 것을 방비하도록 했다.

김산 소모영은 12월 하순 향회를 열어 임원을 선임함으로써 비로소 설치되었다. 군량 확보가 소모영 운영에서도 가장 중요한 문제였다.[40] 김산의 당시 사정으로는 파견되어 온 모든 병대의 군수를 이 지역민이 충당해 줄 만한 여력이 없었다. 외지의 병대는 각 군현에서 준비하여 사용하도록 했지만 김산에서 소모한 군정은 김산에서 제공해 주어야만 하였다. 역시 이것도 경내의 지주들이 마련할 수밖에 없었다. 소모영에서는 요호들을 골라 군량을 헌납하도록 하였다. 김산의 부호라고 할 만한 사람들은 동학농민군의 득세기에는 농민군의 성화에 못 이겨 전곡을 내어 놓아야 했고 동학농민군을 진압하기 위해 소모영을 만들면서는 또다시 군량을 대 주어야 했다. 수천의 민보군에게 공급할 비용은 적지 않은 액수였다.

12월에 들어와 다시 김산 일대를 극도의 두려움에 빠뜨리는 소식이 전해졌다. 남북접 연합농민군이 공주 우금치의 공방전에서 패배한 뒤 북접농민군은 손병희의 통솔 아래 순창에서 재집결하여 북상해 왔는데 이 대규모 북접농민군이 김산을 향해 온다는 것이었다. 북접농민군은 임실 장수 무주 등 험준한 산길을 북상길로 택하였다. 그리고 거쳐 가는 군현에서 정확한 행선지를 감추려고 경상도 지역으로 간다는 말을 흘렸던 듯 보인다. 장수 읍내를 점거했을 때는 안의와 거창이, 무주를 점거했을 때는 김산이 그 같은 정보에 의해 혼란에 빠지게 되었다.

김산 소모사 조시영은 농민군이 영남을 향해 오면서 옥천, 양산 등지에 도착했으니 지원군 200명을 추풍령으로 즉각 파견해 달라고 12월 10일 이웃 상주 소모영에 긴급히 요청하였다. 그러나 상주의 중모와 화령의 방비가 중요해서 보낼 수 없다는 답신을 받았을 뿐이었다. 상주 소모영은 세작을 운영하여 시시각각 변하는 동학농민군의 동정을 파악하고 있었다. 그래서 무주의 동학농민군이 황간에 와 있다는 것을 알자 김산 소모영에 12월 12일 공문을 보내어 그 사실을 전하고 행군 길목이 될 수 있는 추풍령을 방비하자고 제의를 하였다.[41]

사실 이때 북접 농민군은 영남 지역을 공격할 힘이 없었다. 영동 용산 장터에서 청주병과 경군에게 일격을 가했으나 쫓기기에 급급하였다. 이에 따라 김산 일대를 방비하기 위해 포진했던 남영병 150명과 김산 소모영의 수원 김응두가 지휘하는 김산 선산 인동 개령 성주 포군 350여 병대는 추풍령을 넘어서 동학농민군을 추격하기에 이르렀다.

북접 농민군 주력을 마지막으로 괴멸시킨 것은 상주병과 일본군이었다. 유격장 김석중이 이끄는 상주 소모영 유격병들은 일본군과 협력하여 궁지에 몰린 북접농민군을 12월 18일 보은 종곡에서 기습함으로써 조직적 활동이 불가능하게 만들었다. 김산에서 온 연합병대는 종곡전투 다음 날인 12월 19일 보은읍에 도착하여 큰 싸움에 참가함이 없이 회군할 수 있었다.[42] 남영병은 회군한 즉시 대구로 돌아갔다.

김산 소모사 조시영은 후유증을 최소한으로 막는 데 노력하였다. 소모사의 임무는 백성들에게 왕법의 존엄을 알게 하고 감화되도록 하는 것이라고 생각하여 동학농민군 가담자가 귀화하면 하나같이 불문에 부쳤다.[43] 반면 체포된 남정훈과 편사흠 등 동학농민군 거괴들은 김천 장터에서 처형하였다.

김산 소모영은 농민군이 완전히 진압된 을미년 1월 하순까지 평정활동을 계속하였다. 왕조 정부의 소모영 철파 지시가 내려오자 1월 22일 민보군 200명을 김산 관아에 넘겨 운용토록 한 다음 소모사를 비롯한 임원들은 귀가하였다.[44] 소모사로 활약한 조시영은 『갑오군공록』에 올랐고,[45] 지방 제도가 개정되어 전국에 23개 관찰부가 설치된 뒤에는 그 공으로 진주 관찰사에 임명되었다.

6. 맺는 말

경상 감사 조병호의 직함이 '경상도관찰사 겸 병마수군절도사 도순찰사 대구도호부사 친군남영외사'인 것처럼 경상도의 육군과 수군의 최고 지휘관이었고, 국왕을 호위하는 친군 남영을 통수하는 위치에 있었다. 그러나 1894년 경상도 여러 군현에서 동학농민군이 일제히 봉기하는 와중에 경상 감사는 군권을 통해 이를 제압하고 관치 질서를 스스로 회복시킬 수 없었다.

경상도의 동학농민군 봉기와 진압 과정을 보면 몇 개의 권역으로 나눌 수 있다. 첫째는, 예천, 안동, 용궁을 중심으로 한 북부 권역이다. 강원도에 뿌리가 있던 동학의 관동포와 충청도 충주, 청풍, 단양의 조직이 연계되어 일찍부터 커다란 동학농민군 조직이 결성되어 활동하였다.

둘째는, 상주, 함창, 문경 일대의 북서부 권역이다. 일본군 병참 노선과 군용전신선이 낙동과 태봉을 통과하는 이 권역에 강대한 일본군 주둔군이 있는 줄을 알면서도 동학농민군은 커다란 군세를 유지해서 읍성을 점거하였다. 조령을 통해 북상하는 길목에 있는 지역으로 당시 경상도의 동학농민군 활동지로서 중요한 위치에 있는 곳이다.

셋째는, 이 글에서 초점을 맞춘 지역으로, 김산, 지례, 개령, 선산 권역이다. 역시 선산, 해평의 일본군 병참부가 있는 지역으로 인근 여러 군현의 동학농민군이 합세해서 선산 읍성 점거에 참여하였다. 김산은 추풍령을 통해서 경상도와 충청도를 연결하는 교통의 요지이기 때문에 동학농민군의 활동은 직접 영동과 황간 세력이 연계한 모습을 보이고 있다. 특히 전라도 전봉준 계통이 경상도 북부 지역으로 들어오는 역할도 한 것으로 보인다.

넷째는, 안의, 거창, 함양 권역이다. 전라도 무주, 진안, 장수와 연결되어 활동한 지역으로 남원의 김개남 세력이 이 일대까지 조직을 넓히려고 시도하였다. 그러나 일찍이 안의와 거창의 지방관이 민보군을 조직해서 외부 세력을 막아 냈기 때문에 1894년 후반에 비교적 안정된 모습을 보였다.

다섯째는, 지리산 남부 일대인 진주, 하동, 단성, 함양 권역이다. 경상도 동학 조직의 중요한 거점인 이 지역은 전라도 광양 일대에서 활동하던 김인배 세력이 영향을 미쳐 전라도와 다름 없는 활동을 펼치다가 일본군 육전대가 부산에서 들어와 위축이 된다.

경상 감사 조병호의 『별계』에 수록된 장계와 별보에는 1894년 말과 1895년 초까지 경상도 각 군현에서 벌어진 진압 과정이 상세하다. 어느 자료에도 나오지 않는 내용이 많이 들어 있기 때문에 사료가치도 높은 편이다. 『갑오군정실기』에는 상주소모사 정의묵의 보고문서 외에는 경상도 자료가 거의 들어 있지 않다. 각 군현에서 유생들이 작성한 일기류에도 관아에서 파악한 지명, 인명, 사건 등에 관한 기록이 나오지 않는다. 경상도 지역의 자료로서는 경상 감사 조병호의 『별계』가 이 시기의 상황을 알려주는 유일하고 중요한 1차사료이다.

김천지역, 즉 김산과 지례의 상황도 『별계』에서 새로운 내용을 찾아볼 수 있다. 이 일대에서 활동하던 동학농민군 지도자들의 이름이 나오면서 그 활동상도 전해 주고 있다. 조마면 화순 최씨가의 『세장년록』과 여중룡의 『갑오이후일기』, 그리고 김산 소모사 조시영의 주관 아래 나온 『소모사실』을 종합해서 보면 1894년 김천 지역의 상황을 구체적으로 재구성할 수 있을 것이다.

김산 소모영의 설치와 동학농민군 진압 활동

이 병 규 _ 동학농민혁명기념재단 연구조사부장

1. 머리말

경상도 김산은 경상도와 충청도의 접경으로서 전라도와도 가까운 위치에 있다. 동학농민혁명을 이해하는 데 김산은 매우 중요한 위치를 점하고 있다. 그런 까닭에 김산을 포함한 경상도 북부 지역의 동학농민혁명에 관한 연구는 어느 정도 이루어졌다.[1] 그런데 최근 『소모사실(召募事實)』이 발견되어 동학농민혁명기념재단이 자료를 확보하게 되었다.[2] 이 자료의 표지에는 소모사실이라고 기록되어 있고 표지에 말 세 마리가 있는 마패가 찍혀져 있다. 이 자료는 총 132면으로 구성되어 있으며 갑오 십일월 이십일일부터 을미 정월 이십이일까지라고 하여 김산 소모영의 활동 기간을 확인할 수 있다. 『소모사실』은 김산 소모사로 임명된 조시영[3]이 1894년 11월 21일부터 1895년 1월 22일까지 각급 기관과 주고받은 공문을 날짜별로 기록해 놓은 자료이다. 그동안 김산 소모사가 임명되고 김산 소모영이 설치되어 활동을 전개하였다는 사실은 확인되었으나 구체적으로 어떤 활동을 하였는지는 밝혀지지 못하였다.

문서의 내용은 김산 소모영에서 생산한 문서와 각급 기관이 김산 소모영에 보낸 문서가 정리되어 있다. 문서를 주고받은 기관은 인동 토포사, 김산 조방장, 칠곡 · 선산 · 성주 · 개령 · 군위 · 의흥 · 비안 · 고령 등의 군현과 상주 소모사, 거창소모사, 안의조방장, 의정부, 내무아문, 군무아문, 양호도순무영, 순영, 외무아문 등이다. 또한 김산군 등 각급 군현과 면리에 보낸 공문 등을 날짜 순서대로 정리해 놓았다. 이에 본 발표에서는 『소모사실』을 중심으로 김산 소모영의 설치 과정, 김산 소모영의 동학농민군 진압 활동을 살펴보고자 한다.

2. 김산 소모영의 설치

김산 소모영은 1894년 11월 13일 설치가 결정되었다. 의정부에서 임금에게 "김산은 호남(湖南)과 영남(嶺南)의 요충지에 위치하고 있으니, 이런 때에 방어를 소홀히 할 수 없습니다. 전(前) 승지(承旨) 조시영(曺始永)을 소모사(召募使)로 차하하고, 김산 군수(金山郡守) 박준빈(朴駿彬)을 조방장(助防將)으로 차하하여 나누어 지키게 하되, 조시영은 전임 흥양 현감(興陽 縣監)으로 있으면서 관청을 비웠을 때 무기를 잃어버린 일로 지금 붙잡혀 신문받고 있으니, 특별히 용서하는 것이 어떻겠습니까?" 하니 임금이 윤허함에 따라 김산 소모영의 설치가 결정되었다.[4] 그러나 이러한 결정은 바로 진행되지 못하였다. 김산 소모영에 문서가 전달된 것은 1894년 11월 21일이었다.

> 관찰사 겸 도순찰사 친군남영사(觀察使 兼 都巡察使 親軍南營使)는 상고할 일. 곧 도착한 의정부(議政府)의 관문(關文) 내에 "의정부로 하여금 '김산(金山)은 양남(兩南, 경상도와 전라도)의 요충지에 자리 잡고 있습니다. 이때에 방어를 소홀히 할 수 없기 때문에 승지(承旨) 조(曺, 조시영)를 소모사(召募使)로 차하(差下)하고, 김산 군수(金山郡守) 박준빈(朴駿彬)을 조방장(助防將)으로 차하하여 그들로 하여금 함께 수비하여 방어하게 하였습니다. 조는 전임 흥양 현감

(興陽縣監)으로서 관아가 비었을 때에 군기(軍器)를 잃은 죄목으로 지금 나문(拿問) 중에 있으니, 특별히 분간(分揀)하는 것이 어떻겠습니까?'라고 한 계사(啓辭)에 대한 비답(批答)에 '윤허한다.'는 것으로 계하(啓下)하셨습니다. 전교(傳敎)가 이와 같으니, 전교 내의 사의(辭意)를 받들어 살펴서 시행함이 마땅하다." 라고 하였으니, 관문이 이와 같고, 소모(召募)하여 방어하는 일은 조금도 느슨하게 할 수 없으니, (이 移文이) 도착하는 즉시 관사(關辭)에 의하여 거행하고, 도내(道內)의 소모사·토포사(討捕使)·조방장을 차례로 계차(啓差)한 다음 각 관(官)에 나누어 배치하도록 할 것. 만일 창졸간에 사변을 당하면 징발하고 지휘할 즈음에 열읍(列邑)에서 거행하는 것이 이쪽에서는 응원하고 저쪽에서는 시기를 잃을 우려가 있기 때문에 각각 그 부근의 각읍을 참작하여 부를 나누고 후록(後錄, 뒤에 기록함)하여 문이(文移)하였은즉, 인동(仁同) 등 10개 읍은 소모사·토포사·조방장이 아울러 통솔하여 완급을 따지지 말고 일에 따라 충분히 의논해서 기필코 더러운 것을 떨쳐 버려 깨끗하게 하기를 도모하고, 분속된 읍에는 하나하나 관문을 띄워서 시행하는 것이 마땅하다. 상고(相考)해서 시행할 것.

갑오년 11월 21일. 후록은 다음과 같음.

인동(仁同)·칠곡(漆谷)·선산(善山)·개령(開寧)·김산(金山)·군위(軍威)·의흥(義興)·비안(比安)·성주(星州)·고령(高靈).[5]

김산 소모영에 문서를 직접 전달한 것은 경상 감영이었다. 그리고 이 문서는 의정부를 거쳐 내려온 것이었다. 의정부는 조시영을 소모사로 박준빈을 조방장으로 임명하였는데 조시영이 홍양 현감으로서 있으면서 군기를 잃은 죄목으로 신문 중에 있어 용서해 줄 것을 국왕에게 요청하여 허락을 받고 경상도의 소모사·토포사·조방장을 임명하고, 이어서 인동 등 10

읍을 김산 소모사의 관할이라고 결정해 주었다. 이러한 과정에서 11월 13일 김산 소모영의 설치가 결정되었지만 의정부에서 경상 감영으로 전달되고, 신문받고 있던 조시영에 대한 용서가 이루어지는 과정이 진행됨에 따라 실제로는 11월 21일에서야 문서가 김산 소모영에 전달되었다고 보여진다. 그런데 실제 조시영이 김산 소모사로서 활동을 시작한 것은 12월 1일이다. 김산 소모사 조시영은 12월 1일 관할인 10읍과 본읍인 김산 16개 면에 감결과 전령을 보내면서 본격적인 활동을 시작하였다.[6] 김산 소모영은 이후 1895년 1월 22일 군무아문 · 내무아문 · 순영에 문서를 보내는 것을 끝으로 폐지된다. 조시영은 "동도라고 이름한 자들은 얼굴과 마음을 고쳐서 일신하여 변화하는 영역으로 돌아오지 않으니 그들을 효수하여 대중을 깨우치기 위하여 삼척법을 베푸는 일이 어찌 없겠는가? 이에 영칙(令飭)하니 각각 두렵게 여기는 생각을 가지고 예전에 더러운 풍속에 물든 자들은 모두 새롭게 하려는 정책에 참여하도록 하라."고 하면서 다음과 같은 내용을 각 지역에 전달하도록 지시하고 있다.

1. 동도(東徒)가 재물을 겁탈하고 남의 무덤을 강제로 파헤치고 남의 집에 불을 지르는 행위는 온 고을이 다 아는 바이다. 해당 면으로부터 이교(吏校)와 촌민(村民)을 막론하고 만일 그들을 본 군문에 잡아들이면 후한 상을 내릴 것.

1. 위협을 당해 내지 못해서 억지로 들어갔다가 곧 귀화한 자는 각각 그 본업으로 돌아가서 안심하고 살 것.

1. 진교배(鎭校輩) 중에 (비류의 뒤를) 밟아 잡을 때에 그들의 귀화 여부는 탐문하지 않은 채 재화와 뇌물을 이익으로 여기며 조종하여 폐단을 일으키는 자는 일체 금단할 것.

1. 거괴(巨魁)를 잡을 경우, 그의 가산과 집물(什物) 및 작당해서 탈취한 물건들은 먼저 해당 동리로부터 일을 잘 아는 두민(頭民)을 모아서 내용물을 자세히 살펴보고 지방관에게 납입하도록 하고, 그로 하여금 다시 본 군문에 보고하게 하되 중간에서 유실되는 일이 없도록 할 것.

1. 귀화한 사람들의 성명 및 그들이 사는 주소를 책으로 작성해서 이달 초 5일 안으로 와서 바치고 이른바 '체지(帖紙)'라는 것도 아울러 거두어 바치도록 할 것.

1. 동도(東徒)가 입으로만 귀화하고 마음으로는 귀화하지 않을 경우, 스스로 마땅히 달리 염탐하는 길이 있어야 하고, 끝내 뉘우치지 않는 자는 단연코 도살해야 할 것.

1. 각 동리마다 5가(家)로 통(統)을 편성하고 책으로 작성해서 이달 초 5일 안으로 와서 바치되, 만일 통 안에 모반을 꾀하는 자가 있어도 잡아 올리지 않고 사적으로 숨긴다면 해당 통수(統首) 및 이장(里長)을 단연코 별도로 엄하게 처리해야 할 것.

1. 병정(兵丁)을 칭탁(稱託)하고 민간에 폐단을 일으키는 경우, 그 공문의 유무를 상고해서 공문이 없는 자는 즉각 결박해 잡아 올리고, 공문이 있는 자는 병정 및 죄인이 같이 와서 본 군문에 대기하여 처분을 기다리도록 할 것.

1. 일을 잘 아는 장교(將校) 한 사람을 관문(關文)이 도착하는 즉시 본 군문에 보낼 것.

1. 이교(吏校)와 노령(奴令) 및 읍내에 사는 양민의 경우, 나이 20세 이상 50세 이하인 사람에 대해서는 책으로 작성하고, 포군(砲軍)의 본래 숫자가 몇 명인가에 대해서도 또한 책으로 작성해서 장교가 가지고 올 것.

1. 각 면(面)마다 장차 약정(約正) 한 사람씩을 두되, 그 풍력(風力)과 물망(物望)이 감당할 만한 사람을 골라서 책으로 작성해 와 바치면, 본 군문으로부

터 차지(差紙, 임명장)를 작성해서 지급할 것.

1. 인동(仁同) 1. 칠곡(漆谷) 1. 선산(善山) 1. 개령(開寧) 1. 김산(金山) 1. 군위(軍威) 1. 의흥(義興) 1. 비안(比安) 1. 성주(星州) 1. 고령(高靈) 등 16면에 전령함.[7]

조시영은 이상의 내용을 모든 관할 민들이 볼 수 있게 게시하도록 하였다. 주요 내용은 동도를 처벌할 것, 귀화한 동도는 배려할 것, 동도의 재물을 약탈하지 말 것, 동학 거괴 재물을 약탈하지 말고 보고할 것, 귀화한 자들의 명단을 작성할 것, 거짓 귀화한 동도는 도살할 것, 5가 작통을 실시할 것, 병정들의 민간 침탈을 금지할 것, 면마다 약정을 임명할 것 등을 포함하고 있다. 김산 소모영은 동학농민혁명 2차 봉기의 진압 과정에서 설치되었다. 따라서 조선 정부의 2차 봉기 최고 진압 기구인 양호도순무영의 지휘를 받는 것이 마땅하다. 그러나 실제로는 의정부 → 경상 감영(순영) → 김산 소모영의 지휘 체계로 연결되었다. 김산 소모영의 설치를 지시하는 문서를 경상 감영(순영)으로부터 받고 있으며 이후 김산 소모영의 활동 방향과 관련된 보고와 지시는 모두 경상 감영으로부터 주고받았다. 양호도순무영이나 군무아문 그리고 내무아문에 문서를 보내는 경우가 있지만 극히 예외적이다.

조선 정부는 동학농민군을 진압하기 위해 김산뿐만 아니라 경상도 전역을 몇 개의 권역으로 나누어 각각 방어하고 동학농민군을 진압하도록 하였다. 『소모일기』에 따르면

(11월 27일) 또 공문을 보니 과연 여러 고을을 나누어서 관장하도록 하였다. 상주 · 함창 · 문경(慶) · 의성(義城) · 용궁 · 예천(醴泉) · 예안 · 안동(安東) · 풍기(豊基) · 봉화(奉化) · 순흥(順興) · 영천(榮川) · 청송(青松) · 진보(眞寶) · 영양(英陽)의 15개 고을은 상주 소모사 정의묵이 관할하고, 대구 · 경산(慶山) ·

> 자인(慈仁)・현풍(玄風)・하양(河陽)・신녕(新寧)・창녕(昌寧)・영천(永川)・청도(淸道)・영산(靈山)・초계(草溪)・경주의 12개 고을은 대구토포사(大邱討捕使) 지석영이 관할하고, 인동・칠곡・선산・개령・김산・군위(軍威)・비안(比安)・성주(星州)・고령(高靈)의 9개 고을은 인동 토포사 조응현(趙應顯)이 관할하고, 거창・안의・함양(咸陽)・산청(山淸)・단성・삼가(三嘉)・합천(陜川)・지례・진주・하동・의령(宜寧)・남해의 12개 고을은 거창 소모사 정관섭(丁觀燮)이 관할하고, 창원・칠원(柒原)・함안(咸安)・웅천(熊川)・김해(金海)・밀양・양산(梁山)・진해(鎭海)・고성・사천・거제(巨濟)・울산(蔚山)의 12개 고을은 창원 소모사 이종서가 관할하도록 하였다.[8]

라고 하여 경상도 전역을 10여 개 고을씩 묶어서 5개 권역으로 나누어 관할하도록 하였다. 이에 따르면 경상도 북부 지역은 상주 소모사 정의묵, 경상도 동부 지역은 대구 토포사 지석영, 경상도 남부 지역은 창원 소모사 이종서가 관할하고 있다. 『소모사실』 첫머리에 다음과 같이 기록되어 있다.

〈김산 소모영 관할〉

管轄十邑		開寧	
仁同討捕使	通關	軍威	
金山助防將		義興	
柒谷		比安	
善山		高靈	
星州			
尙州召募使	通關		
居昌召募使			
安義助防將			

이에 따르면 김산 소모영의 관할은 인동 · 김산 · 칠곡 · 선산 · 성주 · 개령 · 군위 · 의흥 · 비안 · 고령 등 10개 읍이었다. 그리고 인동 토포사와 김산 조방장과 대등한 입장에서 역할을 분담하였다. 그런데 이와 관련하여 김산 소모사 · 인동 토포사 · 김산 조방장 간의 다툼이 있어 경상 감영(순영)에서 이를 조정하는 문서를 보내기도 하였다.

1894년 12월 13일 인동의 초포사에게 보낸 문서에 따르면 '창설한 군문의 격례가 모호한 점을 순영에 번갈아 질의하고 또한 순영으로부터 정부에 우러러 질의하니 전칙 내에 "계차하된 토포사 · 소모사 · 조방장은 모두 평등하니 문이를 시행하라."고 하였으므로'[9]라고 하여 토포사 · 소모사 · 조방장이 모두 평등하다는 조선 정부의 지침하에서 동학농민군 진압이 이루어졌다.

김산 소모영은 김산군 관아 인근의 봉계라는 지역에 위치하고 있었다. 김산군 관아와는 별개의 조직으로 운영되었음을 알려 준다. 김산 소모영의 군사는 개령 95명 · 선산 100명 · 김산 100명 등 대략 300명으로 구성되었다. 김산 소모사 조시영이 직접 전투에 참여하지는 않았다. 실제 이들을 지휘한 것은 유격장이었다. 그런데 유격장이 중간에 김응두라는 인물로 교체되었다. 김응두 이전에 유격장이 누구인지는 확인되지 않는다. 1894년 12월 13일 유격대장에게 다음과 같은 전령을 보내 유격대장을 교체하였다.

> 이 군문은 오로지 적을 진압하는 방책을 내어 적의 소굴을 소탕해서 위로는 소간(宵旰)하시는 성상의 걱정을 풀어 드리고, 아래로는 역명(逆命)의 원수에 대한 백성들의 원통함을 위로하는 것이 바로 직분 내의 일이라고 생각하였기 때문에 추상 같은 호령과 병거(兵車)를 출동하는 위엄을 본 장군에게 전임시켰다. 그런데 출동한 군사 300명이 무엇이 부족함을 걱정하여 적진에

처들어가서 적을 깨부수지 않고 3일 동안 중도에 유진(留陣)하여 공연히 군수(軍需)만 허비하고, 그 월등한 육도(六韜)·삼략(三略)은 헤아리지 않고 경군(京軍)과 청주 병정은 한쪽에서 접전하는데 우리 군병은 가지 않고 있으니, 이 때문에 분통이 막심하다. 어제 등단(登壇)의 위명(威命)을 받고 오늘 적을 진압하는 데 겨우 10리를 갔다가 곧 회군(回軍)하니, 자신의 목숨을 위해서 그런 것인가? 군법(軍法)이 없어진다면 국가를 어떻게 받들겠는가? 그것은 과연 임무가 마음대로 할 수 없어서 그런 것이니, 나무라 보았자 무슨 소용이 있겠는가? 창군(槍軍) 100명은 통솔하여 창촌(倉村)에 유진하고, 포군(砲軍) 200명은 새로 차임된 유격장 김응두(金膺斗)에게 내어 주어 급히 가서 진멸(殄滅)하여 이 분통을 만분의 일이라도 씻게 할 것.[10]

김산 소모사 조시영은 12월 13일 유진대장(유격대장)에게 전령을 보내 병정 300명을 이끌고 겨우 10리를 나아갔다가 회군함을 꾸짖고 이어서 새로 김응두를 유격장으로 임명했다.

김산 소모영은 1894년 11월 13일 설치가 결정되고 11월 21일 경상 감영을 거쳐 공식적으로 활동을 할 수 있게 되었다. 그러나 실제 조시영이 활동을 시작한 것은 12월 1일로 볼 수 있다. 그리고 이후 1895년 1월 22일까지 활동을 전개한 뒤 폐지되었다. 그렇다면 김산 소모영은 동학농민혁명 2차 봉기가 거의 진압되는 과정에서 왜 설치되었으며 무슨 역할을 하기 위한 기구였을가? 12월 7일 상주 소모영에 보낸 문서에 "비류 4, 5천 명이 무주로부터 영남으로 향하려고 옥천에 이르렀다고 하니, 이때에 방어할 방도는 귀측이나 저의 측이나 차이가 없다. 이들이 만일 추풍령을 넘는다면 화를 장차 헤아리지 못할 것이다."라고 한 것이나 12월 26일 출사한 군에게 보낸 전령에 '지금 이 김산(金山) 땅에 소모영(召募營)을 치설한 목적은 오로지 괘방령과 추풍령을 굳게 지키기 위한 것이니, 그에 대해 방어하는 일을 조금이라도 소홀히 할 수 없을뿐더러, 지금 황간 · 청산 · 영동 · 보은 4읍 등지에 거괴(巨魁)가 잠복해 있고, 흩어진 무리가 소굴을 만드니, 또한 장차 화(禍)가 헤아릴 수 없이 발생할 염려가 있기 때문에 먼저 너를 내보냈던 것이다. 김천(金泉) 추풍령으로부터 매 10리 안 요로(要路) 가에 막(幕)을 열 곳에 짓는다면 충분히 성기(聲氣)가 서로 통할 수 있을 것이다. 부근의 동민(洞民)과 점주(店主)가 매일 낮과 밤으로 막마다 두 명씩 돌아가며 수직하고 잠시도 자리를 비우지 말아야 할 것이다.

'헤아리지 못할 것이다.'[11]라고 한 것을 통해 김산 소모영의 설치 이유가 북접 동학군이 경상도 내륙으로 들어오지 못하게 하기 위함임을 알 수 있다. 김산 소모영의 가장 큰 임무와 역할은 바로 최시형과 손병희가 이끄는 북접 농민군이 경상도로 들어오지 못하게 하는 것이었다. 최시형과 손병희가 이끄는 북접 농민군은 1894년 12월 5일 전라도 무주를 점령하고 12월 9일 영동 용산 장터에 주둔하였다.

북접 동학군들은 태인 전투에서 패한 이후 북상하였다. 그들이 경상도 북부 내륙으로 방향을 잡을 수도 있었다. 이에 조선 정부와 경상도 지역 사람들은 북접 농민군들이 경상도로 들어가지 못하게 하고자 김산 소모영을 설치하였다. 북접 농민군들이 경상도 북부 지역으로 들어가게 된다면 조선 정부나 경상도 북부 지역에서는 매우 큰 혼란을 초래할 것을 두려워했던 것으로 보여진다.

3. 김산 소모영의 활동

1) 북접 동학군의 방어

김산 소모영의 가장 핵심적인 역할은 북접 동학군이 경상도 지역으로 들어오지 못하게 하는 것이었다. 12월 7일 김산 소모영에서는 도순무영에 문서를 보내 원병을 청하였다. 내용은 "전라도 무주에서 보내온 공문을 근거로 동도 5, 6천 명이 무주에 도착하여 있는데, 김천까지는 불과 100리도 되지 않는다. 도순무영의 병정을 보내 방어해야 한다."[12]는 것이었다. 이어서 김천에 주둔해 있는 보부상에게 전령을 보내 동도가 무주가 있으니 보부상 들은 황간과 영동에 가서 적의 세력을 살펴보고 오라[13]고 하였다. 또한 상주 소모영에 공문을 보내 무주에 있는 동도 4, 5천 명이 경상도로 향한다고 하는데, 고개를 넘으면 막을 수 없으므로 상주 소모영에서 김산 소모영에 병사 200명을 보내 줄 것을 요청하였다.[14] 이에 대해 상주 소모영에서는 무주에 있는 동도가 이미 황간 · 영동으로 이동하였기 때문에 급히 상주 유격장을 보내 방비하였다. 그래서 상주에는 여력이 없으므로 김산 소모영에서 추풍령을 막아야 한다고 김산 소모영에 답변하였다.[15] 김산 소모영에서는 이와 함께 관할 군현에 전령을 공문을 보내 북접 농민군이 무주를 거쳐 황간 · 영동으로 진출하려고 하므로 이들이 경상도 북부 지역으로 들어오지 않도록 방어하고 상황을 김산 소모영에 보고하도록 하였다.[16] 김산 소모영에서 또한 상주 소모영 · 거창 소모영 · 인동 초토사에게도 공문을 보내 상황을 알려 주고 있다. 그리고 관할 군현에는 전투에 필요한 군수품을 할당하고 빠른 기한 내에 준비하도록 독려하였다.[17]

〈김산 소모영 관내 군수품 할당〉[18]

군현	군수품
선산	화약 40근, 연환 700개, 화승 200파, 소힘줄 15근
고령	화약 20근, 연환 300개, 화승 100파, 소힘줄 10근
칠곡	화약 20근, 연환 100개, 화승 100파, 소힘줄 10근
의흥	화약 10근, 연환 200개, 화승 100파, 소힘줄 10근
개령	화약 20근, 연환 200개, 화승 300파, 소힘줄 10근
성주	화약 30근, 연환 500개, 화승 500파, 소힘줄 15근
비안	화약 20근, 연환 200개, 화승 100파, 소힘줄 5근
군위	화약 20근, 연환 100개, 화승 100파, 소힘줄 5근
인동	화약 10근, 연환 300개, 화승 100파, 소힘줄 10근
김산	화약 10근, 연환 200개, 화승 100파, 소힘줄 10근

북접 농민군은 영동 · 용산에서 청주병과 옥천 민보군과 전투를 벌였다. 조선 정부에서는 북접 농민군을 방어하기 위하여 경상도와 충청도 병력을 총동원하였다. 그런데 김산 소모영에서는 이 전투에 직접 참여하지는 않았던 것으로 보인다. 상주 소모영은 순무영에 다음과 같은 공문을 보내고 있다.

(12월 15일) 상고할 일입니다. 전라도 적당들 수만이 둔취하여 청산 · 황간 · 영동 등 3읍의 성을 함락하여 장차 추풍령 사이에 넘어와 그 성세가 장대하여 방어의 책략을 소홀히 할 수 없습니다. 그 때문에 먼저 유격장 김응두로 하여금 병정 300여 명을 거느리고 황간 · 창리점에서 방수하도록 하였고 도 4읍에서 징병하여 성주 100명, 개령 95명, 선산 200명 합 395명을 편성하였습니다. 지금 바야흐로 황간 · 영동에 100명을 유진시켜 아직 돌아오지 않았

습니다. 순무영 병정 200명은 지난밤 아직 도착하지 않았고 50명은 나누어 상주에 보냈습니다. 단지 150명이 김산읍에서 대기한 후 군획을 모아 세력을 합쳐 상주 · 청주 · 양진에서 날짜를 기약하여 힘을 합쳐 진멸할 생각이 있습니다. 적 세력의 하나하나의 동정은 육로로 족히 자세히 알고 있으며 그 사이에 청주 병정 및 일본인 50명이 일시에 적을 맞이하여 중과부적에 이르러 이미 퇴군하였다고 합니다. 그 창궐한 장대한 세력을 알 수 있으며 만약 추풍령을 넘어 이 길에 이를지도 몰라 어떤 지경에 이르러 이 길을 만약 건사하기 어려우면 곧 국가의 근본이 또한 장차 오로지 어떤 곳에 처하게 될지 모릅니다. 큰 무리들이 장차 압박하여 올 것이고 또한 요충의 땅에 당하여 소탕해야 하니.[19]

김산 소모영은 북접 농민군과 거의 충돌하지 않았다. 김산 소모영은 그들이 경상도 북부 지역으로 들어오지 못하도록 방비하고 있었다. 김산 소모영은 그들의 역할을 충실히 수행했다고 할 수 있다. 김산 소모영은 1894년 12월 18일과 19일 사이에 보은 북실 전투에서 참여하지 않은 것으로 보여진다. 최시형과 손병희가 이끄는 북접 농민군은 영동에서 보은 북실로 이동하였다. 이때 추격해 온 상주 소모영 유격병 · 용궁 민보군 · 함창 민보군 · 일본군 270여 명의 기습을 받았다. 북접 농민군은 다음 날 아침 북실의 북쪽 고지에 올라가서 공방전을 벌이다가 많은 전사자를 남기고 퇴각하였다. 전사자의 수는 기록마다 다른데 일본군 전투 보고는 300여 명, 『소모일기』는 395명, 『토비대략』은 야간 전투에서 살해된 수는 393명이고 총으로 죽임을 당한 수가 2천2백여 명이라고 하였다.[20]

2) 동학농민군 진압과 향촌 사회 통제

보은 종곡 전투에서 동학군이 패하자 이후 조시영은 12월 21일 의정부·내무아문·양호도순무영·순영에 문서를 보내 "이달(12월) 초 1일부터 공경히 본직을 받은 이후로 밤낮으로 우분하며 소속된 10읍에 힘과 성의를 다하여 토포사인 인동 부사 조응현·조방장인 김산 군수 박준빈과 더불어 깊이 의논해서 사무를 보고 방략을 규합해서 차례로 잇달아 보고 드릴 계획입니다. 연유를 치계하는 일이기 때문에 갖추어 아룁니다."라고 보고하였다. 이후 조시영은 동학농민군 진압에 초점을 맞추어 활동을 전개하고 있다. 더 이상 북접 동학군을 방비할 필요가 없어진 것이다. 이제 조시영은 본격적으로 동학농민군에 대해 진압을 진행하였다. 같은 날 김산의 16면의 약정에게 전령을 보내 동학농민군 진압의 방향을 제시하고 있다. 조시영은 군량이 부족하니 향회에서 상의하여 매 면마다 약정 한 사람이 모속관을 겸하여 정하여 보고하고 부유한 가호 중에서 1등부터 5등에 이르기까지 정리해서 보고하라고 지시하고 있다. 또한 앞으로 지켜야 할 규칙을 다음과 같이 제시하고 있다.

1. 동도(東徒)를 초멸(剿滅)할 일.

1. 호남의 비류(匪類)가 둔취하여 흩어지지 않았으니, 추풍령과 괘방령을 엄히 단속하여 방수(防守)할 것.

1. 군병의 식료(食料)를 1년에 한하여, 경내의 부유한 가호가 의로운 곡식을 내어 분담하여 맡음.

1. 불러서 쓰는 인재는 지위와 문벌에 구애받지 말 것.

1. 접주(接主)와 접사(接司)는 그 가산(家産)을 적몰(籍沒)하여 군수(軍需)에 보

태 씀.

1. 비록 접주가 아니더라도 명분을 멸시하고 폐단을 일으키는 자는 경중에 따라 징계하여 다스릴 것.

1. 비류의 괴수를 잡아들인 사람에게는 후한 상을 내릴 것.

1. 모든 좌목(座目)에 참여한 사람이 군문의 영칙(令飭)이 아닌데 민간에 폐단을 일으키는 경우, 엄형(嚴刑)으로 정배(定配)할 것.

1. 병정이 만일 민간에 폐단을 일으키는 일이 있을 경우는 군율(軍律)을 시행할 것.

1. 비록 동도라 하더라도 진짜로 귀화할 경우는 탕척(蕩滌)할 것.

1. 의(義)로 군수를 도울 경우, 천금(千金) 이상은 의정부에 논보(論報)하여 포상(褒賞)을 내릴 것.

1. 각 면에서 약정(約正)을 골라 정해서 한 사람이 한 면을 관장하게 할 것.

1. 동도가 만일 귀화하지 않고 다시 혹 기포(起包)하는데도 숨기고 고발하지 않는 자는 군율을 시행할 것.

1. 각 면마다 이(里)는 10가(家)로 통(統)을 조직하고 그 안에 만일 귀화하지 않은 비류가 있을 경우는 통수(統首)에게 군율을 시행할 것이며, 통(統) 안 사람의 출입을 매일 살펴서 무상출입하는 일이 없게 하라. 만일 엄히 단속하지 않아 혹 기포에 참여하면 통수에게 또한 군율을 시행할 것.[21]

조시영은 동도를 적극 진압할 것이며, 경내의 부유한 가호가 부족한 군량을 내도록 했으며, 동학 접주 등의 재산을 적몰하여 군수에 보태고, 괴수를 잡아들인 사람에는 상을 주며, 각 면마다 약정을 두어 관장하게 하고, 각 면마다 10가를 통으로 조직하여 군율로써 시행한다는 것을 일반 백성들에게 천명하고 있다. 전반적으로 동학농민군을 진압하는 것이 목적이지만 향촌 사회의 통제 방법이 구체적으로 제시되고 있다. 12월 23일에는 각 읍에 감결을 보내 군현별로 별포군을 조직하여 보고하라고 지시하고 군현마다 규모를 제시하고 있다.

1. 선산(善山)--원포(原砲) 50명, 별포(別砲) 150명은 읍으로부터 신설함.

1. 군위(軍威)--원포 15명, 별포 200명은 본 군문(本軍門)이 신설함.

1. 개령(開寧)--원포 20명, 별포 75명은 읍으로부터 별도로 준비함.

1. 의흥(義興)--원포 15명, 별포 100명은 본 군문에서 신설함.

1. 비안(比安)--원포 15명, 별포 100명은 본 군문에서 신설함.

1. 성주(星州)--원포 10명, 창군(槍軍) 90명은 읍으로부터 별도로 준비하고, 별포 120명은 본 군문이 신설함.

1. 김산(金山)--이문(移文)함. 원포는 33명, 별포는 167명.

1. 고령(高靈)--원포는 17명, 별포 150명은 본 군문에서 신설함.

1. 칠곡(漆谷)--원포.

1. 인동(仁同)--이문(移文)함.[22]

또한 같은 날 각 읍에 감결을 보내 '면(面)마다 약정(約正) 한 사람을 두고 동(洞)마다 도총(都摠) 한 사람을 두어서, 약정은 각 동의 도총을 모두 거느리고, 도총은 다섯 집으로 조직된 통(統)을 거느려 각각 검찰(檢察)하게 하라. 아무 면이나 아무 동을 물론하고 해당 통 내에 만일 억세어 법을 따르지 않는 자가 있거나 또는 혹 사행(使行)의 종인(從人)을 가칭하고 비류(匪類)를 진압한다는 미명하에 인패(印牌) 없이 토색(討索)하는 따위는 사정을 보아 덮어 두지 말고 잡아다가 관(官)에 바치고, 다시 본 군문에 보고하도록 하라. 별도로 염탐할 때 만일 조금이라도 사(私)를 쓰고 공(公)을 능멸하는 폐단이 있으면 해당 약정과 도총은 사실이 드러남에 따라 적발해서 비류와 같은 죄로 처벌할 것이고, 또한 응당 책임을 돌리는 바가 있을 것이다. 십분 두렵게 여기는 생각을 가지고 각 면, 각 리의 약정과 도총의 성명을 신속하게 수보(修報)하되 전에 보고된 상책 중에 준거하며, 매월 초하루나 초열흘에는 각 면과 각 동리의 불궤(不軌)한 자와 가칭하고 주구(誅求)하는 자에 대한 형지(形止)를 곧 치보(馳報)할 것.'[23]이라고 하여 약정과 도총을 통해 향촌 사회에서 동학도를 색출하도록 지시하고 있다.

그런데 이 과정에서 소모영 소속 병정들과 관련해서 새로운 상황이 전개되기도 한다. 12월 27일 보은에 유진한 경병영관에게 보낸 문서에 따르면 김산 소모영 소속 병정이 동학 접주 김화준이 돈 100냥을 주면서 애걸하며 살려 주기를 구하자 거짓으로 포살한 것처럼 하였다. 그런데 보은에 주둔하고 있던 경병들이 이를 알고 확인해 보니 허위로 죽어 있어 다시 이를 포살하였다고 한다.[24] 또한 1895년 정월 2일 16개 면에 보낸 전령에 따르면 "으레 병정이라 칭하면서 비류를 잡는다는 구실로 종종 토색하는 일이 있다고 하니, 듣기에 매우 해괴하다. 지금부터는 근거할 만한 직인이 없는 공문을 가지고 다시 전의 습관을 답습하거나 와서 침범하는 놈이 있거든 동네에서 결박하여 잡아 올려서 법에 비추어 엄히 처결할 수 있도록 하라."[25]고 지시하고 있다. 동학도 진압 과정에서 상당히 많은 토색질이 자행되고 있었음을 보여주고 있다.

또한 동학농민군 진압 과정에서 동학농민군의 재산 몰수의 실제 사례도 확인되고 있다. 김산 소모영 영관이 1894년 12월 청산현 인정리에 사는 동학 거괴 최인관을 잡아 포살하였고, 그의 재산을 몰수하여 전답 80두락의 문기를 바쳤는데 청산 향교 재정 상황이 어렵다는 것을 알고 최인관으로부터 몰수한 재산을 청산 향교에서 쓸수 있도록 조치하였음[26]이 확인된다. 김산 소모영이 직접 동학 지도자의 재산을 몰수하여 처리하고 있다. 이는 당시 매우 광범위하게 전개되었을 것으로 짐작된다. 김산 소모영의 동학농민군 진압 성과는 다음에서 확인된다.

경영에 올린 보이

(생략)

금년 12월 13일 맨 먼저 비류의 괴수 조복용(曺卜用)·남성원(南聖元)·이인길(李麟吉)·이수원(李守元)·김봉이(金奉伊) 등 다섯 놈을 잡아 엄한 형벌로 취조하였더니, 낱낱이 죄를 자복하였으므로 당일 사시(巳時)께 조방장(助防將)·김산 군수(金山郡守)와 연무당(鍊武堂)에 자리를 열어 모두 포살하였습니다.

18일에는 무주의 적 전천순(全千順)과 김원창(金元昌) 두 놈을 붙잡았습니다. 이들은 곧 전봉준(全琫俊)의 폐부(肺腑) 역할을 하는 괴수로, 영남에 출몰하면서 기포(起包)를 독려하는 놈이었기 때문에 또한 당장에 포살하였습니다.

24일에는 창괴(倡魁) 네 놈 중 남홍언(南洪彦)과 편사흠(片士欽)을 붙잡았는데, 이들은 바로 영남의 큰 도적입니다. 이들 두 놈이 거느린 포(包)는 5,6만 명이나 되는데, 금년 8월 이후로 크게 세력을 떨쳐 소리치기를 "전라도 한 도는 거의 다 성을 함락하였고, 충청도와 경상도 두 도는 장차 도륙(屠戮)할 것이니, 통일하는 계획은 손바닥을 뒤집는 것처럼 쉽다."라고 하였고, 또한 이런 뜻을 가지고 작성한 그들의 소위 '개남의 처소로 보낸 신하라고 일컫는 소초(疏草)'라는 것을 그들 집에서 찾아냈으니, 참으로 국가가 생긴 이래로 있지 않았던 대역적이었습니다.

25일에는 조방장·김산 군수와 김천역(金泉驛) 대도(大都) 장시로 달려가서 당일 신시(申時)께 남홍언과 편사흠 두 놈을 효수하여 경각시키니 대중이 열복(悅服)하였으며, 동시에 잡은 최복지(崔福只)와 김순필(金順弼)은 죄질의 경중을 나누어서 즉석에서 포살하였습니다. 그 밖의 산발적으로 잡은 10여 놈은 그 동정을 관찰하고 공초(供招)를 서로 비교해서 살펴보았는데, 강제로 협박을 입어 따른 것이 분명하여 의심할 나위가 없기 때문에 각각 곤장 30대를 엄하게 때려 모두 타일러 방면하였으니, '협종한 무리는 다스리지 말라.'는 전법이 이미 있었기 때문입니다. 본 군의 경내에 마음을 바꾸고 도를 어겼다가 귀화하여 달려와 호소한 자가 3천여 명이 되었는데, 그 정상을 들어 보고 참작해서 판결하여 각각 편안한 마음으로 업무에 종사하게 하였습니다.[27]

이상은 김산 소모영에서 을미년 정월 6일 의정부 · 군무아문 · 내무아문에 보낸 보고서로 자신들의 활동 성과를 정리한 것이다. 김산과 관련된 동학농민군을 체포하고 처리하는 내용을 상세하게 기록하고 있다. 그런데 이 내용 중에 특히 눈여겨봐야 할 대목은 '개남의 처소로 보낸 신하라고 일컫는 소초(疏草)' 라는 대목이다. 이는 신하로서 김개남에게 보내기 위해 작성한 상소의 초안이라는 의미이다. 이는 우선 전라도 남원에 있던 김개남의 동학농민군과 경상도 김천의 동학농민군이 매우 깊게 연결되어 있다는 점을 보여준다. 그리고 김개남이 왕을 자처했다는 주장이 많은데 이를 뒷받침해 주는 증거가 되기도 한다. 전라도와 경상도 연결 정도, 그리고 김개남의 성격 등을 연구하는 데 중요한 근거 자료가 될 수 있을 것으로 생각된다.

진압에 들어간 비용을 철저하게 백성들에게 부담시키고 있는 것이 확인된다. 을미년 정월 3일 16개 면의 약정에게 보낸 전령에 "지금 군수(軍需)는 대단히 시급한 문제이니 향론에 의하여 5등급으로 나누어 정해서, 1등급은 8명, 2등급은 5명, 3등급은 3명, 4등급은 2명, 5등급은 1명으로 하여 사람마다 매월 삭료를 17냥씩으로 하였으니 이렇게 알리고 이달 초 8일 안으로 기한을 정하여 약정이 군문에 수납하라. 만일 혹시라도 기한을 넘기거나 납입을 거절한다면 단지 약정만을 엄하게 다스릴 뿐 아니라 해당 가호도 해당 병정 몇 명을 내보낼 것이니, 십분 두렵게 여기는 생각을 가지고 앞을 다투어 의금을 내어 죄를 짓는 지경에 이르지 않게 하는 것이 마땅할 것이다."[28] 라고 하여 직접 부담하게 하고 있다. 이어서 8일에 보내 전령에 "오늘은 바로 군수(軍需)를 와서 바치기로 정한 기한이다. 반드시 의협심을 내어 앞을 다투어야 할 것이나 4, 5냥 등이 들어가야 할 데에 들어가지 않거나 들어가지 않아야 할 데에 혹 들어가면 원성이 없지 않을 것이니, 이것이 어찌 본관의 본심이겠느냐. 1등 · 2등 · 3등은 전에 배정한 대로 즉시 수납하고, 4등 · 5등은 면(面)으로부터 한곳에 일제히 모여서 공평하게 둘 것은 두고 뺄 것은 빼서 다시 보고해 오라. 약정(約正)이 기필코 책을 작성한다면 또한 스스로 참작해 의논하여 처리할 길이 있을 것이니, 십분 두렵게 여기는 생각을 가지고 혹시라도 전처럼 사사로움을 따르지 말고 각각 함께 구제하기를 힘쓰는 것이 마땅할 것."[29]이라고 하여 철저하게 백성들에게 부담시키고 있음을 확인할 수 있다.

4. 맺음말

이상에서 『소모사실』을 중심으로 김산 소모영의 설치 과정과 김산 소모영의 동학농민군 진압 활동을 살펴보았다. 1894년 11월 13일 설치가 결정된 김산 소모영은 12월 1일부터 실제 활동을 시작하여 1895년 1월 23일까지 활동을 전개하였다. 김산 소모영은 의정부 → 경상 감영(순영) → 김산 소모영의 지휘를 받았으며 규모는 약 300명으로 편성되었다. 김산 소모사 조시영은 직접 전투에 참여하지 않고 유격장이 전면에 나서 활동을 전개하였다.

김산 소모영의 설치 목적은 북상하던 북접 동학군이 경상도 내륙으로 들어오지 못하게 하는 것이었다. 김산 소모영은 보은 종곡 전투에서 동학농민군이 패한 1894년 12월 20일을 기점으로 활동의 전환이 이루어져 이후부터는 동학농민군 진압 활동에 중점을 두게 된다. 이 과정에서 그동안 잘 알려지지 않았던 몇 가지 사실들이 확인된다. 먼저 조선 정부는 진압에 소요되는 비용을 철저하게 백성들에게 부담시켰으며 동학 지도자들의 재산을 몰수하여 군수 비용 등에 충당하였다. 또한 눈여겨볼 대목은 김개남의 전라도 동학농민군과 경상도 동학농민군이 연결되어 있으며 경상도 김천의 동학농민군들이 김개남의 신하를 자처했다는 사실이 확인되었다. 이는 앞으로 동학농민혁명을 연구하는 데 해결해야 할 매우 주요한 과제이다.

김천과 〈내수도문〉, 그리고 동학의 배려적 양성주의

안 외 순 _ 한서대학교 국제관계학과 교수

1. 서론

김천(金泉)은 매우 중요한 동학 관련 유적지 중의 하나이다. 동학의 창시자 수운(水雲) 최제우(崔濟愚, 1824-1864) 때부터 수시로 왕래했다고 하는 이곳은[1] 특히 2대 교주 해월(海月) 최시형(崔時亨, 1827-1898)이 1889-1890년 사이 경북 김천(당시 김산군) 구성면 복호동(용호리)을 방문해 1개월 정도 머물렀고, 1893년에도 어모면 다남리 참나무골의 편보언(1866-1901)의 집에 머물면서 포교 활동을 펼쳐, 편보언을 주축으로 하는 마을 사람들의 적극적인 동조하에 마을 전체가 동학 교도가 됨으로써 소위 '동학마을'이라고 불리기도 했던 곳이다. 나아가 이듬해 동학농민혁명이 발발한 1894년 9월에는 해월이 직접 김천에 기포령을 내릴 만큼 동학과 김천은 각별한 관계였고, 이를 배경으로 이 지역 접주이자 도집강을 맡았던 지도자 편보언은 김천을 넘어 경북 북부 지역 동학농민군의 주축이 될 수 있었던 것이다.[2]

그런데 김천이 동학사에서 매우 중요한 유적지라 함은 이러한 운동사 차원만이 아니다. 김천은 동학으로 하여금 여성 인권, 어린이 및 노인 인권 등을 주장하는 대표적 한국 전통 사상으로 자리매김되게 만든 주요 텍스트의 하나인 〈내수도문(內修道文)〉 등을 짓고 반포했다는 의의도 있는 곳이다. 요컨대 해월은 1889년에서 1890년 사이 바로 김천에서 동학 여성 인권 향상의 역사 및 인간 존중 의식이 강하게 투영된 〈내수도문〉을 저술함으로써 한국 사상사에 새로운 이정표를 세우게 되었다. 이런 연고로 지난 1990년 천도교 여성회는 복호동 어귀에 '내칙 · 내수도문비(碑)'를 세웠고, 천도교중앙총부 역시 천도교 복호동수도원을 건립, 성지화하였다.

한국의 전통 사상 가운데 동학사상이 평등 의식을 강하게 내포하고 있다는 것은 재론의 여지가 없다. 그런데 동학사상의 평등 의식은 1894년 동학농민혁명에서 나타난 반제국주의 반봉건주의의 성격만 지닌 것이 아니라 여성과 어린이, 노인을 포함한 약자들 전반의 인권 신장을 도모하는 평등이었다는 사실을 아는 이는 많지 않다. 바로 이런 내용을 담고 있는 기본 텍스트 중의 하나가 〈내수도문〉이다. 그리고 그 탄생지가 바로 경북 김천 구성면 복호동(용호리)이다.

이 글은 〈내수도문〉과 관련하여 김천에서의 찬제(撰題) 과정, 구성과 내용, 성격 및 사상사적 의의에 대해 특히 배려적 양성주의 관점에서 재고찰하고자 한다. 동학사상에서 〈내수도문〉이 차지하는 위상이 지대한 만큼 기존 동학 관련 여성주의적 고찰에서 〈내수도문〉은 어떤 형태로든 검토가 되었다.[3] 이 글은 이러한 기존 연구 성과 위에 있다. 다만 기존보다 〈내수도문〉에 더 밀착해서 검토하고자 하며, 여성주의를 넘어 양성주의의 측면에서 접근하고자 한다.

본격적인 논의에 앞서 한 가지 언급하고 넘어갈 것이 있다. 그것은 이 글에서는 〈내칙〉에 대해서는 논하지 않는다는 점이다. 〈내수도문〉은 여러모로 〈내칙〉과 연동되어 있다. 또 실제 〈내칙(內則)〉 · 〈내수도문(內修道文)〉의 전문은 맨 처음 규장각 도서 17295『동학서(東學書)』 제 8책과 15책에 나란히 필사되어 있었다.[4] 물론 지금도 『천도교경전(天道教經典)』「해월신사법설(海月神師法說)」 26, 27편에 각각 나란히 실려 있다.[5] 아울러 〈내칙〉 말미에 첨부된 "이 〈내칙〉과 〈내수도문〉을 책상 가에 던져 두지 말고 조용하고 한가한 때를 타서 수도하시는 부인께 외워 주고 뼈에 새기고 마음에 지니게 하옵소서."라는 진술로 보더라도 양자는 뗄 수 없는 관계이다. 다만 이 글에서는 지면의 한계를 비롯한 몇 가지 이유로 내칙에 대해서는 다음에 별도로 논하는 기회를 갖기로 한다.[6]

2. 동학과 김천, 그리고 〈내수도문〉

서론에서 이미 언급하였듯이 김천은 동학여성들을 위한 수도문인 〈내수도문〉이 작성된 곳이다. 〈내수도문〉 작성 관련 자료는 1920년에 간행된 『시천교역사(侍天敎歷史)』와 『천주교회사초고(天主敎會史草稿)』, 1933년에 간행된 『천주교창건사(天主敎創建史)』, 1938년에 간행된 『동학사(東學史)』가 있다. 이들 자료의 경우 〈내수도문(內修道文)〉의 찬제(撰制) 연도에 대해서는 약간의 차이가 있다. 하지만 결론부터 말하자면 김천, 당시 김산의 복호동에서 〈내수도문〉이 작성되었다는 점만은 모든 기록이 일치하는 점으로 보아 〈내수도문〉의 김천 저술설은 부동의 사실임에 틀림없다.

먼저, 1920년에 작성된 『천도교회사초고』에 의하면, 1890년 해월이 관의 지목을 피하여 인제에서 충주로, 다시 양구로, 간성으로 갔다가 다시 인제로 돌아왔는데, 이때 새소리를 듣고 '이것이 곧 천주(天主)의 소리'라고 하며 천지 만물이 다 한울님의 기묘한 속성을 갖추고 있음을 설법하였다. 그리고 이어서 이해 8월에 공주에서 손 부인을 맞아 동거하고 9월에는 청주 금성동으로 이전하였다가 11월 경상도(慶尙道) 김산군(金山郡) 복호동(伏虎洞) 김창준(金昌駿) 집에 갔으니, 여기서 〈내수도문〉을 지어 각지에 반포하였다고 한다.[7]

역시 같은 해에 작성된 『시천교역사』에 의하면 1888년에 관의 지목이 있어 내왕을 엄금하게 하고, 1889년 육임제를 임시 혁파하고 괴산에서 간성으로 가 겨울을 났다. 새소리의 강론을 한 것이 1890년이며 같은해 11월에 경상도 김산군 복호동 김창준가에서 〈내수도문〉과 〈세칙〉 약간을 친찬(親撰)하였다.[8]

하지만 1933년에 작성된 『천도교창건사』에 의하면, 해월이 수운의 조난기도식을 마치고 도제들에게 관의 지목이 크게 있을 것이라고 한 것이 1888년이고, 그 이듬해인 1889년 7월 해월이 육임소(六任所)를 임시 해산하고 괴산군 신양동에 은거했다가 도인들이 다수 체포되자 그도 피신하여 강원도 인제군, 간성군으로 갔다가 11월에 경상도 김산군 복호동의 김창준 집에 피신하였는데, 이때 해월이 〈내수도문〉을 지어 각 포(包)에 보냈다.[9]

1938년에 작성된 오지영의 『동학사』에 의하면, 1888년 정월에 해월이 전주 지역을 순회하고 도제 10여 인과 함께 삼례역 이몽로의 집에 들었는데 마침 식사량이 2인분밖에 없어 이것을 심고(心告)[10]하고 밥을 푸자 10여 명의 식구가 다 함께 먹고도 남는 신기한 기적이 나타났다. 3월에는 수운의 기진기도식을 마치고 도제들에게 관의 지목이 있을 것이니 조심하라 일렀다. 그 후 과연 지목이 있어 제자들이 여러 사람 체포되고 해월도 체포코자 하여 괴산 · 간성 등지를 전전하면서 피화(避禍)하다가 금산(金山) 복호동(伏虎洞)에 은거하였는데, 여기서 1889년에 〈내수도문〉을 지어 반포하였다고 하였다.[11]

이렇게 볼 때 〈내수도문〉은 1889년과 1890년 사이에[12] 지금의 김천 복호동에서 작성된 것이 분명하다. 게다가 『시천교역사』의 경우는 〈내수도문〉이 해월에 의해 친찬되었다고 하는 만큼 더욱 중요한 의미를 띤다고 하겠다. 사실 해월이 무학 출신이어서 현존하는 대다수 그의 저작들은 제자들이 그의 설법을 구술한 것인데 비해 이는 몇 안 되는 그의 직접 저작이기 때문이다.[13] 이는 〈내수도문〉이 지닌 내용적 중요성과 더불어 특별히 문헌적 가치와 의미가 추가적으로 더 있다고 할 수 있다. 그리고 물론 이 때문에 김천 동학 유적지의 의미가 각별하다고 하겠다.

3. 〈내수도문〉의 구조와 내용, 그리고 성격

〈내수도문〉에는 부인의 수도법과 생활의 개선을 위한 7가지 실천 사항이 제시되어 있다. 따라서 다음에서는 그 성격과 더불어 내용을 살펴보기로 한다.

첫째, 해월의 삼경(三敬)적 만물 평등사상이 〈내수도문〉에도 그대로 관철되어 있다. 해월은 경천(敬天) · 경인(敬人) · 경물(敬物)로 집약되는 삼경(三敬)을 주장하였는데,[14] 〈내수도문〉 1조는 내용 면에서 볼 때 이 삼경사상의 실천이라고 해도 될 만큼 만물에의 경(敬) 사상이 내포되어 있고, 그런 만큼 그것은 삼경론에 나타난 만민 평등사상이 부인의 처지에서 보는 실천 윤리의 형태로 제시되어 있다고 할 수 있겠다.

> 一. 부모님게 효(孝)를 극진히 하오며 남편을 극진히 공경하오며 ᄂᆡ 자식과 며날이을 극진히 사랑하오며 하인을 ᄂᆡ 자식과 갓치 녀기며 육튝(六畜)이라도 다 악기며, 나무라도 상(上) 순을 썩지 말며 부모님 분노하시거든 셩품을 거살이지 말며 웃고 어린 자식 치고 울리지 마옵소셔. 어린 아히도 하날님을 모셔스니 아희 치난게 곳 하날님을 치난 계오니 텬니(天理)을 모르고 일힝아희을 치면 그 아희가 곳 죽을 거시니 부ᄃᆡ 집 안에 큰 소리을 ᄂᆡ지 말고 화슌(和順)하기만 힘쓰옵소서. 이갓치 하날님을 공경하고 효성(孝誠)하오면 하

날님이 조화하시고 복을 주시나니 부듸 하날님을 극진이 공경(恭敬)하옵소서.

여기에서 보듯이 처음에는 부모나 남편을 극진히 모시라는 이야기에 이어 며느리도 극진히 사랑하고, 하인도 자식처럼 아껴야 한다고 하였다. 즉 위아래 모두 상호 존중을 통한 만인애를 실천하도록 요구하는 것이다. 이는 일방적인 효나 경을 요구하는 것과는 분명 달리 부모 · 남편 · 자식 · 며느리 · 하인 등 모두에게 쌍무 호혜적 정신을 주장하는 것이다. 그 뿐만 아니다. 어린 자식조차도 한울님을 모신 존재이니 때려서는 안 된다고, 그리하여 어린이라고 때리면 한울님을 때리는 것이라고 하여 아동 학대를 막고 아동 인권을 보호하는 주장도 전개한다. 어린아이조차도 한울님을 모셨다는 말은 아동 역시 동일한 인권을 지닌 주체라는 오늘날의 시각이 그대로 투영된 진일보한 시각이다. 사랑은 사람에게만 국한되지 않았다는 점도 중요하다. 육축(六畜)이나 나뭇가지조차도 함부로 꺾지 말라고 하여 자연 만물에까지 사랑의 원리가 확장되고 있다.

둘째, 녹색민주주의 혹은 에코민주주의적 성격이 강하게 보인다.

一. 집에 숨물이나 아무 물이나 짱에 불 썩에 멀니 쌔리지 말며 가릭침을 멀니 밧지 말며 코을 멀니 푸지 말며 츔과 코가 짱에 써러지거든 닥게옵시고 쏘한 츔을 멀니 밧고 코을 멀니 풀고 물을 멀리 쌔리면 곳 텬디부모님 얼골에 밧난 거시니 부듸그리알고 조심하옵소서.

생태 환경을 보호하는 실천을 요구하고 있다. 구정물 등을 아무 데나 버리지 말고, 가래 · 침 · 코 등을 땅에 함부로 뱉지 말고 혹시나 땅에 떨어져 있으면 청소해야 한다고 하는 행위는 오늘날 함부로 가래침을 뱉으면 벌금을 매겨서라도 금하는 정신과 같다고 하겠다. 여기서 주의해서 볼 점은 침이나 가래 등을 땅에 뱉는 행위는 천지 부모님의 얼굴에 뱉는 것과 같다고 경고하는 것이다. 즉 이것은 자연환경을 파괴하거나 오염시키면 우주의 생명본체인 한울님을 상하게 하는 것이므로 우주의 생명 질서를 유지시키기 위해서는 천지자연을 부모와 같이 대하고 보호하라는 것이다. 이러한 해월의 가르침은 바로 우주의 생명은 한울님의 영기로 가득하여 인간 · 생물 · 무생물이 서로 조화롭게 유기체적으로 연결되어 있다는 자연 · 인간 생명계의 상호 관계를 말하고 있는 것으로, '에코페미니즘적' 요소도 지니고 있다.[15]

셋째, 새로운 심고법 제시를 통해 기존의 권력관계를 전복시키고 새로운 질서를 모색하는 인식론을 전개하고 있다고 평가할 수 있다.

> 一. 잘 ᄶᅵᆨ에 잠ᄂᆡ다고 하고 일어날 ᄶᅵᆨ에 일어남ᄂᆡ다고 하고 물일어 갈 ᄶᅵᆨ에 물일어 감ᄂᆡ다고 하고 방아ᄶᅵ로 갈 ᄶᅵᆨ에 방아ᄶᅵ로 감ᄂᆡ다고 하고 정하게 다 ᄶᅵ은 후에 몃말 몃되 ᄶᅵ여더니 쌀이 몃말 몃되 낫심니다고 하고 쌀그릇에 너을 ᄶᅵᆨ에 쌀 몃말 몃되 넛심니다고 하옵소서.

잘 때 잔다고 하고, 일어날 때 일어난다, 물 길을 때 물 긷는다, 몇 말 몇 되 방아 찧었다 등 일상의 일거수일투족을 한울님께 고하는 심고 행위는 자칫 평범한 일상 행위에 대한 의미 부여 혹은 존중으로 그칠 수 있다. 하지만 민주주의 혹은 양성주의 관점에서 바라볼 때 이 점은 각별히 더 중요한 의미가 있다는 것을 고려할 필요가 있다. 이는 기존의 남성 중심, 공적 영역 중심의 일종의 심고법 영역을 해체하고 일상 영역 및 여성 영역을 그 자리에 대체시키고 있으며 마치 기존의 남성들이 제사를 지낼 때, 과거 시험을 볼 때, 관직에 출사할 때 등 나름 사회에서 가장 권위 있거나 공적 영역으로 간주되는 일들을 수행하기 전에 사당(祠堂)에 가서 고하는 것을 여성들이 그대로 행하고 있기 때문이다. 그것도 기존에 매우 사소한 일로 치부되면서 행해 왔던 모든 가정사 및 일상 행위에 관해 일일이 한울님께 고한다는 것이다. 이는 두 가지로 해석 가능하다. 하나는 기존의 부당한 가치 부여 행위 관습에 대한 일방적인 의미 부여 관행 타파와 다른 하나는 일상 세속 행위의 가치 부여라고 할 수 있겠다. 즉 기존에 남성 중심의 행위 영역에 대해 일방적으로 가치나 권위를 부여하던 방식을 탈피한다는 의미도 있고, 더 중요하게는 여성의 일상 세속적인 행위 자체에 대해서도 적극적인 의미 부여를 행한다는 점이다.

근대 세계를 열게 된 주요 인식 중의 하나는 교회적 가치에서 세속적 가치로의 전환이기도 하다.[16] 즉 중세적 가치는 신 중심의 교회적 가치를 신성시하는 대신 인간 중심의 세속적 가치는 열등한 것들로 치부한 데 반해, 근대적 가치는 개인적 세계관 및 합리적 인식론과 더불어 세속적 가치, 인간 중심의 가치관으로 무게중심이 이동하면서 근대 세계를 열 수 있었던 것이다. 이것은 결국 형식적으로는 신분 평등으로 귀결할 수 있었다. 하지만 그럼에도 불구하고 20세기 내내 인류는 경제적 불평등 등의 여타 문제와 함께 남녀의 불평등 문제를 안고 있었다. 그 결과 21세기적 과제는 이러한 배제적 남성주의의 폐단을 극복하는 배려적 여성주의의 요청으로 나타나고 있는 것이다.[17] 그리고 이때 배려적 여성주의에서는 그동안 경시되었던 여성적인 것들의 가치와 의미들을 새로이 음미하고 가치를 부여하고 있다. 이런 점을 고려할 때 '잘 때 잡니다' 하고, '물 길러 갈 때 물 길러 갑니다' 하는 등 여성의 하루 일상에서 전개되는 모든 행동거지를 한울님께 고하라는 〈내수도문〉의 생각은 매우 선진적인 발상이었다고 하겠다.

넷째, 동학사상 전반에서 강조하는 생명사상은 〈내수도문〉에서 철저한 식생활 위생 개선의 모색을 도모하는 것으로 관철되고 있다.

> 一. 먹던 밥 식밥에 셕지 말고 먹던 국 식국에 셕지 말고 먹던 침치 식 침치에 셕지 말고 먹던 반찬 식반찬에 셕지 말고 먹던 밥과 국과 침치와 쟝과 반찬등절은 따로 두어다가 시당하거든 먹으되 고하지 말고 그저 먹습니다고 하옵소서.

먹던 밥이나 국을 새로 지은 밥이나 국 등에 섞지 말라고 하면서 정히 배를 주리지 않으면 먹지 말라는 지침 등이 오늘날의 잔반 섞지 않기나 재사용하지 않기와 유사하다. 물론 유교 역시 생명을 소중하게 다루어 공자를 비롯한 유자 및 조선 시대 유자들도 철저한 위생 관리를 하였다. 하지만 민간이나 하층민에게까지 유교적 교양이 통하지는 않았던 까닭에 일반 민중은 매우 열악한 위생 상태에 놓였던 것이 사실이다. 이러한 상황 속에서 주로 하층민을 상대로 포덕하던 해월이 먹던 밥, 먹던 반찬 등의 식생활 위생을 당부하였다는 것은 매우 유의미한 사실이다. 그 결과 당시 "콜레라가 유행하였지만 위생에 철저한 동학 교인들은 콜레라에 걸리지 않았으며, 후일 의암(義菴) 손병희는 천도교 운영 시 「위생보호장(衛生保護章)」[18]을 아예 별도로 마련하는 결과를 낳을 수 있었다."[19]

다섯째, 깨끗한 물로 깨끗하게 밥을 지으라는 주문 역시 위생 문제에 각별히 신경을 쓰는 부분은 위와 같으나 특히 식사 하나에도 심고의 의식을 정성스럽게 요구한다는 점이다.

> 一. 됴셕(朝夕)할 ᄯᅴ에 식물에다가 쌀 다섯 번 싯처 안지고 밥ᄒᆞ셔 풀 ᄯᅴ에 국이나 쟝이나 침치나 한 그릇 노코 고하옵소셔.

식사를 준비할 때도 위생과 정성이 필요하다. 쌀을 깨끗한 물로 최소한 다섯 번은 씻을 만큼 식사 준비도 청결하게 하고, 없는 반찬이라도 반드시 한울님께 심고하는 정성은 빈부가 문제가 아니라 마음의 자세에 달렸고, 어떤 경우든 자신의 밥상을 거룩하고 의미 있게 만들기 때문이다.

여섯째, 그릇 등의 위생과 식사 자체에 대한 강한 의미 부여를 통해 생태주의적 사유를 하고 있음이 보인다.

> 一. 금 난 그릇에 먹지 말고 이 빠진 그릇에 먹지 말고 살싱하지 말고 삼시을 부모님 제사와 갓치 밧드옵소셔.

금간 그릇이나 이 빠진 그릇에 음식 담아 먹지 말고, 삼시를 부모님께 제사 드리듯이 정성을 기울이라는 말에서 철저한 위생을 확인할 수 있다. 금이 가거나 이 빠진 그릇은 안에서 독성이 나와서 위험하다는 사실이 지금은 과학적으로 증명된 바이다. 당시 역시 임상적으로 알고 있는 바를 하층민들의 무지로 함부로 생활하는 데 대해 계몽을 행하고 있는 것이다. 아울러 섭생의 문제 앞에서 살생하지 말라는 말을 붙임으로써 아무리 음식 생활이 중요하더라도 함부로 살생을 해서는 안 된다는 당부를 덧붙임으로써 생태적 문제가 근원적임을 환기시키고 있다고 볼 수 있다.

일곱째, 여성의 출타와 외부인과의 관계상에 있을 수 있는 일상의 심고법을 알려 주는 것으로 역시 여성의 일상 행위 자체에 대한 가치와 의미 부여를 통한 가치의 평등화를 도모했다고 할 수 있다.

一. 일가집이나 남의 집이나 무슨 볼 일이 이셔 가거든 무슨 볼 일이 이셔 감ᄂᆡ다고 하고 볼 일 보고 집에 올 ᄊᆡ에 무슨 볼 일 보고 집에 감ᄂᆡ다고 하고 일가나 남이나 무어시던지 줄 ᄊᆡ에 아모 것 줌ᄂᆡ다고 하고 일가나 남이나 무어시던지 주거든 아무 것 밧심ᄂᆡ다 하옵소셔.

출타, 귀가, 주고받을 때 모두 일상적이어서 무가치한 것이 아니라 일상적이기 때문에 소중한 하나하나의 행위로 승격시키는 것이다.

마지막으로, 〈내수도문〉은 말미에 본 수도문의 직접적인 효과와 당부를 덧붙이는데, 이를 통해서 우리는 그것의 직접적인 목적이 무엇인지 인식할 수 있다. 그것은 이 7조목을 잘 지키면 전염병 등에 걸리지 않고 간질 등의 풍병도 나으며, 나아가 궁극적으로 동학이 꿈꾸는 대도에 속히 도달한다는 것이다. 요컨대 〈내수도문〉 저술의 직접적인 목적은 여성과 주변인의 질병을 방지하여 건강한 생활을 하도록 하고, 나아가 득도(得道)의 삶을 살 수 있도록 도와주는 데 있는 것이다. 여기서 우리는 여성 역시 궁극적으로는 득도, 곧 동학적 도의 삶을 체득하는 데 목표를 두고 있으며, 이 점에서 남성과 전혀 차이가 없다는 것을 확인할 수 있다.

一. 이 칠 됴목을 하나도 잇지 말고 ᄆᆡᄆᆡ사사을 다 하날님게 고하오면 병과 윤감(輪感)을 아니하고 악질(惡疾)과 쟝학(長瘧)을 아니하오며 별복과 초학을 아니하오며 간질과 풍병이라도 나으리니 부ᄃᆡ 정셩하고 공경하고 미더하옵소셔. 병도 나을 터니와 위션 ᄃᆡ도을 속키 통할 거시니 그리 알고 진심 봉힝하옵소셔.

장(章)을 접기 전에, 한 가지 더 첨언하고자 한다. 그것은 〈내수도문〉 각 구절의 마무리가 모두 경어체라는 사실이다. 보통 교주들의 법설은 권위적 성격을 띠고 있고, 이를 반영하기 위해 '-하라' 투인데, 〈내수도문〉은 교주가 신도들에게 알려 주는 법문임에도 불구하고, 특히 당시로서는 상대적으로 천하다고 생각되는, 하층민 아녀자에게 설법한 법문임에도 불구하고 모두 극존칭, 곧 '-하시옵소서' 투로 일관된다는 사실이다. 이는 해월의 경천 · 경인 · 경물 정신의 실천이고, 궁극적으로 만인의 평등 논리로도 연결되는 바라고 하겠다.

4. 동학사상 속에서의 〈내수도문〉의 평등 논리

이제부터는 앞 장에서 살펴본 〈내수도문〉의 성격을 더 잘 이해하기 위해 〈내수도문〉에 나타난 평등사상의 성격을 중심으로 동학사상, 특히 해월 사상 전체에서 일관된 논리들을 확인하고자 한다.[20]

수운은 사람은 누구나 빈부귀천에 관계없이 모두 한울님을 몸에 간직하고 있고, 그러므로 모든 개인을 한울처럼 귀하디 귀하게 모셔야 한다는 '시천주(侍天主)사상'을 전개하였다. 이는 반상의 구분이 있고, 귀천의 구분이 있던 당시로서는 매우 혁명적인 평등사상이었다.[21]

해월은 이러한 수운의 시천주, 곧 사람에 대해 한울을 모시고 있는 존재, 그리하여 한울처럼 대접해야 하는 존재적 인식에서 "사람을 섬기는 것은 한울과 같이 한다."는 '사인여천(事人如天)론'을 전개하였다.[22]

첫째, 〈내수도문〉에서 '하인에게도 자식처럼 대하고'라는 구절에서 보듯이 존비의 차별이 없는 신분의 평등 지향적 성격을 여타의 많은 언행들에서도 쉽게 확인할 수 있다. 특히 "우리 도는 반상(班常)과 적서(嫡庶)의 차별을 타파한다."라고 하여 직접 평등사상을 천명한 점은 당시 상황을 고려할 때 매우 혁명적인 인식이다. 전라도 도인 김낙삼이 본토 양반출신이 아닌 남계천에게 편의장 직책이 돌아간 것에 대해 불만 및 재조정해 달라는 건의를 하자 해월은 다음과 같이 대답하였다.

> 소위 반상(班常)의 구분은 사람의 정한 바요 도(道)의 직임은 한울님이 시키신 바니, 사람이 어찌 능히 한울님께서 정하신 직임을 도로 걷을 수 있겠는가. 한울은 반상의 구별이 없이 그 기운과 복을 준 것이요, 우리 도는 새 운수에 둘러서 새 사람으로 하여금 다시 새 제도의 반상을 정한 것이니라. 이제부터 우리 도 안에서는 일체 반상의 구별을 두지 말라.[23]

"일체의 반상의 구분을 두지 말라!" 지금은 쉬운 말이지만 엄연히 신분제가 온존하던 당시 현실 사회에서 이렇게 말한다는 것은 매우 혁명적인 발상이 아니고서는 쉽지 않은 일이다.

물론 해월의 이러한 사고는 우연의 산물이 아니라 현실에서의 신분제의 악폐를 직시한 후의 분명한 사회 의식적 산물이라는 점이 더 유의미하다고 하겠다.

> 우리나라 안에 두 가지 큰 폐풍이 있으니 하나는 嫡庶의 구별이요, 다음은 班常의 구별이라. 嫡庶의 구별은 집안을 망치는 근본이요 班常의 구별은 나라를 망치는 근본이니, 이것이 우리나라의 고질이니라. 우리 道는 두목 아래 반드시 백배 나은 큰 두목이 있으니, 그대들은 삼가하라. 서로 공경을 주로 하여 층절을 삼지 말라. 이 세상 사람은 다 한울님이 낳았으니, 한울 백성으로 공경한 뒤에라야 가히 태평하다 이르리라.[24]

이와 같이 해월의 평등사상은 신분제에 따른 불평등의 모순을 직시한 대안으로서의 제시였던 것이다. 그의 평등론에 보이는 배려적 성격이 수세적이고 구차한 차원의 논의가 아니라 이와 같이 불평등한 신분제도라는 시대의 본질적인 문제를 직시하면서 궁극적으로 제시한 방법이었다는 점에서 그의 사상은 적극적으로 평가받아야 한다.

둘째, 〈내수도문〉에 보이는 '부모님에게도 공경하고… 며느리도 아끼고' 또는 '어린아이도 한울님을 모신지라'라는 쌍무 호혜적 한울정신 역시 많은 담화들에 등장하는 일화에서 일관되게 확인된다. '며느리가 단순한 며느리가 아니라 한울님을 모신 며느님, 곧 한울님'이고, '도인의 집에 사람이 오거든 사람이 왔다 이르지 말고 한울님이 강림하셨다 말하라'[25]는 일화에서 보듯 손님도 한울님이다. 즉 며느리와 손님을 비롯한 모든 인간이 한울님인 것이다. 게다가 어린이도, 부인도 당연히 포함되는 만인의 한울론은 "누가 나에게 어른이 아니며 누가 나에게 스승이 아니리오. 나는 비록 부인과 어린아이의 말이라도 배울만한 것은 배우고 스승으로 모실 만한 것은 스승으로 모시노라."[26]하듯이 현 실태에서는 나의 스승이기도 한 것이다. 이 역시 오늘날 소수자 혹은 노약자의 인권론과 상통하는 문제이다. 요컨대 만인의 평등도 되지만 소위 약자에 대한 배려가 요구되는 배려적 평등론이다.

셋째, 〈내수도문〉에서 일상사의 가치화를 시도한 점은 해월의 전체 사상 속에서 '일하는 한울님'의 설정과 일맥상통한다고 하겠다. 보편적인 가치는 일상과 분리된 추상적인 도에서 도출되는 것이 아니라, 일상 속의 도에서 추상적 원리까지 확보되는 것임을 해월은 추구하고 있었다. 관념 속의 지식인이 아니라 일하는 지식인, 일하는 한울님의 논리가 곧 '베 짜는 며느리' 논리인 것이다. 스스로 교주임에도 불구하고 해월은 늘 피신하는 와중에서도 항상 짚신을 삼거나 과일나무를 심었고, 제자들에게 "사람이 그저 놀고 있으면 한울님이 싫어하신다"고 말하곤 했다.

넷째, 이러한 해월의 남녀를 포함한 만민평등사상은 시천주 논리를 더욱 적극적으로 실천하고 능동화하였다는 데 독창성이 있다고 하겠다. 곧 '모시는 천주'에서 '기르는 천주'까지 요구하였다는 점이다. 이른바 '양천주(養天主)사상'이다. '양천주'는 말 그대로 절대 인격체인 한울을 스스로 기르는, 절대 능동성을 요구한다.

> 한울을 기를 줄 아는 사람이라야 한울을 모실 줄 아느니라. 한울이 내 마음 속에 있음이 마치 種子의 생명이 種子 속에 있음과 같으니, 種子를 땅에 심어 그 生命을 기르는 것과 같이 사람의 마음은 道에 의하여 한울을 養하게 되는 것이라. 같은 사람으로도 한울이 있는 것을 알지 못하는 것은 이는 種子를 물속에 던져 그 生命을 멸망케 함과 같아서, 그러한 사람에게는 한 평생을 마치도록 한울을 모르고 살 수 있나니 오직 한울을 養한 사람에게 한울이 있고, 養치 않는 사람에게는 한울이 없나니, 보지 않느냐, 種子를 심지 않는 자 누가 곡식을 얻는다고 하더냐.[27]

마지막으로 〈내수도문〉에서 보여준 여성 수도와 관련, 왜 여자인가?를 헤아려 볼 필요가 있다. 해월은 다른 문답에서도 당시까지의 사회가 여성들을 억압해 왔음을 분명히 인식하였다. 그래서 여성의 모든 일은 사회와 긴밀히 연계되어 있는 만큼 여성의 수도가 매우 중요할 뿐만 아니라 동학의 앞날이 여성 수도의 성공 여부에 달렸다고 하였다.[28] 그는 궁극적으로 부인은 한 집안의 주인이라고 말할 만큼 적극적인 여성 인식을 행하였다.

> 부인은 한 집안에 주인이니라. 음식을 만들고, 의복을 짓고, 아이를 기르고,

손님을 대접하고, 제사를 받드는 일을 부인이 감당하니, 주부가 만일 정성 없이 음식을 갖추면 한울이 반드시 감응치 아니하는 것이요, 정성 없이 아이를 기르면 아이가 반드시 충실치 못하나니, 부인 수도는 우리 도의 근본이니라. 이제로부터 부인 도통이 많이 나리라. 이것은 일남구녀를 비한 운이니, 지난 때에는 부인을 壓迫하였으나 지금 이 운을 당하여서는 부인 도통으로 사람 살리는 이가 많으리니, 이것은 사람이 다 어머니의 胞胎 속에서 나서 자라는 것과 같으니라.[29]

얼핏보면 말만 부인이 한 집안의 주인이라고 하였지 결국은 공적 영역이 아니라 기존의 사적 영역이라 불리던 가사만 담당하는 존재로 인식하는 것 아니냐고 평가할 수 있고, 실제로 그런 평가도 있었다.[30] 하지만 앞으로는 일남구녀의 시대가 올 것이라는 점도 예견했던 해월이 가사의 중요성을 이렇게까지 강조한 것은 배려적 양성주의적 인식의 단초 차원에서 이해해야 한다는 것이 필자의 견해이다. 불과 20세기까지만 하더라도 가사는 여성의 영역이고 상대적으로 무가치한 노동이었지만, 21세기를 그리 멀리 지나지 않은 오늘날 가정사는 단지 사적 영역만도 아니고 가사 역시 여성의 전유물이 아니라 남성이 휴직계를 내면서까지 부담해야 하는 중요한 사안으로 부각되기도 한다. 아기 한울을 제대로 양육하기 위해 '슈퍼대디'라는 용어가 어렵지 않게 들리는 것도 해월의 혜안을 증명하는 바이리라. 가정사는 인류사와 우주사를 건설하는 최초의 기초가 맞고, 여기에 남녀가 없으며, 상호 배려해야 하는 배려적 양성주의가 있을 뿐이다.

4. 결론

해월은 1889-1890년 사이 경북 김천시 구성면 복호동 동학도 김창준의 집에 묵으며 〈내칙〉과 〈내수도문〉을 짓고 발표했다. 이 시기는 해월이 동학에 대한 정부의 탄압을 피하기도 할 겸 포덕 활동도 도모하여 호남을 거쳐(1887-1888) 영남을 순회하던 중이었다(1889-1890). 이 와중에 해월이 복호동에서 〈내수도문〉을 찬제하였다는 것은 매우 의미 있는 사실이다. 그만큼 현장의 포덕 활동에서 여성의 포덕 및 포덕 방법이 절실해졌음을 의미하기 때문이다. 또 이것이 해월의 저술 가운데 상대적으로 앞선 시기의 저작이라는 점, 또 직접 저술한 텍스트라는 점을 감안한다면 〈내수도문〉의 텍스트적 중요성은 더 크다고 하겠다.

물론 이런 형식적인 여건 외에도 남존여비 사상이 팽배했던 당시 현실에서 여성의 능력 및 생명의 존엄성, 어린이의 인권까지 중시한 사유를 보여주는 〈내수도문〉의 내용적 측면은 그 가치가 더욱더 크다. 그것은 남녀를 떠나 양성평등, 만민평등의 단초를 충분히 내포하고 있었음을 확인하였다. 더욱이 〈양천주〉식 수도의 내용은 '환경 살리기 운동' 등 만물의 이치를 중시하는 지구환경 보존운동과 통하는 생태양성주의 성격도 담고 있음을 확인하였다. 아울러 〈내수도문〉에 나타난 어린이 존중 정신은 결국 후일 천도교에서 '어린이운동'을 시작한 배경이 되었고, 궁극적으로 방정환에 의해 '어린이날'이 제정되는 계기를 제공하였던 것이다.

〈내수도문〉에 나타난 '여성 인권적' 주장은 사실 소박해 보일 수도 있다. 그래서 〈내수도문〉이나 〈내칙〉을 여성해방이나 남녀평등 관점에서 보기 어렵다는 지적도 있었다. 물론 본 발표자 역시 〈내수도문〉에 나타난 사상을 오늘날의 여성해방 이론이나 남녀평등 관점과 같다고 말하지는 않는다.

그리고 민약 기존의 여성해방 이론이나 남녀평등론이 배제적이고 권위적이었던 남성주의를 따라가는 페미니즘이라면, 오히려 〈내수도문〉이나 동학의 여성 수도론은 당연히 방향을 달리한다고 하겠다. 하지만 21세기의 여성주의 논의가 배제적 남성주의를 따라가는 것이 아니라 오늘날 운위되는 인류 공존 관점에서의 '배려적 여성주의'를 추구한다면 그리하여 말 그대로 '양성주의'를 추구한다면, 공존의 민주주의 곧 배려민주주의를 추구한다면, 나아가 우리 세대만이 아니라 영구토록 우리 후손들도 생각하는 녹색민주주의라면, 〈내수도문〉에 나타난 인식은 적어도 그 단초를 충분히 제공하였다고 평가할 수 있다.

동학의 코드와 김천 지역 현대문학 자산

- 백수 정완영 선생을 중심으로

지 현 배 _ 동국대학교 파라미타칼리지 교수

* 이 글은 2016년 11월 4일 김천에서 열린 〈동학의 글로컬리제이션(Glocalization): 1894년 경상도 김천의 동학농민혁명〉 학술대회에서 발표되었으며, 『동학학보』 42집(동학학회, 2017. 3.)에 실린 원고를 수정 보완한 것이다.

1. 들머리

한국 근현대 문학사에서 대구 경북 지역은 문단과 작품 세계의 중요한 줄기를 형성했다. 문인들의 규모나 문예지의 발행 등 작품 활동, 작품의 질과 양에서 줄곧 비중 있는 역할을 하였다. 문단의 태동기인 1세대 문인에서부터 6 · 25전쟁으로 인한 피난 문단의 형성기, 그리고 60-70년대 산업화 시기는 물론 80년대 민주화 시기로 이어지는 과정에서 대구 경북 지역은 한국 주류 문학의 큰 흐름에 동참하면서 문단에 생기와 활로를 개척한 주역이었다.

대구 경북 지역 시인들의 특징은 삶과 시가 분리되지 않는다는 점이다.[1] 윤동주 시인을 비롯하여 시와 삶이 일치하는 작가들은 한국 근현대 문학사에서 소중한 자산이다. 이상화 · 이육사 · 조지훈 · 박목월 등이 그들이다. 안동에서 작품 활동을 했던 권정생 선생도 삶과 작품의 일치라는 기준으로 볼 때 빼 놓을 수 없는 작가이다. 김천의 근현대문학을 대상으로 할 때 김천 지역의 대표적인 작가이자 김천의 자랑인 백수 정완영 선생 또한 그와 궤를 같이한다.

작가가 작품을 창작한다는 점에서 작가와 작품의 세계는 동일시되기도 한다. 이는 문학 연구에서 오랜 전통이었고, 작품의 의미의 근거를 작가의 삶에서 찾으려는 시도는 모두 이와 관련되어 있다. 연구 방법론에서 보면 역사 전기적 비평의 관점에서 작품과 작가는 긴밀한 관계를 전제로 한다.[2] 이런 전통은 작가의 삶, 그리고 작가의 의식 또는 가치관이 작품 창작 과정에서 작품에 투영되고, 작품은 작가의 삶의 태도, 나아가 삶 자체와 겹치게 된다.

삶과 시가 일치하는 것은 몸과 말이 분리되지 않음이다. 소위 언행이 일치하며 시간이나 조건의 변화에 따라 달라지지 않는 것이다. 삶의 토대와 자신의 욕망, 현실의 유불리에 따라 사람의 말과 행동이 달라지는 시대에, '삶과 시의 일치'를 실천했던 대구 경북 지역 시인들의 존재는 우리가 누리는 축복이자 소중한 자산이다. 이상화 · 이육사 · 조지훈 · 박목월 등과 함께 백수 정완영 선생 등은 지역을 대표하면서 대한민국의 시단에서 중심에 있던 문인들이다.

이 논의의 목적은 김천 지역의 문학 코드와 동학 소재 시의 문학 코드의 연관성을 밝히는 것이다. 김천 지역의 근대문학 자산에 대한 논의를 백수 정완영 선생을 중심으로 살피기로 한다. 그 작업을 통해서 백수 문학의 특징이라고 할 수 있는 핵심 코드들을 추출하기로 한다. 그리고 백수 문학의 코드들과 동학 소재 시들에서 밝혀진 코드들과의 관계를 검토하기로 한다. 김천 지역 근현대문학의 코드와 동학의 코드 간의 환원론적 맥락을 기대한다.

2. 김천의 근현대문학 자산[3]

1) 문예지와 단체

김천 지역 문예지로는 『김천문학』 · 『등등시』 · 『무명탄』 · 『소문화』 ·

『은유』·『흑맥』 등이 보고되었다.[4] 『김천문학』은 1976년 김천시문학회로 발족하여 1978년 7월 『김천시문학』 창간호를 발행한 이후, 1980년 김천문학회를 거쳐, 1988년 한국문인협회 김천 지부가 발족되면서 『김천문학』 발행을 이어 오고 있다. 2004년 34호가 발행되었다. 1988년에 한국문인협회 김천 지부 창립총회를 기념하는 시화전을 개최한 이래 매년 동인지 『김천문학』을 발간하고 있다. 1997년부터 대구지방검찰청 김천지청과 공동으로 청소년 백일장을 개최하고 있으며, 2005년부터는 백수 정완영 시조 백일장을 개최하고 있다.[5]

『등등시』는 2002년 동인을 결성하여 2002년 12월 창간호를 발행하고, 2004년 3호를 발행했다. 창간사에서 '등등'은 존중이며 평등을 의미한다고 밝히고 있다. 『무명탄』은 1930년 1월 조선문예협회에서 발행한 순문예 동인지로서, 창간호를 발간한 바 있다. 『소문화』는 1954년 2월 창설된 '김천 문화의 집'에서 1955년 창간호로 발행한 기관지다. 1959년 10월까지 5호가 발행되고, 1962년 2월 발행처가 김천문화관, 9월 김천문화원으로 바뀌어 7, 8호가 발행되었다. 1972년 12월 『소문화』 20호가 발행되었고, 1974년 3월 『김천문화』로 제목이 바뀌었다. 『은유』는 1992년 2월 은유문학회가 결성되어 11월 창간호가 발행되었다. 1998년 12월까지 7호가 발행되었다. 『흑맥』은 1959년 흑맥문학회가 결성되어 1960년 8월에 창간호가 발행된 후 1961년 3월 2호가 발행되었다.

2) 문학인과 작품

김천 지역에서 활동한 현대 작가로는 권숙월·김종인·배병창 등이 있다.[6] 권숙월은 1945년 김천시 감문면에서 출생하여 1979년 『시문학』으로 등단하고, 1985년 대일에서 시집 『동네북』을 간행했다. 이후 2005년까지 7권의 시집을 출간하고, 1999년 김천시민문화상, 2000년 경상북도문화상 등을 수상했다. 대표작으로 〈나무.3〉 등이 있다.

김종인은 1955년 김천시 금릉에서 출생하여 1983년 『세계의 문학』을 통해 등단했다. 1985년 시집 『흉어기의 꿈』을 출간하고, 1990년과 1994년, 2003년에 시집을 출간하였다. 대표 작품으로 〈별〉, 〈교단일기〉 등이 있다. 〈별〉은 두 번째 시집의 제목이기도 하다.

배병창은 1927년 김천시 금릉에서 태어나 1947년 '오동' 동인으로 문학 활동을 시작하여 1960년 동아일보 신춘문예 시조 부문에 당선되었다. 1960년 시조집 『소나기와 종』을 간행하고, 1965년과 1975년에 제2, 3의 시조집을 출간했다. 대표작으로 〈기(旗)〉가 있다.

발간물을 통해 본 김천 지역 문학의 특징은 시조의 절대적 우세와 소수 자유시인들의 활동으로 정리할 수 있다. 시조가 지니는 일반적 특성, 자연과 인생에 대한 관조, 회고적 정서는 김천 지역 시조시인들의 작품에서도 드러난다. 시조 창작이 점점 위축되는 전국적 추세에 따라 김천 지역에서도 자유시를 쓰는 시인들이 저마다의 개성을 드러내고 있으며 또한 소수의 동화작가 · 소설가들의 활동도 김천 지역의 문학 활동을 구성하는 중요한 축이라고 할 수 있다.[7]

3. 백수 정완영 문학의 코드

1) 작가의 이력과 기념물

백수 정완영 선생은 김천에서 태어나서 김천을 기반으로 작품 활동을 시작하였다. 1919년 11월 11일 경상북도 김천시 봉산면에서 태어나 1927년 현재의 봉계초등학교인 봉계공립보통학교에 입학했다. 이후 1946년 김천에서 『시문학(詩文學) 구락부』를 발족해서 작품 활동을 했고, 1947년에는 동인지 『오동(梧桐)』을 출간했다. 2년 후인 1948년에는 작품 〈조국(祖國)〉을 창작했다. 이 작품은 교과서에도 수록된 작품으로, 백수 선생의 대표작 중 하나다.

선생은 우리나라를 대표하는 시조시인으로 시조의 현대화에 크게 기여했다. 1962년 시조 시단에 등단한 이래 시조를 현대적 감각으로 새롭게 창조함으로써 현대시조의 영역을 견고하게 구축하였다. 전통 장르로서의 시조를 내용과 형식 면에서 혁신함으로써 시조의 현대적 계승과 발전에 기여하였다. 약 3천 편에 달하는 작품을 창작함으로써 시인으로서의 쉼 없는 열정을 보였다. 또한 지역의 문무학 · 박기섭 시인 등 170명이 넘는 제자를 길렀다.

정완영 시인은 고향 김천에 남다른 애정을 보여, 그의 호(號)인 백수(白水)는 '김천(金泉)'의 '천(泉)'을 파자한 것이다. 시인의 이력과 작품집을 정리하면 다음과 같다.[8]

〈연보〉

1919년 11월 11일 경상북도 김천시 봉산면 예지리 65번지에서 출생.

1923년 조부로부터 한학과 주학을 배움.

1927년 봉계공립보통학교 입학, 4학년 여름에 홍수로 말미암아 논 다섯 마지기가 유실되어 일본으로 건너가 3년 동안 일본 각지를 유랑.

1932년 오사카 천황사(天皇寺) 야간부기학교 입학, 2년 수료 후 귀국하여 보통학교 졸업.

1946년 김천에서 〈시문학(詩文學) 구락부〉 발족.

1947년 동인지 『오동(梧桐)』 출간.

1948년 작품 〈조국(祖國)〉 창작.

1960년 《국제신보》 신춘문예에 작품 〈해바라기〉 당선. 《서울신문》 신춘문예에 동시 〈골목길 담모퉁이〉 입선.

1962년 《조선일보》 신춘문예에 작품 〈조국〉 당선. 『현대문학』에 〈애모(愛慕)〉, 〈강(江)〉, 〈어제 오늘〉로 천료.

1965년 한국시조시인협회 부회장.

1966년 이호우와 더불어 영남시문학회(嶺南詩文學會) 창립.

1967년 《동아일보》 신춘문예에 동시 〈해바라기처럼〉 당선.

1969년 문화공보부 작가창작지원기금 지원받아 시조집 『채춘보』 출간.

1972년 시조집 『묵로도(墨鷺圖)』 출간.

1974년 제3시집 『실일(失日)의 명(銘)』 출간. 고등학교 3학년 교과서에 〈조국〉 수록.

1976년 한국문인협회 이사, 시선집 『산이 나를 따라와서』 출간.

1979년 한국문인협회 시조분과 회장, 동시조집 『꽃가지를 흔들 듯이』 출간.

1982년 남산공원에 시비 세움.

1983년 초등학교 5학년 교과서에 〈분이네 살구나무〉 수록.

1984년 중학교 1학년 교과서에 〈부자상(父子像)〉 수록.

1992년 한국시조시인협회 회장.

1994년 직지사 경내 시비 건립.

2000년 고향 봉계마을에 시비 건립. 한국 시조시인협회 상임고문

2003년 문화관광부 '한국 근 · 현대예술사 증언 1차년도 30인 채록사업' 선정.

2004년 한국문인협회 고문.

2005년 경상북도로부터 '경상북도를 빛낸 100인' 선정.

2008년 12월 10일 백수문학관 개관.

2016년 8월 27일 향년 98세로 타계.

〈작품집〉

1969년 시조집 『채춘보(採春譜)』, 동화출판공사.

1072년 시조집 『묵로도(墨鷺圖)』, 월간문학사.

1974년 시조집 『실일(失日)의 명(銘)』, 월간문학사.

1976년 시조선집 『산이 나를 따라와서』, 대정(大正)출판사.

1979년 동시조집 『꽃가지를 흔들 듯이』, 가람출판사. 회갑 기념 시집 『백수시선(白水詩選)』, 가람출판사.

1984년 시조집 『연(蓮)과 바람』, 가람출판사.

1990년 시조집 『난(蘭)보다 푸른 돌』, 신원문화사.

1994년 시조집 『오동잎 그늘에 서서』, 토방.

1998년 동시조집 『엄마 목소리』, 토방.

2001년 시집 『세월이 무엇입니까』, 태학사. 시집 『이승의 등불』, 토방.

2006년 시조전집 『노래는 아직 남아』, 토방.

2007년 동시화집 『가랑비 가랑가랑 가랑파 가랑가랑』, 사계절.

2015년 동시선집 『정완영 동시선집』, 지식을만드는지식.

〈수상〉

1967년 제2회 김천시문화상 수상.

1974년 제11회 한국문학상 수상.

1979년 제1회 가람시조문학상 수상.

1984년 제3회《중앙일보》시조대상 수상.

1989년 제5회 육당문학상 수상.

1995년 은관문화훈장 수상.

1999년 제2회 만해시문학상 수상.

2004년 제1회 육사문학상 수상.

2007년 제5회 유심특별상 수상.

2008년 제13회 현대불교문학상 수상.

백수문학관은 선생이 생존해 있던 2008년 12월 10일 개관하였다. 생존 문인의 문학관 건립은 극히 예외적인 경우라고 하겠다. 시조시인으로서는 국내 첫 사례로 직지사 입구에 있다. 경북 김천시 대항면 운수리 직지문화 공원 안에 부지 면적 3,587㎡, 연건축 면적 603㎡, 지하 1층 지상 1층 규모로

백수문학관 전경

지어졌다. 문학관은 백수 선생의 문학 정신을 기리고 지역의 문화적 자긍심을 높이며 시조문학의 요람으로 자리매김하기 위해 김천시가 주도하여 세웠다.

남산공원에 있는 시비는 1982년 12월에 세워졌다. 백수 선생의 대표작 중 하나인 〈고향 생각〉이 새겨져 있다. 건립추진위원회가 쓴 비문에는 '김천 출신 시조시인 백수 정완영 선생의 시의 업적을 기려 여기 향토인들의 정성을 모아 돌 한 덩이 세우다.'라는 글이 적혀 있다. 선생에게 김천은 지리적 공간으로서뿐만 아니라 '고향'으로서도 특별한 의미가 있다. 선생의 애국심이나 국토 사랑도 고향의 코드와 연결된다. 그것은 '뿌리'에 대한 인식에 기반을 두고 있다.[9]

직지사 입구에 '직지사 시비'가 있고, 시비에 새겨진 원문이 문학관에 족자로 전시되어 있다. 직지사는 고구려의 아도(阿道)가 지었다는 설이 있다. 418년(눌지왕 2)에 묵호자(墨胡子)가 구미에 있는 도리사(桃李寺)와 함께 창건

남산공원의 백수 시비 전경

직지사의 백수 시비 전경

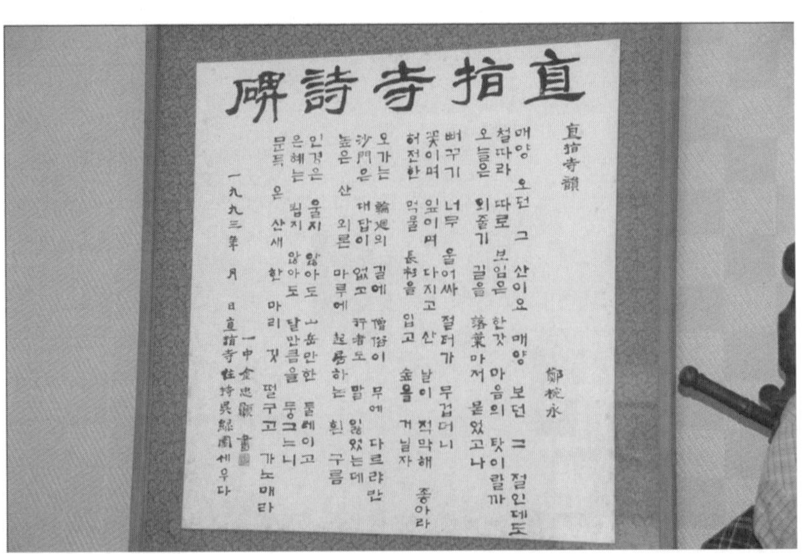

직지사 백수 시비의 시 원문

봉계초등학교의 백수 시비 전경

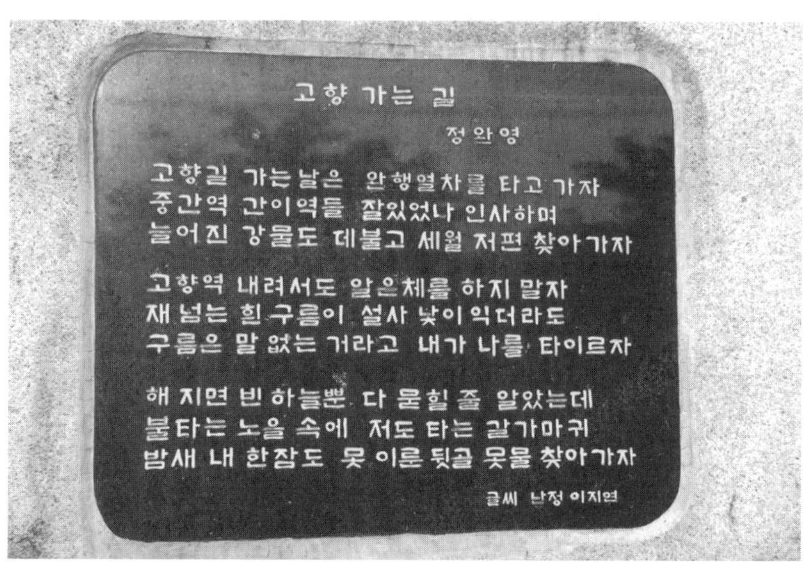

봉계초등학교 백수 시비의 시 원문

직지사의 백수 시비 전경

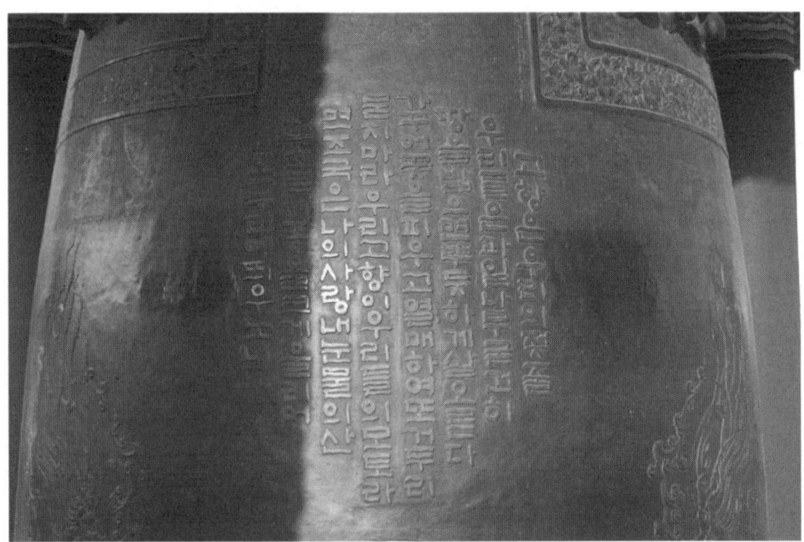

직지사 백수 시비의 시 원문

했다고 전한다.[10] 절 이름은 불교 본연의 직지인심(直指人心)을 상징하는 의미다. 즉 창건 설화의 직지(直指)와 선가(禪家)의 직지(直指)가 둘이 아니라고 볼 때, 이는 곧 불교의 본질을 나타내는 이름이라 전한다.[11]

그리고 봉계초등학교의 시비는 김천 시민들이 세운 것으로, 시조 〈고향 가는 길〉이 새겨져 있다. '고향길 가는 날은 완행열차를 타고 가자'로 시작되는 3연으로 된 작품이다. '고향길 · 완행열차 · 낯익음 · 노을 · 잠 못 이룸' 등이 주요 단어로 등장한다. 봉계초등학교 앞 시비는 2000년 10월, '우리 고장 출신 백수 정완영 선생의 문학적 업적을 기려 고향 사람들의 이름으로' 세워진 시비다. 봉계초등학교는 정완영 선생의 모교로, 당시 봉계공립보통학교였다.

시민대종에 새겨진 시도 정완영 시인의 〈고향은 우리의 젖줄〉이다. 대종에 양각으로 세로 글쓰기로 새겨졌음을 확인할 수 있다. 시인의 대표작이라고 할 수 있는 〈조국〉이나 〈을숙도〉는 민족과 국토에 대한 애정이 담겨 있다. 시비에 적힌 작품들이나 〈부자상〉 등에는 '고향'이라는 핵심어가 단연 두드러진다. 백수 시인에게 고향은 삶의 뿌리이며, 작품 창작의 근원으로 작용하고 있음을 알 수 있다. 시인의 고향에 대한 애착은 기념물들에서 확인된다.

시인에게뿐만 아니라 모두에게 '고향'은 뿌리이자 보금자리이다. 평생 시인으로 산 백수의 삶은 3천 편에 달하는 작품으로 남았다. '스포츠가 감격이라면 시는 감동'이라고 말하는 시인은, '예술은 천년만년 이어지는 감동'이라고 했다. 그의 말을 좇다 보면, "시가 없으면 세상은 하루도 지탱하지 못한다."는 소신을 가진 것을 확인할 수 있다. 시는 세상을 부드럽게 하는 존재, 곧 시는 윤활유라고 말하는 백수 시인과 김천 지역민이 인식을 공유하고 있다.

2) 작품의 특징

백수 정완영 선생은 1962년 시조 시단에 등단한 이래 "시가 없으면 세상은 하루도 지탱하지 못한다."는 소신을 실천했다. 3천 편에 달하는 작품을 창작한 것으로 그것을 확인할 수 있다. 또한 시인은 시가 세상을 부드럽게 만드는 윤활유와 같은 존재로, 세상살이에 여유를 주는 것이 시의 영능이라 했다. 노시인은 평소의 그런 신념을 동시로 보여주고 있다. 〈염소〉[12]는 평소의 그의 지론을 이런저런 설명이 아니라 작품 하나로 증명해 보이는 것이다.

> 염소는 수염도 꼬리도 쬐끔 달고 왔습니다
> 울음도 염주알 굴리듯 새까맣게 굴립니다
> 똥조차 분꽃씨 흘리듯 동글동글 흘립니다.

이 작품은 세상에 대한 관찰력, 사태의 본질 파악 능력, 절제된 정확한 표현력이 조화된 절창이다. 염소를 결정짓는 외모인 수염과 꼬리, 염소에게 빼놓을 수 없는 울음소리, 그리고, 생리작용의 결과인 배설물의 독특한 형태를 포착하여 기술 대상으로 확정하고, 그것의 특징을 구체적이고 맛깔나게 기술하고 있다. 더구나 이것이 절창인 이유는 문장 형태가 군더더기 없이 정갈하고 일관된 점 때문이다. 정보의 균등화와 소통의 효율이 흠잡을 데 없다.

담담하게 묘사되어 있는 세 줄의 시, 세 문장의 기술이 소위 '비주얼'과 '오디오'를 극사실에 가깝게 하면서 독자에게 현장의 모습을 그대로 전하고 있다. 그러면서 '똥'이라는 비호감의 대표를 전혀 회피하고 싶지 않게, 자신도 모르게 '옹호-호응'하게 만드는 힘을 가졌다. 피하기는커녕 오히려 독자에게 웃음을 띠게 하고 있다. 과하지 않고 절제되었고, 화려하지 않고 간결한 표현의 이 작품은 사람과 사람 사이의 윤활유 역할을 훌륭하게 수행하고 있다.

사흘 와 계시다가
말없이 돌아가시는
아버님 모시 두루막
빛 바랜 흰 자락이

웬일로 제 가슴속에
눈물로만 스밉니까.

어스름 짙어 오는
아버님 여일(餘日) 위에
꽃으로 비쳐 드릴
제 마음 없아오매
생각은 무지개 되어
고향(故鄕)길을 덮습니다.

손 내밀면 잡혀질 듯한
어린제 시절이온데
할아버님 닮아가는
아버님 모습 뒤에
저 또한 그날 그때의

아버님을 닮습니다.

-〈부자상(父子像)〉[13]

대표작 〈조국〉은 《조선일보》 신춘문예의 1962년 당선작이다. 고등학교 교과서에 실리면서 〈조국〉은 시조시인 정완영을 세상에 널리 알린 작품이기도 하다. 정작 시인이 아끼는 작품은 따로 있음을 밝힌 바 있다. "남들이 좋다고 평가하는 작품과 자신이 애착을 갖는 작품은 다릅니다. 〈조국〉은 출세작이긴 하지만 나는 〈을숙도〉와 〈부자상〉, 〈분이네 살구나무〉를 더 좋아해요."라는 말에서 우리는 이 작품에 대한 시인의 애착을 확인할 수 있다.

작품의 제목을 통해서도 짐작할 수 있듯, 〈부자상〉은 아버지와 아들의 이야기다. 부자 간의 애틋한 정이 그려진 작품으로 뿌리 의식의 근원을 표현하고 있다. 작품에서 아버지와의 정은 할아버지 혹은 그 이전부터 이어온 대물림으로 그려진다. 아버지의 정은 오붓함으로 맺어지기도 하고 한편 쉽게 보여지기도 하지만 그것은 단절되지 않는 특징을 지닌다. 아버지는 '고향'으로 확장되고, 고향은 곧 조국으로 이어진다. 종착역은 〈조국〉인 셈이다.

백수 정완영 선생은 시조의 중흥기를 열었다. 그는 이병기 · 이은상 · 김상옥 · 이호우의 계보를 잇는다. 문단에서 활동한 이후 우리 현대시조계를 대표하는 작가로서 시조를 현대인이 함께할 수 있게 계승하고 창조적으로 발전시켰다. 김종일 교수는 "정완영 시인의 문학적 공로는 시조 형식을 현대화한 것이다. 현대화는 모더니스트의 흉내가 아니라, 전통적 가락을 현대구어로 풀어 내어, 그의 시조를 대하면, 시조를 읽는 느낌이 아니라 무릎을 맞대고 정다운 이야기를 나누는 것 같은 친근감과 자연스러움을 느끼게 된다."고 평가했다.

정완영 시인의 시조에 대한 인식은 곧 뿌리에 닿아 있다. 작품에서의 주제 의식이 '근원'에 닿아 있는 것은 물론, 시조라는 장르를 통해서도 그것을 확인할 수 있다. "우리 시조는 그 본태가 우리 역사의 근간이요, 본류요, 민족 정서의 총화이기 때문에 그 속내를 다 헤아리기에는 비단 나 아니더라도 사람의 한 생으로는 다 헤아릴 수 없는 그런 미로, 아니 천지의 말씀을 다 내려 앉혀도 오히려 그 그릇이 차지 않는 명기(名器)임이 분명하다."[14]는 말이 그것을 보여준다.

우리 마을, 고향 마을, 시냇가 자갈밭엔
별보다 고운 자갈이 지천으로 깔렸는데
던지면 도마뱀처럼 물길 찰찰 건너갔었지.

공부도 하기 싫고 노는 것도 시시한 날
나는 냇가로 나가 물수제비 떠먹었지
자갈이 수제비 되어 퐁당퐁당 나를 달랬지.
- 〈물, 수, 제, 비〉[15]

백수의 고향 의식은 〈물, 수, 제, 비〉 이 작품 곳곳에 드러나 있다. 앞에 소개한 〈염소〉에서 발견하였던 것과 같은 표현법을 다시 맛볼 수 있는 작품이다. 앞에서 살핀 〈부자상〉에서도 '아버지-할아버지-조국'으로 이어지는 백수의 인식, 근원과 뿌리를 향한 시인의 의식을 확인할 수 있었다. 시조 장르에 대한 정완영 시인의 애착도 시조 장르가 전통 시가를 대표하는 장르라는 점에서 근원에 대한 의식의 지향이 확장적으로 만나는 것임을 알 수 있다.

이 점에서 보면, '고향 · 국토 · 조국 · 전통'과 같은 단어들은 백수 시의 핵심어이다. 나아가 시인 정완영의 세계관 혹은 작가 의식을 규정하는 핵심어들이기도 하다. 이들 중 고향은 뿌리 의식과 공동체 의식의 모태가 된다. 이 작품에서 고향은 '향수'를 불러일으키는 공간이자 시간으로 작용하고 있다. 고향이라는 시간과 공간에서 괴리된 현재의 시점에서도 고향의 기억은 온전히 마음의 중심을 차지하고 있다. 그것은 이미 선택의 문제를 넘어선 자리에 있다.

쉼표로 표기되어 천천히 발음하게 되는 〈물, 수, 제, 비〉에게서 우리는 빛의 속도로 고향에 접근한다. 여기서 고향은 향수 혹은 암묵적으로 돌아갈 안식처와 같은 자리를 차지하고 있다. 이것은 현대인들에게 일종의 회귀본능이라 하겠다. 시인은 우리 모두에게 시인은 반겨 주는 사람이 있는 곳을 가진 사람이 되게 한다. 디지털 유목민으로 사는 현대인에게 시인은 향수로 남아 있는 근원적 가치를 환기시킨다. 시인의 가치관이 독자에게 전이되고 있다.

〈물, 수, 제, 비〉는 제목에서부터 물수제비를 그려 낸다. 물 표면을 절묘하게 타고 튀어 오르기를 반복하면서 아슬아슬, 그러면서도 지향점을 향해 일정하게 이어 가는 물수제비는 시인의 의도 여부와 상관없이, 할아버지에게서 아버지와 아들에게로 이어지는 징검다리이다. 세대를 뛰어 '지속'되는 근원으로의 단절과 나아감의 반복이다. 그것이 고향 풍경에 녹아서 동화적 환상을 자아내고 있다. '아버지(조상)-고향-조국'은 곧 '뿌리와 전통'의 핵심어에 닿는다.

시골서 보내온 모과
울퉁불퉁 늙은 모과

서리 묻은 달 같은 것이
광주리에 앉아 있다

타고난 모양새대로
서너 개나 앉아 있다

시골서 보내온 모과
우리 형님 닮은 모과

주름진 고향산처럼
근심스레 앉아 있다

먼 마을 개 짖는 소리
그 소리로 앉아 있다

시골서 보내온 모과
등불처럼 타는 모과

어느 날 비라도 젖어
혼자 돌아오는 밤은

수수한 바람 소리로
온 방 안에 앉아 있다

- 〈모과(木瓜)〉[16]

이 〈모과〉 작품 역시 앞에서 살핀 작품의 연장이다. 고향의 향기와 고향의 풍경이 성큼 다가오는 작품이다. '시골서 보내온 모과'는 곧 고향에서 보내온 모과이다. 이에 이어지는 것이 '울퉁불퉁 늙은/우리 형님 닮은/등불처럼 타는'이다. '늙은'과 '형님 닮은'은 어머니의 거칠어진 손, 아버지의 주름진 이마로 대체된다. 그것은 아버지 어머니에게서 나아가 조상으로 '물수제비'처럼 연결된다. 면면히 이어져 오는 뿌리 의식과 그것의 생명력이 부각된다.

시인의 의식은 '등불처럼 타는'에서 고조된다. 타향에서 맞이한 고향의 풍경은 현재, 여기의 시공간을 고향의 사랑방으로 변화시킨다. 등불이 밤의 어둠을 방 밖으로 밀어내듯, 그것은 타향에서의 외로움과 낯섦을 밀어낸다. 모과는 고향의 대체물이면서 고향의 환유가 된다. 그것은 고향으로 시공을 이어 주는 매개가 되면서, 시 속의 등장인물은 물론 독자들도 고향의 향기를 느끼게 된다. 고향의 향기로 방 안을 채우고 고향 생각으로 마음을 채우게 된다.

백수 시인이 '수구초심(首丘初心), 부박한 세월을 많이도 살았다. 나도 이제 낙향(落鄕)하고 싶다.'[17]고 한 고백은 그의 입에서 나오는 소리로뿐만 아니라, 그의 작품에서도 지속적으로 확인할 수 있다. 시인의 고백은 우리 한민족의 특징, 나아가 인류의 보편적 정서를 보여주는 것이기도 하다. 후손인 나는 고향의 선산에 묻힘으로써 자손에서 조상으로 자리를 옮겨 앉게 된다.[18] 백수 선생에게 고향은 가호자[19]라는 점에서 영혼과 육신의 안식처이다.

정완영 선생의 작품 다수가 고향 · 뿌리 · 조상 · 전통 등의 코드를 형성하고 있다. 〈고향의 봄〉 · 〈계면조 고향〉 · 〈고향의 여름〉 등이 그것이다. 백수 시인이 고향을 중심 소재로 노래한 작품에서 발견할 수 있는 일종의

'상실'은 역설적으로 '고향'을 통한 치유나 회복으로 기능한다. 〈물, 수, 제, 비〉는 징검다리처럼, 고향으로 기억의 문을 열고 고향으로 향하는 다리를 연결한다. 〈고향에 와서〉·〈옛 고향에 와서〉 등도 같은 맥락이다.

내가 사는 초초(艸艸) 시암(詩庵)은 감나무가 일곱 그루
여릿 녀릿 피는 속잎이 청이[20] 속눈물이라면
햇살은 공양미 삼백 석 지천으로 쏟아진다.

옷고름 푸러 논 강물 열두 대문 열고 선 산
세월은 뺑덕어미라 날 속이고 달아나고
심봉사 지팡이 더듬듯 더듬더듬 봄이 또 온다.

- 〈시암(詩庵)의 봄〉[21]

부인의 병을 치료하기 위해 마련한 집[22]에서 "참 멍텅구리였어. 그러니 나하고 살았지. 요새 살았으면 나는 장가도 못 갔을 거야. 그런 사람 없지. 없어. 그 사람 없으면 못 살았어. 나는 평생을 공부만 하고 살았고, 그 사람은 평생 나 때문에 일만 하고 살았어."라고 회고한다. "또 한 말씀, 목에 걸리는 이야기는 이미 팔 년이라는 긴 세월 동안 의식을 잃고 병상에 누워 있는, 동고(同苦)해 온 내 아내에게 이 소식을 전할 길 없는 것을 지아비의 이름으로 안타깝게 생각할 따름이다."[23]

따님 윤희 씨는, "평생을 그렇게 아버지를 좋아하셨어요. 돌아가시기 전 치매를 앓으셨을 때도 '아버지는 쌀에 눈 같은 사람'이라고 귀하게 모셨어요."[24]라고 어머니를 회고한다. 선생은 젊은 시절 부인을 고생만 시켰는데, 노년에 어찌 손쓸 도리가 없다. 〈시암의 봄〉에서 심청가 자락에 선생의 인

생이 녹아들고 있다. 젊은 날은 어느새 지나고 세월은 청춘을 노년으로 옮겨 놓았다. 문득 돌아보니 뺑덕어미 도망 친 이후의 심봉사 처지가 되고 말았다.

이런 대책 없는 상황에서 봄이 '또' 오고 있다. 인간이 거스를 수 없는 세월에 역시 거스를 수 없는 자연이다. '햇살은 공양미 삼백 석'처럼, 지천으로 쏟아지는 봄날이다. 봄은 겨울을 마감하는 의미다. 그것에 햇살이 더해지고 있다. 구름 사이로 나오는 한 줄기 햇살이라기보다 삼백 석 가마니에 쌓인 쌀알처럼 지천에 널렸다. 심청의 희생을 의미하는 속잎, 그 여린 잎이 느리게 피어나는 중에 햇살은 이미, 벌써 와서 그렇게 천지에 발을 디디고 있다.

여리게 피어나는 싹, 심청의 눈물은 부인의 '건강 회복'에 대한 염원에 닿아 있다. 그것은 공양미 삼백 석으로도 쉽지 않은 일이다. 둘째 연에서 뺑덕어미 달아난 상황은 심봉사에게 난감하고 무력한 상황이지만, 봄이 '또' 오고 있다. 절망과 난감 속에서도 새로운 기운으로 돋아나는 것으로 미루어 보면 그것은 희망임에 분명하다. 느리게 다가오지만, 그것은 또한 '물수제비'처럼 그렇게 다가온다. 인간에 대한 애정과 희망에 대한 믿음이 표현된 작품이다.

4. 동학 정신과 백수의 문학

1) 동학 시의 코드

동학을 소재로 한 현대문학 작품집은 동학농민혁명 관련 작품들을 모아 편찬한 『황토현에 부치는 노래』가 대표적이다. '동학농민혁명백주년기념사업회'에서 엮은 이 책은 『동학농민혁명기념시전집』으로 편찬되었다. 간

행사 내용 중 , "농민들의 어깨 너머로 넘쳐 났던 혁명의 기운이 시대정신의 가장 예민한 촉수인 시인들의 시 속에서 부활되고 있음을 보고 가슴 뿌듯해 하지 않을 수 없었다."[25]는 문구에서 간행의 취지와 의의를 확인할 수 있다.

이 책 1부에 〈새야 새야 파랑새야〉 · 〈가보세 가보세〉 · 〈개남아 개남아 김개남아〉 · 〈칼노래〉 · 〈유시(遺詩)〉 등 5편이 실렸다. 2-5부에는 1920년대 이후 발표된 동학농민혁명 관련 시 250여 편 중에서 가려 뽑은 90여 편이 실렸다. 동학을 소재로 한 시, 동학의 혁명성을 강조한 시, 동학의 의의와 의미에 천착한 시 등이 주된 작품이다. 한국 근현대시사에서 '동학'을 핵심어로 했을 때 대표되는 작품들을 집대성한 것이라고 할 수 있다.[26]

한국의 현대시를 대상으로 하여 동학을 소재로 한 시에서 코드를 규명하고자 한 시도는 「현대시에서 동학 공간과 인물의 형상화 양상」[27]과 「현대시 작품을 통해 본 동학의 코드」[28]의 두 논문에서 본격적으로 이루어졌다. 이 논문들은 『황토현에 부치는 노래』에 수록된 작품들을 주된 대상으로 하여 동학 소재 시에서의 대표적인 코드를 추출하고자 하였다. 대상 작품에는 동학의 역사적 현장에 당대의 실상을 그리는 내용, 그리고 동학의 역사적 공간을 현재의 관점에서 바라보면서 그 변화상을 비교하는 내용이 있다.

지현배a(2014)에서는 ① 민중의 고난, ② 변화를 위한 열망, ③ 정신의 계승이 핵심어로 추출되었다. 그 기저에는 각각 ① 안타까움과 더불어 연민, ② 좌절 속에서의 희망, ③ 역사적 연속성과 미래에 대한 동력이 자리하고 있다. 시인들은 동학의 공간을 통해서 당대 민중에 대한 연민과 당대인이 놓지 않았던 희망을 그렸다. 그리고 이것이 동학 정신의 연속성을 통해서 현재까지 이어지고 있음을 발견할 수 있다.

지현배b(2016)에서는 ① 생명, ② 자유, ③ 인간이 핵심어로 추출되었다. 동학 관련 작품에서 '생명'의 가치를 중심에 둔 작품이 있다. 인내천(人乃天)

은 생명 회복 운동에 다름 아니고, 그것은 활인(活人) 운동과 관련되어 있나. 생명과 함께 '자유'에 대한 의지도 중요한 의미망을 형성하고 있다. 자유는 평등 등과 같은 맥락을 형성하는데, 동학 관련 작품에서 본성에 돌아가려는 것 등과 연관되어 나타났다. 또한 '인간'에 대한 실천이 핵심 코드로 추출되었다. 이는 수운 최제우 선생의 깨달음과도 연결되는 것이다.

동학은 생명의 깨달음에서 출발하고, 인간의 생명의 자각과 실천이 그 중심에 있다. 이는 유교 · 불교 · 노장 사상 · 기독교 등의 생명 원리를 창조적으로 재편한 생명사상이라는 점이 특징이다. 또한 '시천주(侍天主)'는 섬김을 핵심으로 하는데, 여기에 인간에 대한 인식이 담겨 있다. 인간의 권리, 인간의 존엄 등은 동양은 물론이고 서구의 르네상스나 시민혁명 등에서도 찾을 수 있는 보편적인 원리이다.

민중의 고난-변화의 열망-정신의 계승은 과거 · 현재 · 미래와 짝을 지으면 아래와 같은 표로 정리된다. 이어지는 도식은 시간의 흐름을 추가하여 표시한 것이다.

현재	민중의 고난	연민
미래	변화를 열망	희망
과거	정신의 계승	전통

과거	현재	미래

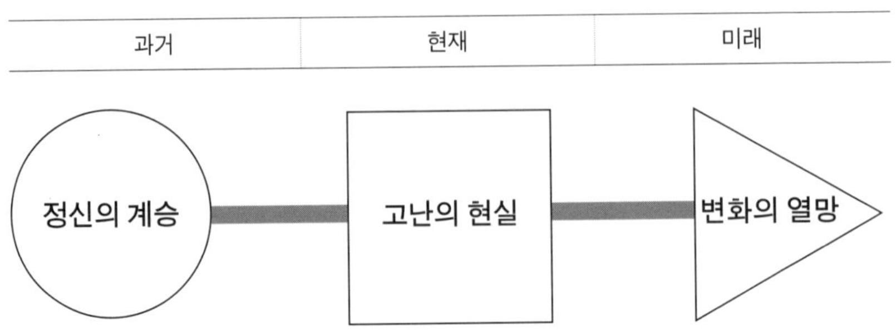

그리고 지현배b에서 정리된 개념인, 생명 · 자유 · 인간은 과거 · 현재 · 미래와 짝을 지으면 아래와 같은 표로 정리된다. 이어지는 도식은 지현배a의 연구 성과와 같은 틀을 유지하면서 시간의 흐름을 추가하여 표시한 것이다.

현재	인간	실천
미래	자유	평등
과거	생명	본성

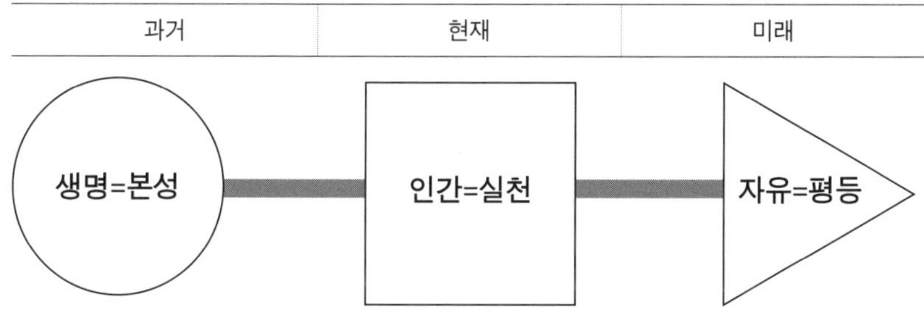

2) 백수 문학의 코드

백수 정완영의 시조에서 드러나는 핵심어는 일관된다. 작품을 살피는 과정에서 발견할 수 있었듯이, 근원에 대한 탐구와 천착이 두드러진다. 근원으로의 회귀는 고향과 전통으로 대표된다. 그것은 돌아갈 고향이고, 조상으로부터 내려온 전통에 해당한다. 그것을 시간의 축을 기준으로 재정리하면, '전통 · 조국 · 시조'이다. 이들은 각각 과거 · 현재 · 미래와 관련되는 것이다. 과거 · 현재 · 미래는 다시 근원/전통 · 가족/아내 · 혁신/희망으로 짝이 지어진다.

이를 전통 · 조국 · 시조를 과거 · 현재 · 미래의 짝을 지으면 아래와 같은 표로 정리된다. 이어지는 도식은 시간의 흐름을 추가하여 표시한 것이다.

현재	조국	가족/아내
미래	시조	혁신/희망
과거	고향	근원/전통

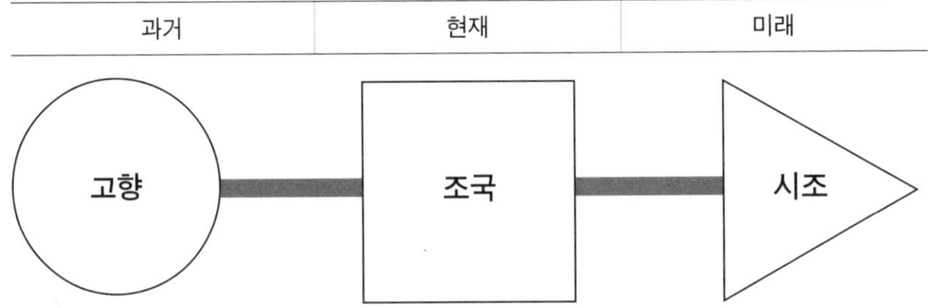

동학의 코드와 백수 선생의 작품에서 추출된 핵심어들을 표로 정리하면 아래와 같이 된다. 편의상 과거 · 현재 · 미래의 시간의 축을 가로로 배치하고, 위아래 칸에 동학과 백수의 작품 세계를 배치한 것이다.

과거	현재	미래
정신의 계승	고난의 현실	변화의 열망
생명=본성	인간=실천	자유=평등

고향	조국	시조
근원=전통	가족=아내	혁신=희망

5. 마무리

현상학은 인간의 의식 속에 드러난 본질을 인식함으로써 사태 자체를 해결할 수 있다는 믿음에 기초한 것이다.[29] 이런 현상학이 문학에 적용될 때는 문학작품이 구체적인 삶의 체험을 담고 있는 지향적 대상이라는 점이 강조된다. 의식이란 지향적 의식이고, 대상 또한 지향적 대상이다. 그리고 의식의 내용이란 자아와 세계의 상관관계, 또는 주관과 대상의 상호 관련이다. 현상학적 문학 연구는 작품의 현상학적 환원에 힘입어 작품의 본질, 즉 작가의 선험적 자아에 이르고자 한다.

비평 행위는 창작 주체의 체험 유형을 수용하여 비평 주체의 재체험으로 삼으려는 시도이다. 이때 주목하는 것은 작가의 경험적 자아가 아니라 현상학적 자아이다. 이 현상학적 자아는 작품 속에 복사된 작자의 심리적인 국면으로 환원될 수 있다. 독서 행위로 이루어지는 비평에서 작가는 의미를 부여하고 비평가는 의의를 부여하는 것이다. 그래서 이 경우 문학이란 '의식의 파악'이며, 비평은 '문학에 대한 문학' 혹은 '이차적 단계의 문학'이 된다.

제네바 학파는 개별 정신으로서의 자신의 의식을 집단 정신의 의식에까지 가져온다고 믿는다. "각 시대마다 동시대의 정신에 공통적인 인식이 있고, 개인의 사고나 감각은 이 보편적인 의식 속에 감싸여 있어야 한다."고 주장한다. 이들의 비평 방법은 한 작가를 통해서 그 시대의 보편적 정신을 바라볼 수 있는 길을 열어 준다는 점에서 공헌하고 있다. 개인의 의식은 그 시대 그 사회의 보편적 의식의 일부이며, 그 특수성은 그 시대의 공통적인 생각에 대한 독특한 해석이 된다.

이러한 논리에 기대서 본다면, 동학 소재 시들을 통해서 작가를 바라볼 수 있고, 그리고 작가들을 통해서 동학의 정신과 동학농민혁명의 실상에 접근할 수 있는 가능성이 열린다. 또한 백수 선생의 작품을 통해서 시인을 바라보고, 시인을 통해서 당 시대의 보편적 인식을 바라볼 수 있게 된다. 나아가서 동학의 코드와 백수 정완영의 작품에서 추출된 핵심어의 비교가 가능해진다.

현상학적 환원이라는 방법론에 기대서 동학과 백수의 코드 비교를 진행하기 위해 앞 장에서 정리된 것을 동학과 백수로 대비되게 표를 보완하기로 한다. 비교 대상이 되는 틀을 동일하게 하는 것이 핵심이 된다. 가로를 시간의 축으로 하고, 아래에 동학과 백수의 작품에서 추출된 각각의 핵심어를 배치하도록 한다. 동학 소재 현대시 작품에서 추출한 코드와 정완영 선생의 작품에서 드러난 코드를 표로 정리하면 아래와 같다.

	과거	현재	미래
동학	정신의 계승	고난의 현실	변화의 열망
	생명=본성	인간=실천	자유=평등
백수	고향	조국	시조
	근원=전통	가족=아내	혁신=희망

표로 정리된 사항을 정리하면 다음과 같다. 이를 논의의 결론으로 삼을 수 있다.

① 근원과 전통에 대한 애착이 고향으로 표현된 백수의 작품은 생명과 본성을 중시하며 정신의 계승을 강조하는 동학의 코드와 연결됨을 확인할 수 있다.

② 가족과 아내에 대한 애정과 조국에 대한 변함없는 관심이 표현된 백수의 작품 세계는 인간의 실천 문제와 고난의 현실에 대한 비판으로 이어지는 동학의 코드와 겹쳐짐을 확인할 수 있다.

③ 창의적 혁신을 멈추지 않은 동력으로 시조 장르의 변화와 발전을 모색한 백수의 노력은 자유와 평등으로 변화의 열망을 보인 동학의 코드와 맥락을 같이함을 발견할 수 있다.

김천 지역 동학농민혁명 전개 과정과 문화 콘텐츠 방안*

채 길 순 _ 소설가, 명지전문대학 문예창작과 교수

* 이 글은 2016년 11월 4일 김천에서 열린 〈동학의 글로컬리제이션(Glocalization): 1894년 경상도 김천의 동학농민혁명〉에서 발표되었으며, 『동학학보』 41집, 동학학회, 2016에 게재된 글을 수정 보완하여 게재한 것이다.

1. 들어가며

이 글은 김천 동학농민혁명사적 전개 과정을 살피고, 이런 역사적 사실을 효과적인 문화 콘텐츠를 통해 김천 지역 주민들과 이 지역을 찾는 사람들에게 '역사적 사실'을 널리 알리려는 데 그 목적이 있다. 특히 김천 지역 동학농민혁명사를 문화 콘텐츠화하기 위해서는 기초 역사 연구가 선행되어야 하며, 사회교육학적 관점에서 이 사실(史實)을 널리 교육하여 많은 사람들이 공유할 때 비로소 가치를 지니게 될 것이다. 역사적 사실의 효율적인 공유 방안이 곧 문화 콘텐츠 방안이 될 것이다.

지금까지 김천 지역 동학농민혁명사 연구는 일찍이 신영우에 의해 체계화되고 심층적인 연구[1]가 이루어졌지만, 학문적인 위치에 놓인 까닭에, 일반 시민들에게 공유될 기회는 별로 많지 않았다.

이 논의는 김천 동학농민혁명사적 전개 과정을 시기 혹은 사건별로 살피고, 문화 콘텐츠 방안을 제시하는 순서로 논의를 전개하고자 한다.

2. 김천 동학농민혁명의 진개 과정

1) 시대 사회적 배경

조선 후기 사회는 척신들의 세도정치로 말미암아 삼정의 문란, 관료와 이서(아전, 향리)의 착취가 만연하여 민심이 흉흉해져 가고 있었다. 게다가 철저하게 벼슬길이 봉쇄되어 있던 영남 남인들의 정치적인 소외로 인한 불만 지식인 계층이 두텁게 형성되어 있었다. 결국 조선 후기에 임술민란 · 진주민란 · 익산민란 · 개령민란 등 전국 각지에서 민란이 끊임없이 일어났으며, 특히 삼남(경상 · 전라 · 충청) 지역이 심했다. 민중들은 그때마다 엄청난 희생을 치르면서 '지도 이념이 없는 민란의 한계'를 절실하게 깨닫게 되었다.

이 시기에 최제우가 신분과 적서 차별이 없는 동학을 창도했고, 동학은 민중을 중심으로 들불처럼 번져 갔다. 동학교도 수가 급속도로 늘어나자 위기를 느낀 조정에서는 창도주 최제우를 대구 관덕정에서 효수했다. 그러나 민중의 가슴에 새겨진 동학의 불씨는 꺼지기는커녕 2세 교주 최시형에 의해 빠르게 확산되었다.

이와 같이 경상도는 동학의 발상지이며, 강원 · 충청 · 전라 · 경기도로 동학 교세 확장을 위해 기틀을 다진 곳이었다. 그리고 경상도 지역에서는 동학 창도 과정에서부터 포교 과정, 동학농민혁명 시기에 여러 지역에서 수많은 동학교도의 시련과 희생이 있었다. 특히 동학교도가 많았던 지역이었던 만큼 동학농민혁명 시기에는 경상 북부 지역과 남서부 지역을 중심으로 치열한 투쟁 활동이 전개되었다.

경상 북부 지역인 선산 · 예천 · 상주 · 김천은 최시형의 도피처이자 주요 포교지역이었다. 이에 따라 동학농민혁명 시기에 이 지역은 동학농민군의 투쟁활동이 두드러졌다.

1862년, 김천의 이웃 고을 개령에서 민란이 일어났다. 이는 1862년 2월 진주에서 민란이 일어나자, 거창 · 선산 · 상주 · 성주 등 인근 고을로 들불처럼 번지더니 순식간에 삼남 지방을 휩쓸었다. 개령민란도 이런 일련의 사건 중 하나였다. 이 사건을 더 살펴볼 필요가 있겠다. 1862년 4월 7일, 김규진이 개령의 관기를 바로잡고 민폐를 없애겠다는 격문을 뿌렸다. 현감 김후근이 김규진을 잡아 옥에 가뒀다. 이에 격분한 개령 농민 수천 명이 4월 17일 배시내 장터[2]에 모여 이속들과 한통속인 배시내의 부자 박경주를 잡아 박살하고, 관아로 쳐들어가자 현감 김후근은 이를 알고 도망쳤다. 성난 농민들이 관아 옥문을 부수고 김규진과 죄수들을 방면했다. 이어 이방 우학능 · 수교 우해룡 · 하리 문진기 등 다섯 사람을 처단하고, 동헌에 방화하여 전세와 환곡에 관한 장부를 불살라 버렸다. 이어 관 앞잡이로 치부한 구영택 · 김정부 등의 집을 불사르니 그 수가 50여 호에 달했다. 이처럼 상황이 심각해지자 지방 선비들이 수습에 나서서 조정에 상소하여 개령현을 추스를 후임자 임명을 요청하는 한편, 경상 감찰사까지 책임을 지고 물러나게 했다. 이에 조정에서는 안동 부사 윤태경을 안무사로 개령에 급파하고, 개령 현감 이종상을 후임으로 임명하여 민란을 수습했다.[3]

2) 동학 포교 시기

김천은 최시형이 1880년 초기부터 동학 포교로 기반을 튼튼히 다져 둔 곳이었다. 참나무(眞木, 진목) 마을에 동학 지도자 편보언(片甫彦)이 대표적인 예다.

김천 지역에 동학이 처음 포교된 시기가 언제인지는 확인할 길이 없으나, 창도주 최제우의 재세 시기에 김천을 수시로 왕래했다는 기록도 있고, 1862년 대구 감영을 떠난 조정의 최제우 압송 행렬이 애초에 김천을 지나 추풍령을 넘어 상경하려고 했으나, 동학교도들이 이미 알고 항의를 하기 위해 추풍령 고갯길에서 기다리고 있다는 소문을 듣고 상주를 거쳐 보은 길을 택한다. 이 시기에 김천 혹은 영동·황간 지역에 동학교도가 있었을 것이라는 추측은 가능하나 확인할 길은 없다.

구체적인 포교 기록은 1889년 11월에 최시형이 충청도 지역에서 관의 지목이 심해지자 이를 피해 경상도 경계를 넘어 구성면 복호동(큰북땅골) 김창준 가에 은신했다."는 기록에서 만날 수 있다. 최시형은 복호동에 이듬해 3월까지 머물면서 남녀평등 사상을 담은 내수도문(內修道文)과 태교에 관한 실천 항목인 내칙(內則)을 만들어 반포했다. 내칙은 주로 태아교육(胎兒教育)에 중점을 두었고, 내수도문은 부인수도(婦人修道)에 중점을 둔 교훈이다. 아녀자를 대상으로 하여 쉽고 평이하게 씌어져 친근감이 가는 글이다. 현재 이곳에 천도교 복호동수도원이 있고, 마을 어귀에 내칙 내수도문 반포 기념비가 서 있다. 참고로, 동학농민혁명이 끝난 시기에 동학교도였던 김구가 도피하여 이곳에 머물렀다는 증언이 있다.[4]

이후 최시형의 김천 포덕에 관한 기록은 "1893년 7월 배성범(裵聖凡) 가에 피신해 있었다."에서 확인된다. 당시 최시형은 "손병희·손천민이 찾아오자 장남 덕기(10월에 청산 문바위에서 병사)를 김천의 편겸언(片兼彦) 가로 딸려 보냈다."고 했다.

1893년 가을까지 각기 독자적으로 동학 포교를 확대해 나가던 계열로는 상주·선산·영동에 근거를 가진 대접주 조직들이 있었다. 이들 조직은 각 충경포(忠慶包)·상공포(尙公包)·선산포(善山包)·영동포(永同包) 등이었다.[5]

3) 보은취회 등 교조신원운동 시기

김천 지역에 동학의 교세가 확장된 시기는 다른 지역과 마찬가지로 1893년 보은취회 이후로 보인다. 특히 보은취회 시기에 특이한 기록이 보인다. 『경상도고성부총쇄록(慶尙道固城府叢鎖錄)』에 "… 듣건대 작년(1893) 보은에서 소란이 있은 후 비류들은 점점 치열해져서 혹은 호남에 취당했다 하고 혹은 지례(현 김천시 부항면 해인리) 삼도봉(三道峰)[6] 아래 둔결했다고 하며, 혹은 진주 덕산의 소굴에 있다는 설이 낭자하다." 했다. 이는 보은취회에서 흩어져 돌아가던 전라 · 경상 지역 동학교도가 의기투합되어 모였던 것으로 보인다.

4) 1894년 동학농민혁명 초기 동학교도의 움직임

김천은 지리적으로 경상 · 전라 · 충청도 사통팔달(四通八達)의 지역이어서 동학농민혁명의 소문이 비교적 빠르게 전달되는 길목에 위치하고 있다.

『동학농민혁명 약사』에 따르면 전라도 지역에서 동학농민군이 떨치고 일어섰다는 소문을 접하자, 하층 농민들을 괴롭히던 양반 지주들은 3월 말부터 이들의 보복에 시달리고 있었다. 1894년 4월에 김산 군수는 이 지역의 동학농민들이 호남의 동학농민군 세력과 연계될 것을 두려워하여 동학교도 20여 명을 예비검속으로 체포하여 대구 감영으로 이송했다. 이 중에 세 명은 품 속에 동학 주문을 지니고 있다가 적발되기도 했다.[7]

5) 1894년 동학농민혁명 시기 동학농민군 활동

1894년 봄에는 김천 인근 군현에 거점을 둔 4개의 대접주 조직이 계파를 형성하고 있었다. 지역 동학교도들은 별스런 움직임 없이 전라도 동학농민군의 동향을 관망하고 있었다. 1894년 8월 초가 되자 그중 가장 세력이 컸던 편보언 접주가 교통의 요지인 장터에 도소를 설치했다. 편보언은 대항면 죽전의 남연훈과 함께 김천 지역의 대표적인 두령으로 기록되고 있는데, 최시형 2세 교주의 지시가 편보언에게 직접 전달되는 것으로 보아 남연훈은 편보언의 포 조직에 속한 것으로 보인다. 이들은 각 면과 각 동에 포접 조직을 두고, 김천 장터에는 집강도소를 두어 통솔했다. 도소의 우두머리를 도집강이라 칭했는데, 이들은 동학교도를 늘리고 사회 개혁을 추진하는 데 힘썼다.

김천에서 활동한 동학농민군 중에는 전라도 지역처럼 폐정개혁을 주도하던 이들도 있었는데, 전천순(全千順)과 김원창(金元昌)이 그들이다. 이 시기에 김천 지역 동학 지도자 중에 양반과 관의 위력에 버금가는 동학 지도자로 죽전(대항면 덕전리)의 남연훈, 참나무(진목, 어모면 다남리)의 편보언·편상목·편겸언[8] 등이 있었다. 이들은 상급 양반, 더 나아가서 관의 위력을 대신하고 있었다.[9]

당시의 이 지역 동향을 기록한 『세장연록(歲藏年錄)』에 따르면, "동학에 들어가면 유사를 나누어 정했는데, 그 직임은 접주·접사·대정·중정·서기·교접·성찰 등이다. 이 가운데 성찰은 총으로 무장하고서 마을을 돌며 발포하고 '성찰!'이라고 소리 지르면 양반 지주들은 겁에 질려 오금을 못폈을 만큼가장 두려운 존재였다."라고 하여 당 시기의 동학농민군의 위세를 짐작할 만하다.

군위 · 의흥 지역 동학농민군의 움직임은 신석찬이 지은 『창암실기』[10]에 기록되었다. 『창암실기』 9월 초 5일 일기에 따르면 "김산(金山) · 상주(尙州) 등지에서 군도(群盜)가 취산(聚散)하면서 바야흐로 약탈하며 돌아다닌다고 한다."라는 기록으로 보아 9월 초에 김천 · 상주 지역은 이미 동학농민군이 장악하고 있었던 사실을 알 수 있다.

9월 24일에 최시형의 재기포령이 김천에 전달되자 편보언은 각 지역 접주들에게 이를 즉시 알리고 무장투쟁에 들어갔다. 강주연은 죽정(경북 김천시 조마면 신안리)에서, 배재연은 신하에서, 김정문은 기동(耆洞, 구성면 광명리 하촌, 조마면 신안리)에서, 강기선은 하기동에서, 권봉제는 장암(조마면 장암리)에서, 조순재는 봉계(봉산면 예지리)에서, 장기원은 공자동(대항면 공자동)에서 각각 동학농민군을 무장시키고 본격적인 투쟁 활동에 나섰다. 이들의 면면을 보면 김천의 양반 계층들도 놀랄 만한 양반 계급의 인물들이었다. 우선 명가의 일원들인 강기선과 조순재가 대표적인 예다. 강기선은 정조 · 순조대 김천 양반 사회에서 가장 높은 관직에 올라 이름이 높았던 강석구(姜碩龜)의 현손이었다. 조순재는 봉계에 터를 둔 거족 대가였고, 선달로 불리던 장기원과 배재연은 신하의 양반 대지주였다.[11]

동학농민군은 주로 부농과 지주들에게 강요해서 거병 경비를 거둬들였는데, 이 과정에서 곤욕을 치른 보수 양반 세력이 많았다. 『세장연록』에 따르면 "동학농민군은 투력 강화와 군량 · 군마를 모으려고 고을 안을 뒤졌다. 산간 작은 마을에까지 뒤졌고, 양반 지주 집에서는 한 푼의 돈, 한 자의 베까지 모두 가져갔다."고 했다.

이 지역은 특히 이웃 고을에서 넘어온 동학농민군의 횡포가 심했다는 보수 집단의 기록이 보이는데, 김재덕 · 김성봉 · 이홍이 등은 성주 · 금산 · 황간 · 영동에 근거지를 둔 이들이라 했다. 타 지역에서 들어온 이들의 약탈이 특히 심했다고 기록하고 있다. 지례의 여영조 · 여승룡 등은 동학농민군의 보복이 두려워 피난 생활을 해야 했다. 양반 보수층이 민보군을 결성하여 견제하기에는 김천의 동학농민군 세력이 너무도 막강했던 것이다. 이 시기에 김천 지역에 동학농민군의 피해를 입은 양반 지주로는 봉계의 조시영(曺始永) · 기동의 여영필(呂永弼) · 여연용(呂涓龍) · 배헌(裵憲) 등이 있다. 이들은 재물만 뺏긴 것이 아니라 종래 상상도 못 하던 모욕까지 받았다. 이런 피해에도 양반들은 민보군 조직에 나설 엄두를 못 내고 있었다.[12]

김천 일대에 결집한 동학농민군의 첫 번째 공격 목표는 선산 관아와 해평의 일본군 병참부였다. 9월 22일, 주변 여러 고을의 동학농민군과 연합하여 선산 읍성 공격에 나섰다. 선산 읍성 공격에 앞장선 김천 지역 동학지도자는 편보언과 남연훈이었다. 당시 김천 시장에 모여 선산으로 향하는 행군은 실로 장관이었다. 여러 개의 장대에 많은 깃발을 달아 앞세운 대열은 장터에서 들판 끝까지 늘어섰다고 한다.

선산 읍성 공격은 기동 접주 김정문이 앞장섰는데, 일단 선산 읍성을 점령하는 데는 성공했다. 동학농민군은 여세를 몰아 해평의 일본군 병참부를 공격하기로 계획했으나, 전날 새벽에 일본군이 기습 공격을 해 왔다. 이는 선산 향리들이 미리 일본군에게 모든 기밀을 알렸기 때문이었다. 동학농민군은 당황하여 일본군의 공격에 변변히 저항도 못하고 수백 명의 전사자를 내고 흩어지고 말았다. 김천 김정문 접소의 동학농민군 15명이 죽었다.

한편, 접주 강기선은 김천에 남아 하기에 접소를 설치했다. 이는 김천 시장에 설치했던 도소를 대신하여 민정 기관인 집강소를 총괄하는 동시에 출전한 동학농민군의 군수물자 조달 임무를 맡은 것으로 보인다.

선산 읍성에서 패한 동학농민군은 선산에서 물러나 김천으로 회귀하여 각 도소에 재집결했고, 일본군과의 전투를 명분으로 군량과 군비 모집에 나섰다.

6) 1894년 동학농민혁명 시기 경상 감영 및 향촌 보수 집단의 대응

경상 감사 조병호는 김천 · 선산 · 상주 읍성이 함락되었다는 소식을 듣고 남영병의 파견을 서둘렀다. 경상 감영에서는 9월 26일 병졸 220명을 선산에 보내어 동학농민군을 수색하여 포박했으며, 10월 5일 개령을 거쳐 김천으로 들어왔다.

경상 감영에서는 10월 하순에 동학농민군 공격에 대비하여 다시 남영병을 배치했는데, 특히 대구로 내려오는 길목인 김천과 지례, 거창과 안의 지역에 집중되었다. 김천에는 초관 장교혁이 거느린 남영병 100명이 김천 장터에 머물렀고, 지례에는 초관 이완근이 거느린 남영병 77명이 주둔했다.

이로써 김천 일대에는 동학농민군 활동이 사라지고 향내는 다시 양반 지주의 세상으로 돌아갔다. 그러나 호남과 인근 영동 · 무주 등지에서는 동학농민군의 활동이 여전히 빈번했고, 호남의 동학농민대군이 영남을 노리고 있어 안심할 수는 없었다. 11월 하순에 보수 향반 세력은 동학농민군을 진압하기 위해 김천에 소모영을 설치하고 급히 소집한 군정을 동원하여 요지에 배치하는 한편, 남영병 100명 · 성주병 120명 · 선산병 60명을 지원받았다. 당시 보수 집단 기록에 "김산 소모사 조시영은 동학난의 후유증을 최소화하기 위해 노력하여 밖으로는 병위를 과시하면서도 안으로는 은의를 베풀어 가담자라 할지라도 귀화하면 불문에 부쳤다."고 했다.

12월 12일, 최시형 · 손병희가 이끄는 북접 동학농민군이 장수 · 무주로부터 북상한다는 소문을 접한 경상 감영에서는 다시 영관 최처규에게 남영병 165명을 주어 칠곡을 거쳐 김천으로 출병하게 했다. 이들의 출병 목적은 손병희가 이끄는 북접 동학농민군이 추풍령을 넘어 경상도 경계로 넘어오지 못하도록 방어하는 것이었다. 이같이 다급한 정황은 『창암실기』에서도 보이는데, "본 읍 군병 200명을 즉각 조발하여 이달 19일 안으로 일제히 행도소 김산 지경에 대령하라."는 토포사의 다급한 전령이 경상 북부 지역까지 내려진 것으로 보아 이 지역 보수 세력이 다시 긴장했음을 알 수 있다. 알려진 사실처럼, 손병희가 이끄는 동학농민군은 무주·영동을 거쳐 황간에 이르러 경상도 경계를 넘지 않고 청산·용산을 거쳐 보은북실로 들어갔다가 2천 600여 명의 사상자[13]를 낸 채 패주했다.

김천 소모영은 동학농민군이 완전히 진압된 1895년 1월 22일에 철폐되고, 소속 민보군 2백 명을 김천 관아에 넘겨주었다. 소모사 조시영은 뒷날 『갑오군공록』에 올랐고, 그 공으로 지방 제도 개편 시기에 진주 관찰사에 임명되었다.

7) 관 일본군 및 보수 집단의 동학농민군 토벌 과정과 참여자

앞에서 본 바와 같이, 경상 감영 남영병이 김천에 들어온 것은 10월 5일이었다. 도소가 있는 김천 시장에 남영병이 들어왔지만 동학농민군은 아무런 저항도 하지 못한 채 도집강 편보언은 달아나고 동학농민군은 사방으로 흩어졌다.

영장 최처규는 동학 접주와 협력자의 이름을 써서 내걸고 체포에 나섰다. 6일에는 기동의 동학농민군 지도자 강기선을 잡으러 남영병 1대를 보냈으나 그의 사돈 김태화의 접 소속이던 구곡동 집에 은신해 있어서 잡지 못하고 있다가, 김태화를 붙잡아 심문한 끝에 장암에 숨어 있는 강기선을 체포했다. 김태화와 함께 김천 영장소로 끌려간 강기선은 곤장 12대를 맞은 뒤 총살되었다. 여기에는 일화가 있다. 강기선의 가족이 영장소에 손을 써서 총소리가 들리면 총 맞은 척하고 쓰러지면 살아날 수 있다고 약속했는데, 총소리가 나자 도리어 강기선은 "동학 만세!"를 외치므로 다시 쏜 총에 맞아 죽었다고 했다. 처형 장소는 까치골(현 김천시 지좌동, 성의중종고 뒤)로 알려졌다.

다음은 양반 출신 접주 조순재를 잡으려고 남영병 군사들이 봉계로 갔다. 미리 알아차리고 도피한 뒤여서 잡지 못했는데, 뒷날에도 그를 잡으려고 힘쓰지 않았다. 이는 그의 종숙 조시영이 동학농민군을 토벌할 임무로 설치된 민보군의 소모사(召募使)였기 때문이었다. 10월 7일에는 민보군이 공자동으로 출동했으나 접주 장기원을 비롯한 촌민 모두가 피신해서 접소를 포함하여 가옥 7채를 불태웠다. 8일에는 지례에 들어가 동학농민군 4명을 붙잡아서 처형했다.

김천 지역 동학농민혁명 참여자 명단을 보면 다양한 계층 출신이 특징이다. 김천 지역의 대표적인 동학 지도자는 편보언(片甫彦)으로, 1894년 8월 김천 장터에 도소를 세우고 도집강이 되어 활동하다 상주로 피신, 그곳에서 일본군에 붙잡혀 타살되었다.[14] 이 밖에 김천 지역 접주로 동학농민군을 이끌었던 지도자로는 권학서(權學書)·배군헌(裵君憲)·장기원(張箕遠)·조순재(曺舜在)·김정문(金定文)·강주연(康柱然)·편백현(片白現)·남정훈(南廷薰) 등이 있다. 이 중 남정훈은 12월 25일 체포되어 총살되었다. 김태화(金太和)는 10월 6일 체포되었고, 이주일(李柱一, 수접주)과 강화영(姜火永, 접주)은 같은 날 총살되었다. 이들이 처형된 장소는 앞에서 밝힌 강기선의 처형 장소인 까치골이었을 가능성이 크다.

이 밖에도 일본 제1군[15] 후비보병 18대대 소속 미야모토 다케타로(宮本竹太郎) 소위의 편지와 구스노키 비요키치 상등병의 종군일지에 따르면 "12월

18일 경상도 개령의 관리들이 동학교도라는 이유로 수십 명을 총살했다."는 기록이 나온다. 그리고 다음 날인 12월 19일에는 "김천에서 동학농민군 10명을 체포하여 죽였다."고 기록하고 있어서 김천 지역 토벌 기록과 거의 일치하고 있다.

8) 김천 지역 동학 및 동학농민혁명 주요 사적지

● 삼도봉 동학교도 둔취 터 및 전 경상 감사 이용직 귀양 집터 : 1893년 보은취회 뒤에 삼도봉 아래에 모였다(현 부항면 해인리).

● 편보언 가, 최시형 은거지(현 어모면 다남리2길 771, 참나무골).

● 천도교 복호동수도원, 최시형 은거지이자 내칙 반포 터 : 뒷날 동학교도였던 김구가 은거했다고 알려졌다(현 구성면 용호리 295번지).

● 김산 집강소 터 : 도집강 편보언이 1894년 도소를 설치하고 김천 일대에 폐정개혁을 수행했다(현 황금시장).

● 동학 지도자 강기선을 비롯한 많은 동학교도가 처형되었다(현 지좌동 까치골, 성의중종고 뒤).

● 동학 접주 조순재 근거지, 김산 관아 터, 김산 소모사 조시영(曺始永) 세거지 및 소모영 자리(현 봉산면 예지리, 봉계).

● 김산 소모영 민보군의 추풍령 방어지(현 영동군 추풍령면, 김산군 황금소면).

3. 김천 동학농민혁명사 문화 콘텐츠 방안

여기서 문화 콘텐츠란 시 · 군청 등 지방자치단체 홈페이지에 소개되거나 운영되고 있는 지역 동학농민혁명과 관련된 관광 · 역사 · 문화 · 생활정보 분야에 국한하여 논의하고자 한다.

먼저, 지역 역사의 저변 확대를 위해서는 향토사 연구 기반 조성이 우선 되어야 하며, 시민 교육 과정이나 정보 공유 방안을 위한 효과적인 홈페이지 활용 방안이 모색되어야 한다. 여기서는 인터넷 공간 배치나 운영 프로그램 과정이 문화 콘텐츠 방안의 핵심이다. 위의 문제를 바탕으로 문화 콘텐츠 방안 몇 가지를 단계별로 제안하면 다음과 같다.

첫째, 김천 지역 동학농민혁명사 자료들을 시청 홈페이지에 올려서 시민 및 시민단체들의 자발적인 학습 참여와 실천을 유도하는 방안이다. 이는 학술세미나와 같은 행사가 동시에 진행된다면 더 효과적일 것이다. 이에 대한 사례로는 정읍시청 홈페이지를 들 수 있을 것이다.

둘째, 김천 지역 동학농민혁명사 관련 사적지에 대한 기념 표지판이나 표지석을 제작해야 한다. 이는 시민단체와 지자체에서 공동으로 기획한다면 일반 시민들의 자발적인 참여를 기대할 수 있고, 동학농민혁명의 역사를 인식시키는 데 효과적일 것이다.

셋째, 지역 문화 관광 정책의 일환으로 관광 코스를 개발하는 것이다. 이는 현재 개발되어 있는 김천 지역의 공원 시설인 만남의 광장 · 양금폭포 · 덕곡 체육공원 · 자산공원(성내공원) · 무궁화공원 · 조각공원 · 강변공원 · 환경공원과 연계하거나 근접성을 활용한 역사 문화 공간을 재구성하거나 새롭게 조성해도 좋을 것이다.

넷째, 김천 동학농민혁명의 사적지를 중심으로 역사 체험의 답사 코스를 개발하는 일이다. 이는 체계적인 향토사학의 연구 기반이 조성되고, 기념표지판 · 기념표지석 등으로 일반 시민들의 역사 인식이 환기된 바탕에서 이루어진다면 더 효과적일 것이다.

다섯째, 기획이 가능한 문화 콘텐츠를 개발 단계를 거치고, 이를 홈페이지에 탑재하는 것이다. 더 구체적인 방안이라면 김천 동학농민혁명 전개 과정을 스토리텔링화하여, 공유 대상의 연령이나 교육 수준에 따라 김천 지역 동학농민혁명사 안내 소책자 · 김천 동학농민혁명 테마 관광지도 · 리플렛 · 만화 · CD매체 · 다큐멘터리 동영상 등 다양한 문화 콘텐츠로 제작하여 이를 직접 보급하거나 인터넷을 통해 소개해야 한다. 현재 김천 지역 관광지도에는 동학농민혁명사가 전무한 실정이다. (아래 지도 참조)

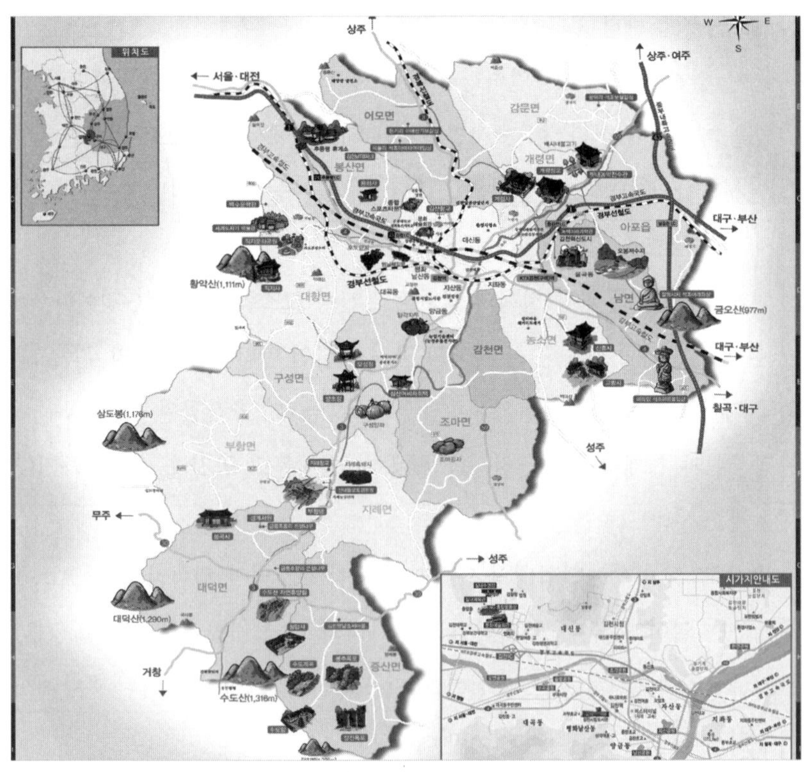

현재의 김천 지역 관광 지도에는 동학농민혁명사가 없다

4. 나오며

지금까지 김천 지역 동학농민혁명을 전후한 시기의 동학 포교 과정과 활동을 고찰하고, 문화 콘텐츠 개발 방안에 대해서 살폈다. 모든 문화 콘텐츠 정보는 인터넷이나 스마트폰을 통해 빠른 속도로 확산된다. 그렇지만 널리 알려지게 되었더라도 일정 시기가 지나면 관심 밖으로 빠르게 밀려나 외면당하기도 한다. 김천 지역 동학농민혁명사에 대한 지속적인 관심을 위해서는 문화 콘텐츠의 체계적인 시스템 구축과 관리가 필요하다.

당장 시급한 과제는 김천 지역 동학농민혁명사 연구이며, 이를 토대로 사적지 안내판이 설치되고, 지역 문화 관광 코스가 개발되어야 한다. 이어 다양한 문화 콘텐츠로 제작되고 보급되어야 한다.

이 논의는 김천 지역 동학농민혁명사의 큰 흐름을 좇다 보니 주변 지역 동학농민군 활동과의 연계를 밝히지 못했다. 뒷날의 과제로 남겨 둔다.

사진1. 황금시장에서 바라본 김천의 주산 남산. 동학농민혁명의 역사적 사실을 아는 사람은 많지 않다.

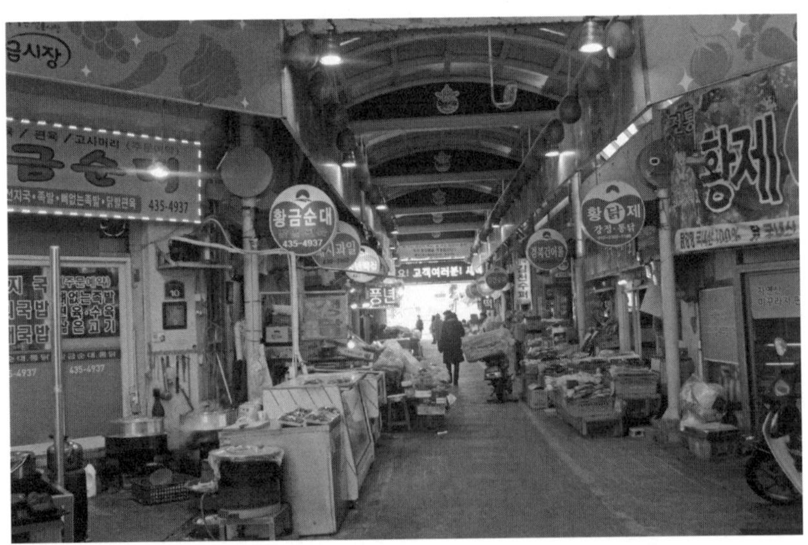

사진2. 김천 지역 대도소 자리였던 황금시장

사진3. 편보언이 대도소를 차렸던 황금시장에서 본 감천. 동학농민혁명 시기에 김천 동학농민군은 이 개울을 건너 선산읍성 공격에 나섰다

사진4. 최시형의 도피처였던 복호동. 동학농민혁명 이후 김구도 이곳에 물렀다

사진5. 용호리 와룡(와룡). 왓숫골. 옛날 김해 김씨가 살면서 숲이 우거져 있다고 왓숫골이라 했다. 또 마을 뒷산 산세가 용이 누워 있는 형상이라고 해서 와룡이라 불렀다.

사진6. 참나무골은 편보언의 동학 활동지이자 최시형의 은거지였다.

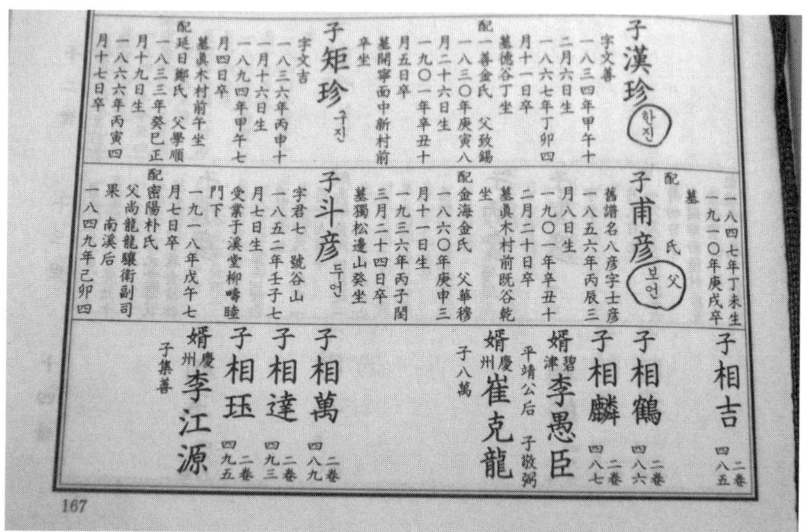

一八四七年丁未生
一九一〇年庚戌卒
墓

子漢珍 (한진)
字文善
一八三四年甲午十
二月六日生
一八六七年丁卯四
月十一日卒
墓德谷丁坐
配一善金氏 父致錫
一八三〇年庚寅八
月二十六日生
一九〇一年辛丑十
月五日卒
墓開寧面中新村前
辛坐

子矩珍 (구진)
字文吉
一八三六年丙申十
一月十六日生
一八九四年甲午七
月四日卒
墓眞木村前午坐
配延日鄭氏 父學順
一八三三年癸巳正
月十九日生
一八六六年丙寅四
月十七日卒

子甫彦 (보언 父)
舊譜名八彦字士彦
一八五六年丙辰三
月八日生
一九〇一年辛丑十
二月二十日卒
墓眞木村前旣谷乾
坐
配金海金氏 父華穆
一八六〇年庚申三
月十一日生
一九三六年丙子閏
三月二十四日卒
墓獨松邊山癸坐

子斗彦 (두언)
字君七 號谷山
一八五二年壬子七
月七日生
受業于溪堂柳疇睦
門下
一九一八年戊午七
月七日卒
配密陽朴氏
父尙龍 龍驤衛副司
果 南溪后
一八四九年己卯四

子相吉 二卷 四八五
子相鶴 二卷 四八六
子相麟 二卷 四八七
壻碧津李愚臣 平靖公后 子敬弼
壻慶州崔克龍 子八萬
子相萬 二卷 四八九
子相達 二卷 四九三
子相珏 二卷 四九五
壻慶州李江源 子集善

167

사진7. 참나무골 편보언 대접주의 『절강편씨 족보』. 편보언은 동학농민혁명 당시에 상주에서 붙잡혀 일본군에 의해 타살되었으나 족보에는 1901년 12월 20일 사망으로 되어 있다.

사진8. 참나무골 편보언 대접주의 행적을 증언한 후손 편사열 씨(오른쪽은 편사열 씨, 왼쪽은 선산 동학농민전쟁유족회 회장 한명수 씨. 한명수 씨는 김천 지역에서 넘어온 동학농민군이 선산 읍성을 공격했다고 증언했다.)

사진9. 구미시 해평면 해평리 쌍암고택. 김천 지역에서 넘어온 동학농민군이 선산을 공격하기 전에 이곳에 머물렀다고 증언을 한다. 또, 동학농민혁명 당시 이곳은 일본군 사령부로 사용되었다.

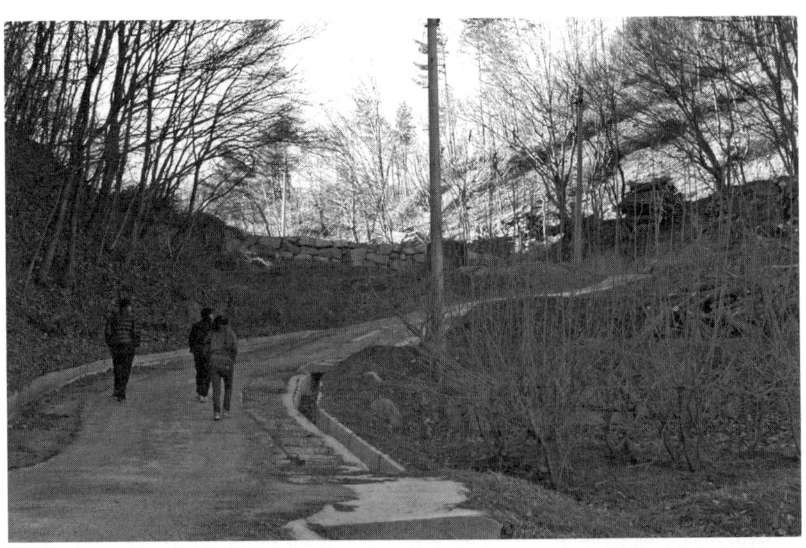

사진10. 선산 읍성. 김산 · 선산 · 성주 · 예천 지역의 동학농민군이 선산 읍성을 함락했으나 다음 날 새벽에 일본군의 기습으로 많은 희생자를 낸 채 물러났다.

사진11. 삼도봉 가는 길(김천시 부항면 해인리). 1893년 보은취회가 끝나고 돌아가면서 이곳에 동학교도들이 모여 시위를 했다.

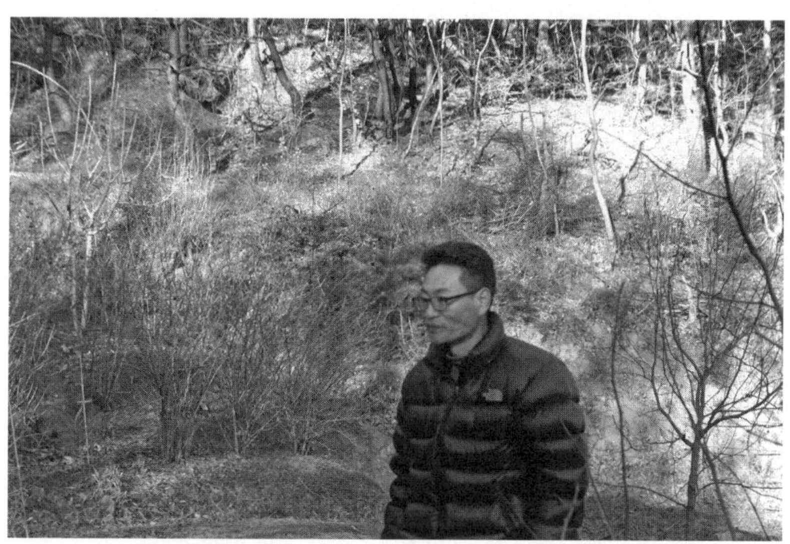

사진12. 삼도봉 아래 전 경상 감사 이준용의 지례 첫 귀양지 집터. 고종과 6촌 사이로, 패악이 심한 행적으로 경상 · 충청 지역에 악명을 떨쳤다. 뒷날 귀양지를 영동 · 밀골을 거쳐 용산 수석리로 옮겼다.

사진13. 동학 접주 조순재 근거지, 김산 관아 터, 김산 소모사 조시영(曺始永) 세거지 및 소모영 자리(현 봉산면 예지리, 봉계)

사진14. 김산 소모영의 민보군의 추풍령 방어지(현 영동군 추풍령면, 김산군 황금소면)

인간 유한성 극복의 단초로서의 동학사상

김 영 철 _ 동국대학교 파라미타칼리지 교수

1. 들어가는 글

오늘날 한국인이 추구하는 삶은 웰빙(Well-being)이다. 웰빙은 육체와 정신의 건강하고 조화로운 결합을 추구하는 새로운 삶의 방식이다. 이는 일견 건강하게 그리고 행복하게 살고자 하는 현대인의 열망이 반영된 삶의 목적을 뜻하는 것처럼 보이지만, 그 이면에는 궁극적인 목적, 즉 완전한 행복에 대한 갈망이 놓여 있다. 그래서 인간은 자신이 행복해지고자 여러 가지 방법으로 많은 노력을 한다. 어떤 사람들은 육신을 건강하게 하기 위해 헬스 등을 하면서 많은 시간과 돈을 투자한다. 또 어떤 사람들은 정신을 건강하게 하기 위해 명상하기 등의 방법을 사용하기도 한다. 방법은 다를지라도 이들은 모두 행복한 삶을 영위하고자 노력을 한다는 공통점이 있다.

하지만 인간이 행복을 갈망한다는 것은 역설적으로 현재의 인간이 행복하지 못하다는 의미이기도 하다. 인간이 행복하지 못하다는 것은 결국 인간이 부족하다는, 즉 결함이 있거나 불완전하다는 생각과 연계되어 있기 때문일 것이다. 이는 결국 인간 유한성의 문제와 연계되며, 인간 행복의 키워드는 결국 인간 유한성의 극복이 된다. 인간은 생명의 유한성을 지닌 존재이기도 하다. 이는 곧 죽음을 전제로 한 존재임을 의미한다. 그래서 키에르케고르는 인간을 '죽음에 이르는 존재'라고 정의한다. 말하자면 인간이 태어났으면 반드시 죽는다는 것은 유한한 생명으로서의 인간이 겪어야 할 필연성을 뜻하는 것이다. 얼핏 이러한 인간의 필연적 유한성은 인간의 무능함을 의미하는 것 같지만, 인간은 자신의 유한성을 극복하고자 각양의 모습으로 노력한다. 그리고 이처럼 인간이 자신의 유한성을 극복하는 방법은 크게 두 가지의 양상으로 나타난다고 할 수 있다. 예컨대 자신 이외의 어떤 절대적인 존재에 의존하는 경향과 철저하게 자기 자신에게서만 그 대답을 찾고자 하는 경향이다. 전자의 경향은 종교적인 전통과 연결되어 설명될 수 있는데, 가장 대표적인 경향이 서양 그리스도교적 사유 전통이다. 후자는 철학적 인식 사유 전통, 즉 자기 인식의 문제와 연계되어 논의된다. 말하자면 인간은 자신의 유한성을 극복하는 방법을 찾기 위해 자기 자신과 직접적으로 대화하고자 한다. 이러한 경향은 한국의 근대 사상인 동학에서 잘 드러난다.

동학은 한국 근대 시대에 인간에 대한 새로운 이해 지평을 열었던 사상이다. 당시의 한국 사회는 인간에 대한 이해보다는 국가의 질서나 사회적 질서에 대한 이해가 선행하였다. 하지만 수운이 창시한 동학사상은 국가와 사회의 질서가 바로 서기 위해서는 인간에 대한 이해가 선행해야 함을 제시하였다. 즉 인간에 대한 올바른 이해를 바탕으로 국가나 사회의 이념이 형성되어야 그 사회가 올바르고 또한 그 구성원인 백성들이 행복해질 수 있음을 가르치는 선도적이면서도 지극히 당연한 논리를 제공하는 사상이었다. 이는 서양 근대국가의 형성 과정에서도 잘 드러난다. 예컨대 홉즈의 국가이론, 즉 사회계약론의 핵심도 올바른 국가의 정체를 형성하기 위해서는 인간 본성의 이해가 선행되어야 한다는 것이다. 말하자면 인간의 본성에 적합한 국가의 형태가 가장 이상적인 국가라는 것이다. 이는 국가보다는 인간의 행복이 우선되고, 국가는 단지 인간의 행복을 위한 수단에 불과함을 잘 보여주는 예인 것이다. 이것이 바로 근대국가의 발생 이유인 것이다.

수운의 사상에서도 이러한 인간의 행복에 대한 열망이 담겨 있다. 이는 인간 불행의 원인을 자신의 무지함에 두고, 인간이 행복해지기 위해서는 자신의 무지함에서 벗어나야 함을 강조하는 것이다. 말하자면 인간은 자신의 무지함으로 인해 무한한 존재인 자신을 유한한 존재로 간주하며 살고 있다는 것이다. 이러한 수운의 생각이 드러나는 것이 바로 시천주(侍天主)사상인 것이다. 그래서 수운은 인간에게 시천주의 의미를 역설하고, 그것을 이해시키고자 일생 동안 노력한 것이다.

수운의 시천주(侍天主)사상은 단순히 신으로서의 한울님을 이해하거나, 한울님의 이해를 통해 자신이 더 이상 유한한 존재가 아님을 인식하도록 하는 사상에 머무르지 않는다. 한울님의 이해를 통해 인간은 자신이 상실한 본성을 회복하고, 그로 인해 새로운 인간으로서의 존재론적인 전환을 요구하는 사상이다. 이는 인간이 더 이상 이 사회의 변방에 머무르는 존재가 아니라 이 사회를 개혁하여 주인으로 당당히 나서는 존재임을 일깨우는 사상인 것이다. 인간이 사회의 주인이 될 때 진정으로 자신의 본성을 온전히 회복하는 것이기 때문이다. 이를 위해 수운은 인간 내면에 존재하는 시천주(侍天主)의 자각을 강조하면서, 먼저 인간에게 인식론적으로 자신을 알도록 하고, 그로 인해 존재론적인 전환을 가능하게끔 유도하는 것이다. 그것이 바로 수운의 동학 정신이며, 천도교의 실천 수행의 방법이기도 한 시정지(侍定知)의 논리이기도 한 것이다.

본 논문은 인간 생명의 유한성을 극복하는 단초를 동학의 기본 사상에서 찾고자 시도한다. 인간 유한성의 문제를 해결하는 방법은 결국 자신을 반성하고 성찰하고, 더 나아가 성찰한 내용을 실천하는 과정에서 그 해결 방안을 찾아야 하고 또한 찾을 수 있다. 특히 이러한 문제를 잘 인식하고 그 해결 방안을 제시하고 있는 대표적인 사상가가 바로 동학의 창시자인 수운 최제우이다. 이는 곧 수운의 시(侍), 즉 모심[侍]에 대한 논의와 직접적으로 연계된다. 수운의 인간 생명의 유한성 문제는 시(侍) 자를 어떻게 해석하고 이해하는가에 대한 논의와 밀접하게 연계되어 있다. 인간의 유한성의 문제는 결국 자신의 유한성에 대한 질문을 스스로 던지고, 그 해결 방안을 스스로 찾아야 하는 문제이다. 그리고 이는 인식론적인 문제이면서 동시에 존재론적인 문제이기도 하다. 그러므로 이 연구에서는 이 모든 사람을 한울님을 모신 존엄하고 평등한 존재로 보고, 이를 시천주(侍天主)의 자각과 연계하여 논의하는 과정을 탐색한다. 수운의 시천주(侍天主) 가운데 시(侍)는 인간을 더 이상 유한한 존재로서 허락하지 않는다. 왜냐하면 시(侍)는 인간이 어떤 타자로서의 절대적인 존재를 그냥 모시고 있음을 의미하는 데서 그치지 않고, 모심의 자각을 통해 자신이 바로 신령하고 절대적인 존재인 한울님이 되기 때문이다. 즉 수운은 인간 내면의 자각을 통해 존재의 상승이 가능함을 주장한다. 이는 유한한 존재에서 무한한 존재로 상승함을 의미하며, 이 연구에서는 이러한 사상적 경향을 동학, 특히 수운의 사상에서 살펴본다.

2. 인간 유한성의 문제

인간 유한성은 서양 그리스도교적 전통에서 보면 절대자이자 불사불멸의 존재인 신과 분명하게 구별되어 나타난다. 그리스도교적 전통에서 인간은 자신의 유한성을 극복할 수 없다. 단지 절대자인 신을 받아들이고 그에게 의탁하여 어느 정도의 정신적인 위로를 받는 것으로 만족해야 한다.[1] 적어도 현세에서는 그렇다. 인간은 절대로 불사의 존재가 될 수 없다. 즉 생명의 유한성을 극복할 수 없다. 이는 단지 인간 생명의 유한성과만 연계되는 문제가 아니다. 인간은 인식론적인 면에서도 유한한 존재이다. 예컨대 아우구스티누스는 인간은 자신의 근원인 신으로서의 하느님을 알거나 인식하는 문제에서도 유한한 존재라고 말한다. 이는 인간이 존재론적인 의미에서 유한성을 지니는 데서 그치는 것이 아니라, 더 나아가 앎의 문제, 즉 인식론적인 측면에서도 유한성을 지니는 존재로 평가되는 것이다.

존재론적인 의미에서의 인간 유한성과 인식론적인 의미에서의 유한성의 문제는 현대의 철학적 인간학의 중심 문제이기도 하다. 예컨대 대표적 철학적 인간학자인 겔렌(A. Gehlen)은 인간의 유한성을 결함이란 개념으로 표현한다.[2] 말하자면 그는 유한한 인간을 결함을 지닌 생물, 즉 결여생물로 정의한다. 그리고 이러한 인간의 결함 혹은 결여라는 개념을 존재론적 논의와 인식론적 논의로 발전시킨다.

겔렌의 인간학에서 나타나는 존재론적 유한성의 문제는 크게 두 가지의 관점에서 논의된다.

첫 번째는 형태학적인 면에서의 유한성이다. 그는 형태학적으로 볼 때 인간은 고도로 발달된 감각기관을 가진 동물들에 비해서 감각기관이 덜 발달한 생물이라고 생각한다. 일종의 덜 발달되고 덜 특수화[3]된 원시적 생물, 즉 미숙한 생물이라는 것이다. 말하자면 인간은 형태학적으로 다른 생물과 비교할 때 필연적으로 결함생물일 수밖에 없다는 것이다. 인간이 결함생물인 이유는 몇 가지의 구체적인 예를 통해서도 쉽게 알 수 있다. 인간에게는 모피나 털 등과 같은 추위에 자신을 보호하는 보호 기제로서의 기관이 없다. 또한 사나운 동물, 즉 맹수 등으로부터 자신을 방어하고 보호하는 능력으로서의 특별한 감각기관도 없다. 예컨대 빠른 발이나 신속한 도주 능력도 없으며, 뿔이나 날카로운 이빨이나 발톱 등과 같은 것도 없다. 그 외에도 인간은 형태학적으로 치아 · 두개골 · 척추 · 손 등도 다른 생물에 비해 덜 발달되었다고 인간학자들은 주장한다.

두 번째는 생태학적인 면에서의 유한성이다. 이는 형태학적인 유한성에 기인한다. 즉 인간은 자신의 형태학적인 유한성으로서의 결함으로 인해 자신에게 주어진 환경, 즉 생태적 환경에 적응하지 못하는 결과를 초래한다는 것을 뜻한다. 예를 들어 동물은 인간과 달리 환경과 서로 긴밀한 대응 관계를 유지하고 있다. 그래서 동물은 환경에 잘 적응하면서 살고 있으며, 만약 환경이 동물에 적합하지 않으면 그곳에는 동물이 살지 않는다. 이는 특정한 동물은 특정한 환경에 살고, 특정한 환경에는 특정한 동물만이 살 수 있다는 것을 뜻한다. 이는 동물이 인간에 비해 형태학적으로 더 발달하고 진화한 존재이기 때문이라는 것이다. 하지만 인간은 형태학적인 유한성, 즉 결함으로 인해 주어진 환경, 즉 생존 환경에 잘 적응하지 못하고 불안한 삶을 영위하는 존재로 불행한 존재로 간주된다. 그래서 인간에게는 동물처럼 그 속에 적응해서 살 수 있는 자연적 생존 조건으로서의 생태적 환경이 없는 것이다. 이는 아이러니하게 긍정적으로도 생각할 수 있다. 왜냐하면 인간이란 종이 살 수 있는 특정한 기후나 토양 등이 존재치 않는다는 것은, 곧 인간은 모든 환경에서도 나름의 방식으로 살 수 있음을 의미할 수도 있기 때문이다. 예컨대 남극이나 북극에서도 살 수 있고, 평지나 고지 등에서도 살 수 있다. 그래서 인간은 지구 곳곳에서 살고 있을지도 모른다.[4]

겔렌의 인간학에서 나타나는 존재론적 유한성의 문제는 결국 인식론적인 유한성의 문제로 귀결된다. 정확히 표현하면 지각 능력의 유한성 문제이다. 인간은 살면서 온갖 것을 경험한다. 그리고 그것들을 지각 능력으로 이해하고자 한다. 하지만 인간의 지각 능력은 세상의 온갖 것들을 이해하고 지각하기에는 많이 부족하다. 그래서 인간은 지각해야 할 많은 것들이 인간을 향하여 쏟아져 밀려들어오면 어떻게 하지 못한다. 즉 지각 대상을 분별

하고 판단하지 못한다.[5]

인간 유한성을 극복하기 위한 노력은 실상 다양한 모습으로 행해졌고, 지금도 행해지고 있다. 오늘날은 발전하는 과학기술과 연계되어 그 행위가 드러나고 있다. 특히 의료기술의 발전으로 인한 인간 생명의 연장 등으로 그 행위의 모습이 나타난다. 물론 종교 행위를 통해 극복하고자 하는 모습을 여전히 많이 볼 수 있다. 하지만 인간 생명의 유한성의 문제는 결국 자신의 유한성에 대한 질문을 스스로 던지고, 그 해결 방안을 스스로 찾아야 한다.

3. 수운사상에서 나타나는 인간 유한성 극복의 단초

인간 유한성의 문제를 해결하는 방법은 결국 자신을 반성하고 성찰하고, 더 나아가 성찰한 내용을 실천하는 과정에서 찾아야 하고 또한 찾을 수 있을 것이다. 이러한 사상적 경향은 동서양의 많은 사상가들에서 발견할 수 있지만, 한국의 근대 사상을 대표하는 동학사상에서 잘 드러난다. 특히 이러한 문제를 잘 인식하고 그 해결 방안을 제시하고 있는 대표적인 학자 가운데 한 명이 바로 동학의 창시자인 수운 최제우이다.

수운의 인간 생명의 유한성 문제는 '시(侍)'를 어떻게 이해하는가에 대한 논의와 밀접하게 연계되어 있다. 수운은 모든 사람이 한울님을 모신 존엄하고 평등한 존재인데, 이는 시천주(侍天主)를 자각함으로써 알 수 있다고 말한다. 수운의 시천주(侍天主) 가운데 '시(侍)'는 인간을 더 이상 유한한 존재로서 허락하지 않는다. 왜냐하면 '시(侍)'는 인간이 타자로서의 절대적인 존재를 그냥 모시고 있음을 의미하는 데서 그치지 않고, 모심의 자각을 통해 자신이 바로 신령하고 절대적인 존재인 한울님이 되기 때문이다. 이는 자각을 통한 존재의 상승을 의미한다. 즉 유한한 존재에서 무한한 존재로 상승함을 의미한다.

> “어찌하여 이런 일이 일어납니까?” 하니, 한울님께서 대답하시기를 “나의 마음이 바로 너의 마음이니라. 만유의 모든 것이 그 근원적으로 모두 나에게서 나왔다는 것을 세상의 사람들이 어찌 알겠느냐? 세상의 사람들은 하늘과 땅이라는 형체만을 알고 이 천지라는 우주를 주재하는 존재가 한울님인 나라는 사실을 모르고 있다. 조화와 자취를 보이는, 흔히 세상에서 귀신이라고 일컫는 것도 바로 나이니라. 우주의 만상 모두를 섭렵하는 모든 자취가 바로 나에 의한 것이다. 너에게 무궁한 도를 주노니, 이를 잘 닦고 다듬어서, 나의 이 도를 밝힐 수 있는 글을 지어, 그 글로써 세상 사람들을 가르치고, 나를 잘 위할 수 있는 수련의 법을 정하여 나의 무궁한 덕을 펼치면, 너로 하여금 무궁한 장생의 삶을 얻게 하여, 나의 이 덕으로 온 천하를 빛나게 할 것이다.”[6]

자각을 통한 존재의 상승, 즉 유한한 존재에서 무한한 존재로 상승하는 것은 시천주(侍天主)의 시(侍) 자를 해석하는 과정에서 잘 나타난다.

> 시(侍)라는 것은 한울님으로부터 품부받은 그 마음을 다시 회복하여 이를 실천하는 것을 말하는 것으로, 안으로는 한울님의 신령함을 회복하고, 밖으로는 한울님의 무궁한 기운과 융화 일체를 이루는 것을 말한다. 이렇듯 한울님의 마음을 회복하고 한울님 기운을 얻으므로, ‘나’ 스스로 우주의 중심이며 동시에 ‘나’ 스스로 우주라는 크나큰 기운으로 연결되어 있음을 깨닫는 것을 의미한다.[7]

'시(侍)' 자란 안으로는 신령스러운 영(靈)이 있음을 느끼며, 밖으로는 신비한 기운과 동화(同化)를 이루는 느낌을 갖게 되며, 이러한 자각의 상태를 깨달아 이 마음을 옮기지 않는 것을 뜻한다. 안으로 느껴지는 신령스러운 영이란 나의 주체이며 동시에 한울님의 마음이다. 또한 밖으로 느껴지는 신비한 기운과의 동화는 곧 나의 기운이 한울님의 기운과 서로 일치함으로 일어나는 작용을 의미한다. 즉 안으로는 신령이 자리하게 되고, 밖으로는 이 신령과의 동화작용이 일어나고 있다는 의미이다. 따라서 안과 밖이 둘로 나누어지는 것이 아니라 한울님 마음과 한울님 기운으로 안팎에서 서로 일치를 이루고, 이 마음과 기운을 변치 않고 실천적으로 살아가는 것이 곧 시(侍)라는 뜻이다.[8] 이는 곧 '시(侍)' 자를 세 가지의 계기, 즉 내유신령(內有神靈), 외유기화(外有氣化) 그리고 각지불이(各知不移)로 해석하는 것이다. 말하자면 한울님을 모신다는 것은 우리 몸 안의 신령이 우리의 깊은 내면성을 형성하고, 몸 밖에서는 기운이 작용하여 끊임없이 기화로써 생명을 낳고 유지하도록 하며, 안팎으로 존재하는 신령과 기화의 실상을 깨달아 그것으로부터 이탈되지 않도록 해야 함을 뜻하는 것이다.[9]

인간의 내면에 선천적으로 존재하는 한울님을 자각하는 문제는 특히 시(侍) 자를 내유신령의 의미로 해석하는 논의 전개와 밀접하게 관계되어 있다. 내유신령이란 모든 존재 안에는 신령한 영(靈)이 내재되어 있다는 뜻이다.[10] 이는 곧 인간에게도 신령한 영인 한울님이 내재되어 있다는 의미로 해석할 수 있다. 인간은 자신에게 내재하는 한울님을 깨닫지 못하면, 즉 내유신령을 자각하지 못하면 자신의 유한성을 극복할 수 없다. 이는 인간의 무지함으로 인해 발생하는 문제이다. 여기서 말하는 인간의 무지함이란 자기 자신에 대한 존재론적 의미의 무지함과 동시에 인식론적인 무지함을 동시에 뜻한다. 말하자면 인간 자신이 신적인 존재인 한울님과 다르지 않은 존새임을 모르고 있다는 의미이며, 그것은 결국 자신에 내재하는 한울님을 인식하지 못해서 생기는 문제라는 것이다. 말하자면 인식론적인 무지함으로 인해 존재론적인 무지함이 생긴다고 볼 수 있다. 그래서 인간이 자신의 무지함에서 벗어나 곧 자신에 내재하는 한울님을 인식하면 자신이 한울님과 같은 존재임을 스스로 깨닫게 되며, 또한 자신을 한울님처럼 소중하고 신령한 존재로 대하게 된다는 것이다. 이는 곧 무지한 인간이 인식론적인 자각으로 인해 스스로를 한울님으로 상승시키게 된다는 의미이다.

사실 인간의 무지함은 사람은 누구나 아이들처럼 한울님을 본래부터 모시고 있으나, 그 이후에 수심정기를 다하지 못하여 내면에 모시고 있는 한울님을 깨닫지 못하고 있다는 것이다. 이는 곧 신으로서의 한울님의 내재성을 인간의 정성 부족으로 인하여 알 수 없다는 것을 뜻한다. 그리고 만일 인간 스스로가 자신의 내면에 모시고 있는 한울님을 이해하거나 깨닫지 못하면 인식론적인 면에서 한울님은 단지 초월적인 존재에 머물게 된다. 그래서 인간은 한울님을 자각하고자 끊임없이 노력해야 한다.

> 이렇듯 영부가 선약임을 확인하고, 이 영부를 사람들의 병에 써 보니 어떤 사람은 차도가 있었고, 어떤 사람은 차도가 없었다. 어찌하여 이러한 일이 일어나는지 그 이유를 알 수 없어서 그 원인을 자세히 살펴보니, 정성을 드리고 또 정성을 드려서 지극히 한울님 위하는 주문을 열심히 읽으며 천리와 천명에 따라서 사는 사람은 영부를 사용할 때마다 효험을 보고, 하늘의 도와 하늘의 덕을 따르지 않는 사람은 하나같이 효험이 없었음을 알게 되었다.
>
> 이와 같은 면으로 보아, 효험이 있고 없는 것은 다른 데에 원인이 있는 것이 아니었다. 실상은 영부를 받는 사람이 얼마만큼 정성과 공경하는 마음을 지니고 있느냐, 그렇지 않느냐에 의한 것임을 알게 되었다.[11]

인간의 유한성으로서의 무지함은 결국 시(侍) 자의 해석을 인간이 한울님이라는 존재를 모신다는 의미라기보다는 존재론적으로 이미 주어져 있음을 뜻하게 만든다. 즉 선천적으로 인간 내면에 주어져 있음을 의미하는 것이다. 이는 전통적인 선천주의적 인식론적 의미와 동일하다고 볼 수 있다. 전통적인 선천주의적 인식론은 플라톤의 인식론적 사유로 대표된다. 간략하게 다음과 같이 설명할 수 있다.[12] 인간은 본래적으로 불완전한 존재가 아니다. 단지 인간 정신의 무지함 혹은 연약함에 의해서 자신 본래의 모습, 즉 자신의 본성을 망각한 채 살고 있다는 것이다. 이는 곧 자신의 본성을 되찾고자 하는 인식론적 문제를 선천적으로 담보한 상태를 의미하는 것이다. 그러므로 인간은 자신에게 선천적으로 주어져 있는 진리를 기억할 수 있는 가능성과 정신적 능력을 지니고 있다. 그것은 곧 내면에 있는 본래의 성격, 즉 본성을 인식할 수 있다는 것을 의미한다. 즉 자신의 망각으로부터 벗어나서 본래의 모습을 인식하는 것, 즉 상기로서의 자기 인식이 가능하다는 것이다.

하지만 이러한 자기 인식이 가능하기 위해서는 먼저 자신의 내면을 반성하고 성찰하고자 하는 자세가 필요하다. 말하자면 망각한 본성을 회복하기 위해서, 즉 인간 무지로부터 해방되기 위해서 상기할 수 있는 방법은 오직 자기 자신의 내면, 즉 본성을 관조(觀照)하는 것이다. 말하자면 본래 자아의 자각을 통해서 스스로에 내재해 있는 한울님을 보는(직관하는) 것이다. 이 방법 이외의 다른 어떠한 방법을 통해서도 인간 정신 내면에 선천적으로 존재하는 자기 본성으로서의 진리를 인식할 수 없다. 그러므로 자기 자신의 인식이 무지로부터 발생하는 자신의 유한성을 극복하고, 선천적으로 자신의 내면에 존재하고 있는 자신의 본질을 인식하기 위한 기본 전제가 된다. 말하자면 시(侍) 자의 인식이 결국 유한한 상태에서 머무르고 있던 인간을 신령한 영으로시의 한울님으로, 즉 존재론적인 상승을 가능하게 한다는 것이다. 그러므로 인간은 반드시 시(侍) 자의 참뜻을 이해하고 실천해야 자신의 무지에서 벗어나 자신이 선천적으로 한울님을 모시고 있는 신령하고 존귀한 존재임을 깨닫게 된다.

하지만 내면에 선천적으로 존재하는 자신의 본질 인식을 통한 절대적인 존재로의 전환, 즉 존재론적 상승이 과연 인간을 한울님과 존재론적으로 동일한 존재로 만드는 완전한 상승인가에 대한 논의를 가능케 한다. 말하자면 한울님이 초월적 존재인가 아니면 인간의 내면에 존재하는 순수 내면성으로서의 존재인가에 대한 논의이다. 만약 시(侍) 자를 모신다는 뜻으로 해석하면, 한울님은 인간이 잘 모시고 섬겨야 하는 존재로서의 초월성을 지닌 것으로 이해되어 인간과 그 존재의 범주가 다르게 될 것이다. 말하자면 존재론적으로 인간과는 분명히 다른 것, 즉 섬김을 받는 존재로서 일종의 초월적인 신으로 이해된다.[13]

그러나 사인여천의 정신으로 세상과 민중을 구원하고자 창시된 동학의 참다운 정신을 고려하면 분명 초월성보다는 인간에 선천적으로 내재하는 한울님으로, 즉 내재성으로 이해하는 것이 타당해 보인다.[14] 수운은 『용담유사』에서

> 분별없는 이것들아, 나를 믿고 그러하냐? 나는 도시 믿지 말고 한울님만 믿어라. 네 몸을 모셨으니 사근취원한단 말이냐? 내 역시 바라기는 한울님만 오로지 믿고, 몽매함을 벗어나지 못한 너희들은 서책은 아주 폐하고 수도하는 데 힘쓰는 것, 그도 또한 도덕이다. 문장이고 도덕이고 헛되이 돌아갈까 걱정된다.[15]

라는 말로써 한울님의 내재적 성격, 즉 한울님을 인간 몸에 모셨음을 강조한다.[16] 이는 곧 한울님은 어디 먼 곳에 계신 것이 아니고, 바로 우리들 마음에 모셔져 있음을 뜻하고, 따라서 어디 다른 곳이나 다른 것에서 찾지 말고, 가까운 자신의 마음에서 찾고, 자신에게 정성을 다해야 함을 의미한다.

수운은 이러한 깨달음을 실상 몇 달 동안 한울님과의 문답을 통해 얻었다. 말하자면 한울님이 그리스도교적인 초월적이며 인격적인 절대자로서의 존재가 아니라 인간의 내면적 성찰을 통해 자각할 수 있는 존재라는 것을 깨달았다.[17]

> 천사문답(天師問答)은 경신년(1860년) 사월 오일부터 같은 해 구월 이십일까지 일이니, 그 사이에 여러 가지 문답이 많이 있는 중에 한울님이 대신사(大神師)를 시험한 일이 있으니…, 대신사 가로되… "상제 또한 그른 도로써 가르치니 내 이제부터는 다시 상제의 명교(命教)를 듣지 아니하리라." 하시고 그 후로 상제의 가르침이 있으나 결코 듣지 아니하시고 십일일을 절식(絶食)하고 마음을 움직이지 아니하니, 상제 가로되 "아름답도다 너의 뜻이여 가상하도다 너의 절개여 너의 공부 이미 지극하고 너의 수련이 이미 도수에 차고 너의 행함이 이미 원만하였으니 내 이제 너에게 무궁무궁의 조화를 내리노라." 하거늘 대신사 다시 마음을 굳게 지켜 기운을 바르게 하고[守心正氣] 그 이치를 물으니, 상제 가로되 "나의 마음이 곧 너의 마음이니라[吾心卽汝心]. 사람으로 어찌 이것을 알리요, 천지는 알되 귀신은 알지 못하였나니 귀신이라 함도 나이니라. 너는 이제 무궁의 도를 받았으니 스스로 수련하고 그 글을 지어 사람을 가르치고 그 법을 바르게 하여 덕(德)을 세상에 편즉 너 또한 장생하여 천하에 소연(昭然)하게 되리라." 하거늘 대신사 이 말을 들은 순간에 갑자기 정신에 새 기운이 돌며 마음에 새 생각이 일어나더니 이제껏 공

중에서 들리던 상제의 말이 대신사의 마음속으로 울려 나와 강화(降話)의 가르침이 되어 긴 글을 내리었다. 스스로 묻고 스스로 대답하여 무궁을 외이고 무궁을 노래하니 천지일월(天地日月) 성진초목(星辰草木) 금수인물(禽獸人物)이 한가지로 그 노래에 화답하여 억천만리 공간이 눈앞에 있고 억천만년의 시산이 눈앞에 있어 먼 데도 없고 가까운 데도 없으며 지나간 시간도 없고 오는 시간도 없어 백 천억 무량수의 시간과 공간이 한 조각 마음속에서 배회함을 보았었다. 대신사 스스로 기뻐하시고 스스로 즐거워하며 강화로 주문을 외우니 가로되 시천주영아장생 무궁무궁만사지(侍天主令我長生 無窮無窮萬事知)라. 이로부터 천사문답은 끊어지고 단순한 강화로써 무극대도(無極大道) 대덕(大德)의 이치를 발표하고 화답하게 되었다. 그리하여 홀로 수련하여 이것이 확실히 광제창생(廣濟蒼生)의 대도(大道)일까 아닐까 체험하시다.[18]

이는 '스스로 묻고 스스로 대답하여'라는 인용 구절에서도 분명하게 드러나듯이 수운이 자기 자신에게 질문을 하고, 그에 대한 깨우침을 얻었음을 보이는 것이다. 이러한 수운의 사상, 즉 자신을 성찰하고 자신에게 정성을 다해야 하고, 그로부터 내면에 있는 한울님을 자각함은 곧 인간이 더 이상 나약하고 유한한 존재가 아님을 깨닫는 단초를 여는 것이다. 즉 자신을 성찰하여 한울님이 내 몸에 실제로 모셔져 있다는 것을 깨우칠 때에야 비로소 인간은 유한성으로서의 인식론적 무지에서 벗어나 자신이 더 이상 유한하지 않고 신령하고도 귀한 존재임을 깨달을 수 있는 가능성으로서의 단초를 갖게 된다.

4. 인간 유한성 극복의 논리로서의 시정지(侍定知)

인간 유한성의 극복은 인간 내면에 모셔져[侍] 있는 한울님의 존재를 자각하는 것으로부터 시작된다. 이러한 자각은

> 묻기를 "선생님께서는 '한울님으로부터 오심즉여심이라는 가르침을 받았다.'라고 말씀하셨습니다. 이 가르침은 바로 한울님 마음이 사람의 마음이라는 가르침으로 생각됩니다."[19]

> 나는 도시 믿지 말고 한울님만 믿어라. 네 몸을 모셨으니 사근취원 한단 말이냐?[20]

라는 '오심즉여심(吾心卽汝心)'의 깨우침과 '한울님의 목소리가 다른 어떤 곳에서 나오는 것이 아니라 내 몸에서 울려 나오는 것'이라는 자기 내면의 깨우침을 통해 가능하다.

인간 내면의 자각으로부터 시작되는 인간 유한성 극복의 문제는 사실상 실천 수행의 과정을 통해 완성된다. 이는 곧 인간의 올바른 실천 수행의 문제와 연결된다. 말하자면 인간은 주문을 통한 올바르고 정확한 수행 방법으로 자신의 유한성을 극복할 수 있다는 것이다. 수운은 이러한 올바르고 정확한 수행의 방법을 13자 주문, 즉 '시천주조화정 영세불망만사지(侍天主造化定 永世不忘萬事知)'의 시정지(侍定知)의 논리로 설명한다.

> 시(侍)라는 것은 한울님으로부터 품부받은 그 마음을 다시 회복하여 이를 실천하는 것을 말하는 것으로, 안으로는 한울님의 신령함을 회복하고, 밖으로

는 한울님의 무궁한 기운과 융화 일체를 이루는 것을 발한다. 이렇듯 한울님의 마음을 회복하고 한울님 기운을 얻으므로, '나' 스스로 우주의 중심이며 동시에 '나' 스스로 우주라는 크나큰 기운으로 연결되어 있음을 깨닫는 것을 의미한다. 나아가 이 세상의 사람들이 이러한 경지를 깨달아 그 마음을 변치 않으며, 이를 실천해 나아가는 것을 '시'라고 말한다.…

정(定)은 한울님의 덕과 합일이 되는 경지이며, 동시에 한울님 마음이 내 안에 자리하게 되므로, 나의 마음은 곧 우주 마음의 중심이 되며, 나의 베픎은 바로 한울님의 지공무사(至公無私)한 베픎이 되는, 군자의 경지를 '정'이라고 말한다.…

지(知)라는 것은 만리만사(萬理萬事)의 이치인 한울님의 무궁한 도를 깨닫고, 또 한울님으로부터 그 깨달음의 가르침을 받는 것을 말한다.

시정지(侍定知)의 논리로 볼 때, 시(侍)는 앞서 논의한 인식론적 의미, 즉 인간은 내면에 한울님을 모시고 있는 존재임을 자각하기 위해 부단히 노력한다는 의미와 연계된다. 이는 인간이 자신의 한계나 유한성을 적극적으로 극복하고자 하는 의지와 연관된다. 시(侍)는 인간 유한성을 극복하기 위한 출발점이자 단초로서의 의미를 갖는다는 것이다. 보다 정확하게 말하자면 시(侍) 자는 자신의 내면에 한울님을 모시고 있다는 것을 자각하지만, 자신의 내면에 계신 한울님의 존재를 정확하게 인식하지는 못하는 단계이다. 자신의 내면에 한울님이 계시고 있음을 믿고 한울님을 존재를 스스로 체험코자 하는 단계인 것이다. 그래서 이러한 시(侍)의 단계는 한울님을 향해 적극적으로 나아가는 단계, 즉 지향적인 의지의 단계로 이해할 수 있다.[21] 이러한 인간의 지향적 의지는 한울님 인식의 기본 전제 조건이다. 왜냐하면 한울님을 알고자 하는 의지가 없다면 인간은 자신 본연의 모습을 보지 못하고, 즉 무지로부터 벗어나지 못하고 유한한 존재로 남게 될 수밖에 없다. 이는 곧 수행 실천을 통해 자신의 유한성을 극복하고 자신 본연의 존재를 인식코자 하는 의지가 결여되어 있는 것이다. 무지로부터 벗어나고자 하는 의지가 없다는 것은 곧 올바른 앎의 결여, 즉 자기 자신을 인식하고자 하는 인식론적인 결여를 발생시키는 것이다. 이러한 의지의 결여는 결국 올바른 자신의 모습을 찾지 못하고 사는 존재론적인 결여의 상태를 발생케 한다. 그러므로 인간의 내면에 계신 한울님의 존재를 정확하게 인식하기 위해서는 반드시 인간의 지향적 의지로서의 시(侍)가 전제되어야 한다.

시정지(侍定知)의 논리 가운데 정(定)은 인간이 인식하고자 하는 대상적 성격을 가지는 것으로 한울님을 의미한다. 하지만 시(侍)가 전제되지 않는 한 인간에게 정(定)은 아무런 의미가 없다. 왜냐하면 자신의 내면에 계신 한울님을 자각하고자 하는 의지가 없으면 그 어떤 인식도 출발할 수 없기 때문이다. 그러므로 한울님을 인식코자 하는 인간의 지향적 의지로서의 시(侍)가 전제되어야 정(定)이 가능하다. 인식 주체와 인식 대상의 관계로 보자면, 시(侍)가 인식 주체이고, 정(定)이 인식 대상이 되는 것이다. 하지만 인식론적 논리가 완성되기 위해서는 시정(侍定), 즉 인식 주체와 인식 대상의 통일이 요구된다. 즉 인식 주체와 인식 대상으로서의 객체가 합일되어야 한다. 이로서 인간은 진정으로 자신에 내재하는 한울님을 자각하고 자신의 무지로서의 유한성을 극복하게 되는 것이다.

인식 주체와 인식 대상의 통일, 즉 인식 주체와 인식 객체가 합일되는 상태가 시정지(侍定知)의 논리 가운데 지(知)이다. 지(知)는 시정(侍定)의 상태에서 인간이 자신의 유한성을 극복하고 자신에게 한울님이 모셔져 있음을 자각하여 새로운 앎을 깨닫는 것을 의미한다. 수운의 이러한 지(知)의 상태는 인식론적인 자각을 통하여 새로운 존재로 전환하는 의미를 갖는다. 왜냐하면 한울님을 모시고 있는 존재라는 의식, 즉 자신이 한울님과 같은 존재라는 자각은 인간을 더 이상 유한한 존재로 머물게 하지 않기 때문이다. 즉 내가 곧 한울님이고 더 이상 유한하지 않고 완전한 존재라는 사실을 알기 때문이다. 그러므로 시정지(侍定知)의 논리 가운데 지(知)는 인식 주체와 인식 대상이 완전하게 합일된 상태이며, 더 이상의 분리가 존재하지 않는 상태로서의 통일을 의미하게 되는 것이다.

5. 나가는 글

수운의 동학사상은 인간 이해의 새로운 지평을 열었다. 인간은 더 이상 국가와 사회를 구성하는 도구가 아니라, 자신의 행복을 추구하는 존엄한 존재로서의 새로운 위상을 얻었다. 하지만 이러한 인식의 완성은 그냥 주어지는 것이 아니라, 인간 스스로의 노력에 의해서만 가능한 것임을 수운은 사람들에게 누누이 일깨운다. 이는 곧 동학사상의 핵심인 시천주(侍天主)에 대한 올바른 깨달음의 문제인 것이다. 시천주에 대한 올바른 깨달음 없이 인간은 결코 행복해질 수 없는 존재인 것이다. 이는 인간 불행의 원인을 자신의 무지함에 두고 있는 것이다. 그래서 수운은 인간이 행복해지기 위해서는 무엇보다도 자신의 무지함에서 벗어나야 함을 강조하는 것이다. 말하자면 인간은 자신의 무지함으로 인해 무한한 존재인 자신을 유한한 존재로 간주하고 살고 있고 있다는 것이다. 이에 대한 깨달음이 바로 시천주의 자각인 것이다.

수운은 시천주에 대한 깨달음이 곧 인간의 자기 자신에 대한 깨달음임을 가르친다. 그래서 시천주에 대한 논의는 자각하는 과정에 대한 논의로 그 영역이 확대된다. 말하자면 수운의 시천주 사상은 한울님을 이해함으로써 자신이 본래적으로 유한한 존재가 아님을 인식케 하고, 새로운 인간으로서의 존재론적인 전환을 가능하게 한다. 이는 인간이 진정으로 자신의 본성을 회복하면 한울님과 같은 귀하고 존엄한 존재인 본연의 상태로 전환하는 것을 의미한다. 이를 위해 수운은 인간에게 먼저 시천주(侍天主)의 자각, 즉 인간에게 자신의 내면을 반성하고 관조할 것을 끊임없이 주문한다. 시천주의 자각만이 인간을 본연의 모습으로 귀환하게 하는, 즉 존재론적인 전환을 가능하게 하는 유일한 방법임을 말하는 것이다. 그러므로 수운의 인간 유한성 문제는 시(侍) 자를 어떻게 해석하고 이해하는가에 대한 논의이며, 그 해결의 단초는 결국 자신의 유한성에 대한 질문을 스스로 던지고, 자각해야 하는 것이다. 이것이 바로 수운의 동학 정신이며, 천도교의 실천 수행의 논리이자 방법인 시정지(侍定知)이다.

수운과 체용적 사유의 모험

안 호 영 _ 동국대학교 파라미타칼리지 교수

1. 체용 개념의 기원

체용(體用) 개념이 인도불교에서 건너왔다는 설이 있고, 중국의 고대 철학에서 그 원형을 발견할 수 있다는 설도 있지만, '체용'이라는 용어와 그 뜻을 널리 유포하여 사용하게 된 것은 선불교의 조사인 혜능(慧能)에 힘입은 바가 크다. 하지만 유학과 성리학에 경도된 중국철학자들은 이러한 사실을 받아들이는 데 어려움을 겪었고, 급기야 고대 문서를 서캐 훑듯 샅샅이 뒤져서 체(體)와 용(用)의 용례를 찾아 헤매게 된다.[1] 사실 체와 용은 나의 몸, 즉 '나'라는 정체성과 밀접한 연관을 맺고 있으며, 나아가 의미의 신체성과도 일맥상통한다는 측면에서 동양철학뿐만 아니라 서양고대철학과도 연결될 것임은 자명하다.[2]

이후로 체와 용은 점차 사람의 인식을 구성하는 논리로서 추상화되기 시작함으로써, 생물학적이고 신체적인 의미를 탈각하고 논리적인 의미를 갖기 시작한다. 먼저, 체의 의미 변천을 살펴보자. 체는 육체라는 뜻을 벗어나 '고정된 틀'을 의미하고, 여기에 '대(大)' · '소(小)' 등의 부호가 결합되면서 사람의 도량이나 그릇 · 성인의 성인되는 조건 · 군자가 지닌 인격체 등의 의미를 담기에 이르렀다. 이러한 체가 인체와 외부 사물 간에 발생한 다양한 관계를 묘사하는 용법으로 쓰이면서, 몸소 실천한다는 의미와 더불어 인식과 실천이라는 의미가 부가된다.

체의 실천적인 의미로부터 깨달음을 얻는다는 종교적인 의미로 나아가게 되지만, 주자(朱子)에 이르러 유교적인 의미에서 공부와 실천을 강조하게 된다. 그리고 몸소 실천하여 깨닫는다는 의미와 깨달음을 얻기 위해 몸소 실천한다는 의미를 아우르게 되자, 체는 앎이자 동시에 실천이고, 인도이자 동시에 천도의 연장이라는 의미가 덧붙여진다. 이러한 의미는 조선에 이르러 퇴계의 도체유행(道體流行)을 통해서 천도의 완벽한 운행이자 사람의 일상 속에서 완선하게 유행한다는 말로 이어지면서, 체는 동사적인 의미를 획득한다. 이렇게 사람은 천도와 소통하고 그 원리를 자신의 몸을 통해서 발현하게 되는 것이며, 이런 의미에서 수양이면서 동시에 천도의 발현을 뜻한다는 것이다.

이제 용의 의미 변천을 살펴보자. 체의 다양한 변천과 달리 용은 제한적으로 변천하였다. 용은 두 가지 원형을 지니는데, 하나는 사람이 주체가 되어 도구를 '사용'한다는 의미이고, 또 다른 하나는 사물의 실체가 지니고 있는 '작용'이나 '속성'을 의미한다. 여기서 두 번째 원형은 체용의 세계관을 규명하는 이론으로 발전하면서 그 의미가 깊어진다. 즉, 체와 만난 용은 우주와 마음이 지닌 본체이자 작용이라는 사상으로 거듭나게 되는 것이다. 특히 노자(老子)의 도의 원리와 도의 작용이라는 관점이 이를 잘 보여준다. 체와 용의 이러한 변천에서 가장 중요한 관점은 하나의 주체여야 한다는 것이다. 이러 측면에서 순자와 노자의 언명은 미완의 형태에 머물러 있는 것임을 지적할 수 있다.[3]

그러므로 고대 문서에서 찾은 이런 구절을 통해서 체용의 개념이 불교에서 유래한 것이 아니라는 설명은 상당히 문화 국수적이며, 중국 중심적이라고 지적할 수 있겠다. 더욱이 생명체의 생존과 활동에서 기원하는 체와 용의 의미론적인 측면은 인류의 보편적인 특성과도 맞닿아 있을 것임은 자명하다. 따라서 이런 논점을 유지할 때, 체용의 문제는 그 발원지가 동양인지 또는 서양인지에 있는 것이 아닐뿐더러, 불교인지 유교인지 혹은 도교인지 하는 것은 더더욱 아닌 것이다. 중요한 것은 체용으로 인류의 사유와 그 실천을 검토하려고 할 때, 어떤 논리에 입각해 있는가, 그리고 우리의 정신적이고 실천적인 것에 어떻게 기여하며, 또 인류의 정신적 삶을 얼마나 보편적으로 그려 낼 수 있는가 등등이다.

이상의 논의로부터 논자는, 고정되고 개념화된 존재에 대한 철학이 아니라 살아 숨쉬는 동적인 체험의 철학을 지향했던 수운의 사유 속에서 체용 개념이 더욱 구체화될 수 있을 것이라 기대한다. 특히 선불교를 중흥시킨 혜능과 지행합일(知行合一)의 정신을 드러낸 왕양명(王陽明)의 체용 개념은 즉체즉용 논리의 진수를 보여준다는 데 주목하고, 수운의 사유와 수행의 문제를 연결시키려는 시도로 나아갈 것이다. 그러나 중국철학에서 전개된 체용의 논리는 다양하다는 측면에서, 우리의 논의에 도움이 되는 논리를 발굴하는 것도 중요할 것이다. 수운의 사유가 체용 관계와 만날 수 있는 근거를 검토하는 것은 그 어느 것에도 고정되지 않은 자유로운 사유의 여정으로 우리를 이끌 것이며, 비로소 사유는 어느 것에도 머무르는 바 없이 떠나야 하는 모험 속에서 수행과 직접적으로 만나게 될 것이다.

2. 체용의 논리: 수운과 유 · 불 · 도

논자는 관념과 문자 또는 개념 사이에서 중국의 고대 철학은 유가 · 불가 · 도가의 학풍을 전개했음에 주목하고, 이들 학파의 사유 속에 배어 있거나 명시되어 있는 체용 개념과 그 논리를 먼저 검토할 것이다. 이것은 수운의 사상이 유·불·도(儒佛道) 삼교합일 사상에서 많은 영향을 받았던 만큼, 그의 사유도 체용의 논리로 전개될 수 있을 것이라 기대하기 때문이다.

1) 유·불·도와 체용의 논리

중국에서 체용의 문제가 본격적으로 논의되는 것은 불교와 더불어서다. 체용은 당나라 때부터 철학과 신앙의 모든 면에서 중요한 화두로 등장한다. 화려한 사변적 논리를 구사하는 화엄철학 속에서 체용은 우주의 구조와 형상을 상징하는 체계이며, 혜능의 선종에서는 마음의 본체와 그 작용을 밝히는 논리가 된다. 혜능의 섬세한 논리를 통해 체용은 시대정신으로서 손색이 없을 정도로 다듬어졌다. 이제 체용은 특정 사물을 설명하는 보조 수단이 아니라 불교의 신앙과 세계를 상징하는 본체이자 그 작용으로서 힘을 발휘하게 되었다.

이런 인식 속에서 우주는 체용의 설계도로 재구성되었고, 인간 심성의 수양론도 제 모습을 갖추기 시작했다. 이제 우주 삼라만상의 원리가 체용으로 설명되면서, 사람의 심성 작용은 선불교의 오묘함과 어우러져 동시대 사람들의 폭발적인 관심을 끌게 되었다. 혜능의 체용은 진리의 실체이자 철학적 세계를 논하는 수준의 체용이었다. 그것은 인간 심성의 체용이자 도체유행의 체용으로서 심성의 체용·도체의 체용·수양을 포괄하는 의미의 체용이다. 이러한 관점은 이후 불교가 쇠퇴함으로써 그 영향력이 줄어들 때도 여전히 유가의 많은 학자들의 관심을 끌었는데, 특히 주자는 불교의 체용이론을 적극적으로 받아들여 자신의 철학을 체계화하였다.[4]

주자 외에도 중국철학사에서 볼 때 체용은 진리의 본체를 규명하는 단계로 진입하면서 각 시대를 대표하는 사상가들의 관심을 끌었다.[5] 그것은 마음의 본체이자 그 본체의 발현이었고, 이를 구현하기 위해서 사람들은 실천적인 공부를 동시적으로 진행하여야 하는 것이다. 이런 측면은 수신(修身)을 근본으로 삼는 유가에서 두드러진다.[6] 이 사상은 후대 사람들에 의해서 내성외왕(內聖外王)의 정신이 되며,[7] 천하에 도가 있으면 출사하고 천하에 도가 없으면 은거하는 유교의 세계 속에서 응당 지켜야 할 제일 덕목으로 추앙받았다. 내외성왕은 안으로 체에 힘쓰고 밖으로 용을 실현하는 명체달용(明體達用)의 정신과 맞닿아 있는데, 역대 유가들에 의해 끊임없이 수양과 경세의 담론으로 자리를 잡았다.[8]

또한, 『중용』에 등장하는 '중화(中和)' 개념은 비록 체용으로 말하지는 않지만, 후대 유가철학의 심성론을 논하는 데 가장 근본적인 체용 구조를 제공하고 있다는 평가를 받는다.[9] 『중용』에서 '중화'란 마음의 상태를 설명하는 원리인데, 사람 본성의 근거를 하늘의 도덕성에 두었고 이를 잘 실천하는 것을 사람의 도라고 한다. 이렇게 '중화'와 '수신'은 뒤에 체용이론의 중심사상을 이루는 담론이 되는데, 이는 도가가 부분적으로 체용에 대해 언급한 것과는 다른 궤적을 따른다. 이제 체용이라는 문구에 의지하기보다는 의미적으로 유교 자체의 담론 속에서 심성과 도덕 그리고 경제의 철학으로 계승되는 것이다. 체용은 안과 밖 · 미발과 이발 · 정지와 운동 · 통일과 분화 · 수양과 실천 · 공부와 적용 등의 의미를 지닌 명료한 형식을 갖추면서 풍성한 체용의 틀과 의미를 담지하고 있다.

이에 비해 초기 도가에서는 도의 원리와 그 도의 작용을 강조한다는 측면에서 유교와는 다른 체용의 원시적 결합이 드러난다. 노자가 비록 '체용'을 직접 말하고 있지는 않지만, 최초로 우주의 근본 실체인 도의 원리와 작용을 함께 거론하고 있는 것이다.[10] 그리고 도교의 경전인 『참동계』에서 내외의 체용이 등장하는데, 위백양(魏伯陽)은 '내음외양'설에 근거해서 연단술을 해석하고 있다.[11] 이것은 '내외'의 체용 형식이 등장하는 것과 관련이 있는 것이다. 따라서 도가는 비록 문자적 체용이 등장하지는 않지만, 자연과 사회 그리고 인간이 합일을 추구하는 초월적이고 비분별적 사유 체계를 지향하는 현학(玄學)이다. 이는 논자가 도가의 사상을 자체의 체용이론보다는 후대에 불교와 성리학에 영향을 미쳤다는 사실에 더 주목하는 이유이다.

불가와 주자의 성리학을 중심으로 하는 유가의 출현 시기는 도가에 비해서 한참 늦은 편이다. 이는 도가사상이 유교와 불교로 자연스럽게 흘러들어갔음을 의미하는데, 인도에서 들어온 불교를 중국식으로 교리화하기 위해 도가의 용어를 차용하고,[12] 또 불가와 노장사상의 영향을 받아[13] 주자가 집대성한 성리학은 그 자체로 도가의 논리와 체용 관계를 담고 있음은 역사적 사실로서 분명하다.[14]

유 · 불 · 도 삼교가 자연스럽게 어우러진 북송 대의 사회 분위기 속에서 삼교회통적 체용을 말하는 사람들이 등장했다. 삼교회통의 분위기 속에서 유학자와 선승이 대화하고, 도교 사원에 불상을 모시고, 선승이 예학을 논하는 당시의 정서는 명 대까지 이어졌다. 실로 체용을 매개로 한 회통의 눈으로 보면 유교가 말한 도덕과 예법, 황로가 말한 청정과 무욕, 불교가 말한 훈수(勳修)의 설법은 서로 대립하지 않고 융화될 수 있는 것이다. 그렇지만 체용을 통한 삼교회통의 정신을 말할 때, 가장 완성도가 높은 것은 불교에 있는데, 체와 용이 서로를 빠뜨리지 않고 겸비되어 있기 때문이다. 논자는 그 정점에 혜능의 체용 개념이 있다고 보는데, 그는 즉체즉용(卽體卽用)의 논리를 구사하기 때문이다.[15]

이러한 논의로부터 체용의 형식은 크게 세 가지로 나누어 정리할 수 있을 것이다.[16] 기본적으로 유 · 불 · 도 삼교는 '실체와 그 작용'과 '실체와 그 기능'이라는 두 가지 형식을 갖는다. 이때, 실체가 동일하다는 전제로부터 '실체와 그 기능'은 '실체와 그 작용'으로 볼 수도 있다. 그리고 세 번째 형식은 유교의 '내성'과 '외왕'에 의거할 때 정식화되는 것으로 인격 주체 · 체 · 용의 삼자 구도와 관련이 있다. 즉, 체용을 운용하는 주체가 '체'와 완전히 일치되는 것이 아니라, 하나의 인격 주체가 '체'를 함양하고 '용'을 구사한다고 보기 때문이다. 이 경우 인격 주체의 인도(人道)와 천도(天道)의 관계를 어떻게 볼 것인지에 따라서 그 관계는 더욱 다양해질 것이다. 그렇지만 이후의 논의를 통해 이 세 가지 구분을 앞의 두 가지 형식과 세 번째 형식으로 나눌 수 있고, 이것이 즉체즉용의 논리에서 등장하는 두 가지 기준과 맞닿아 있음이 드러날 것이다.

2) 수운과 체용의 논리

수운의 사상이 동양의 전통적인 사상을 흡수하여 창조적으로 내면화한 것이라고 할 때, 그의 사상 속에는 체용의 논리가 이미 녹아 있을 것임은 분명하다. 서세동점의 국제 정세 속에서 전통 종교는 힘을 잃고, 갈 길 잃은 백성들은 위세를 떨치던 서학에 관심을 보이던 상황을 마주한 그의 문제의식을 따라가면서 체용의 논리가 어떻게 구체화되고 또 어떻게 실천적인 의미를 가지게 되는지를 확인할 수 있을 것이다.

(1) 수운과 천도(天道) 개념

수운의 문제의식이 첨예화되는 지점은 요즘 사람들이 자기밖에 모르는 이기심, 즉 각자위심에 빠져 하늘의 이치에 순종하지 않는 것에서 시작한다. 그가 보기에 천도의 변하지 않는 모습을 밝힌 성인들은 하늘의 뜻을 공경하고 하늘의 이치에 따라 살았는데, 이것은 공자의 도와 같은 것이다.[17]

공자의 도란 천도의 완벽한 운행이자 사람의 일상 속에서 완선하게 유행한다는 도체유행을 따르는 것이며, 정성과 공경을 다해 도(道)와 덕(德)에 순종하는 것이다.

비록 우리가 말로는 천도를 형상하기는 어렵다고 해도 천도의 자취가 없는 것은 결코 아니다. 천도는 해와 달과 별의 움직임과 우주의 운행 원리를 통해 그 자취가 천하에 뚜렷하게 드러나는데, 사계절이 변하고 바람이 불며 눈이 내리고 안개가 끼며 이슬이 맺히는 일들이 끊임없이 일어나고 있기 때문이다. 하지만 어떤 사람들은 이를 하늘의 은혜라 부르거나 조화의 자취라고 말하는데, 이는 오늘날에 이르기까지 어느 누구도 그 이치를 제대로 살피지 못했고 또 그러한 이치를 제시하지 못했기 때문이라는 것이 수운의 진단이다. 은혜나 조화라 하여 당장은 사람들에게 안심과 평안을 줄지는 몰라도, 이것이 오히려 천도의 변하지 않는 모습을 알지 못하게 하고 또 하늘의 뜻을 살피지 않게 한다는 것이다.

하늘의 뜻에 순종하는 것은 유·불·도 삼교뿐만 아니라 서학 또는 서도(西道)도 마찬가지임을 수운은 긍정한다.[18] 그는 주역의 이치와 하(夏)·은(殷)·주(周)에서 하늘을 공경한 이치를 살펴보고 나서 옛날 선비들이 하늘의 명에 순종했음을 밝히고 있는데, 공자의 도와 비교해 봐도 자신의 도와 대동소이(大同小異)하다는 것이다. 문제는 후학들이 이것을 망각하고 있다는 데 있는 것이다.[19] 마찬가지로 서양 사람들의 도를 서도라 하고 학을 천주학이라고 하는데, 수운이 보기에는 비록 그 명칭과 풍속이 다를 뿐 우리의 도와 비슷하다는 것이다. 그렇지만 비슷할 뿐 다른 것이 분명한데 한울님을 생각하는 것 같지만 실지가 없기 때문이다. 그래서 서도와 비교할 때 운(運)으로는 하나요, 도(道)로도 하나지만, 이치가 다르다고 본다.[20]

수운은 자신의 도 역시 공자나 서학에서 말하는 도와 같은 것이지만, 뚜렷이 구분된다는 점을 분명하게 한다. 그는 인의예지를 긍정하면서도 수심정기를 강조하는데, 인의예지는 공자와 같은 옛 성인이 가르친 것이고 수심정기(修心正氣)는 자신이 다시 정한 것이기 때문이다.[21] 즉, 공자의 도를 받아들이되, 시천주 주문으로 누구나 도를 체화할 수 있는 법을 제시하고 있는 것이다. 이에 비해 서학에 대해서는 자못 비판적인데, 서학은 형식은 있으나 자취가 없고 생각하는 것 같지만 주문[22]이 없어 도는 허무한 것이라는 자신의 생각을 숨기지 않기 때문이다.[23] 무엇보다도 허무한 이유로 꼽은 것은 이치가 없다는 것인데, 자신의 도는 무위이화(無爲而化)의 이치이므로 억지로 하지 않아도 저절로 이루어지는 도를 따라 마음을 지키고 기운을 바르게 하고 성품을 거느리고 가르침을 받으면 자연한 가운데 변해 드러난다는 것이다.[24]

이처럼 수운의 천도가 무위이화의 이치 속에서 스스로 드러나는 만큼, 마음을 가다듬고 기운을 바르게 할[修心正氣] 때 밖으로 신령한 기운을 접하고 안으로 말씀이 가르침으로 내리는 것이다. 더욱이 수운은 이것을 직접적으로 체험하지만, 보려 해도 보이지 않고 들으려 해도 들리지 않는 것에 의구심을 드러내자마자, 곧바로 '오심즉여심(吾心卽汝心)'임을 체험하기에 이른다.[25] 이는 하늘의 도[天道]가 언제나 변함없이 드러나고, 다만 인간은 중용(中庸)을 지켜나가는 것이 사람이 마땅히 할 일[人事 = 人道]이기 때문이다. 천도에 바탕으로 두고 있지만, 드러나는 것은 사람의 일이라는 것이다. 따라서 천도는 나면서부터 마땅히 아는 것이어서 생이지지(生而知之)라고 하며, 공자와 같은 성인의 바탕이 여기에 있으므로 하늘의 명을 공경하고 하늘의 이치를 순종할 뿐인 것이다.[26]

(2) 천도와 시천주

이러한 앎은 배워서 아는 학이지지(學而之知)를 통해서도 가능한 것임을 부정할 수 없는데, '천심즉인심'이기 때문이다. 여기서 우리는 배움[學]이라는 말에 주의를 기울여야 할 것이며, 이를 어떻게 보고 해소할 것인가 하는 지점이 수운의 사상이 학문적으로 유·불·도 삼교 및 서학과 갈라지는 지점이다. 일반적으로 우리는 배움이 스승에게서 제자에게로 전수되는 것이며, 비록 제자가 배울 수 있는 기틀을 가지고 있더라도 스승이 씨앗을 뿌려주지 않는다면 싹을 틔울 수 없는 것으로 이해한다. 물론 이런 설명은 대다수의 사람들을 만족시키는 것이며, 수운의 사상을 피상적으로 독해하는 경우에 만날 수 있는 것이어서 누구나 쉽게 수용하게 될 것이다. 그러나 이는 이미 논의한 시지합일(侍知合一)과 배치되는 것임이 분명하다.[27] 왜냐하면 스승과 제자의 구분은 필연적으로 배움과 가르침을 나누는 것이며, 그 자체로 '오심즉여심'에서 벗어나는 것이기 때문이다.[28]

반면에 수운은 배움이란 비록 학식 있는 옛 선비들이 터득한 것임을 부정하지는 않지만,[29] 그것은 마음을 가다듬고 기운을 바르게 할 때 무위이화로 '저절로' 이루어지는 것으로 본다. 따라서 배움은 시천주 주문에 의한 것일 수밖에 없다. 이렇게 할 때를 대강(大降)이라고 하는데, 이때 신령한 기운을 받는 법이 시천주 주문인 것이다. 왜냐하면 수운은 스스로 이를 헤아리고 살펴본 후에 자연한 이치가 아님이 없음을 스스로 체험한 후에야 절차와 도법을 담은 21자[三七字]의 시천주 주문을 지었다고 밝히고 있기 때문이다.[30]

위의 인용문에서 수운은 '글을 지어 사람을 가르치는 것'을 시천주 주문에서 압축적으로 제시하고 있다. 특히 이것은 주문에 포함되어 있는 '만사지(萬事知)'의 해석으로 더욱 분명해지는데, '지'라는 것은 한울님의 도를 알고 한울님의 지혜를 받는 것이기 때문이다. 그러므로 다만 이 주문을 지극

정성으로 외우는 것이 하늘의 밝고 밝은 덕을 생각하고 잊지 아니하는 것이며, 이것이 지극히 지기에 화하여 지극한 성인에 이르게 되는 것이다.[31] 뒤에서 구체적으로 논의할 것이지만, 여기서 한울님의 도이자 한울님의 지혜는 지기(至氣)인 것이다. 이제 지기(至氣)인 도는 저절로 이루어지는 것이므로, 이렇게 저절로 이루어지는 도를 스스로 따를 때 마음을 지키는 것이고 기운을 바르게 하는 것이며, 성품을 거느리는 것이고 가르침을 받는 것일 뿐이므로, 지기(至氣)인 도는 자연한 가운데서 우리 스스로에게 드러나는 것이 된다. 이와 같은 가르침은 실로 놀라운 것으로 수운의 사상이 보여주는 창조성과 독창성의 고갱이로, 우리의 논의에서 시지합일(侍知合一)과 체험된 직접성을 통해서 분명하게 제시되었다.[32]

그러므로 천심이 곧 인심이라는 것인데, 천심을 본체로 할 때 드러나는 것은 인간의 마음이라는 것이다. 천심과 인심은 전체를 이루며 다만 본체와 본체의 이치에 따라 드러나는 것의 관계로서 체용 관계가 된다. 하늘이 사람의 귀천을 명(命)하고 고락의 이치를 정해 주므로 천심이자 본체이며, 이는 천도를 말한다. 드러나는 것은 인간의 마음이므로 기(氣)가 바르거나[正] 바르지 않는 것[不正]과 마음[心]이 변함이 없는 것[定]이나 변하는 것[移]을 일컬어 군자니 소인이니 하는 것이며, 이는 인간의 일[人事=人道]이자 활용이다. 따라서 이러한 체용 관계 속에서 도는 형체가 없지만 자취는 있어 밝히고 행하는 것이고,[33] 덕을 닦아 군자가 되어 지극한 성인에 도달하니 덕은 세워서 펴는 것이며,[34] 학은 도덕을 이루니 천도의 이치를 바로 살피는 것[35]이라고 한다.

> 사람은 군자가 되고, 학은 도덕을 이루었으니, 도는 바로 하늘의 도이며, 덕은 바로 하늘의 덕이다. 그 도를 밝히고 그 덕을 닦음으로써 군자가 되어 지

극한 성인의 경지에 이른다.[36]

물론, 도와 덕을 이렇게 이해한다고 해서 도와 덕이 분명하게 나누어질 수도 없는 것인데, 덕을 닦는 중에 밝은 도가 있는 것이며, 도를 밝히는 것이 덕을 닦는 것이기 때문이다. 모든 존재의 근원이자 변화의 궁극적 원인이 되는 것을 천도에서 찾고, 그것이 내 안에 갖추어진 천덕을 체현해 냄으로써 도덕적 인격의 완성으로 나아가는 것이다. 그래서 천도의 네 가지 덕인 원형이정(元亨利貞)은 인간의 마음을 통해 하늘의 도가 언제나 변함없이 떳떳함을 드러낸다는 것이다.[37] 이처럼 도와 덕은 서로 체용 관계인 것이며, 이는 위에서 드러난 천도와 인도 또는 천심과 인심의 체용 관계와 맞물려 있다. 나아가 천도와 인도 또는 천심과 인심이 체용 관계인 것은 「수덕문」이라는 말에서도 확인할 수 있는 것인데, 인사[人道]는 곧 천도를 근본 삼아[本體] 이루어져야 하는 것[活用]이기 때문에 '수덕'이라는 것이다. 그러므로 도와 덕 · 천도와 인도 · 천심과 인심 등은 그 자체로 즉체즉용이며, 이로부터 체험된 직접성의 논리는 다시 한 번 더 정당화된다.

논자의 관심은 시지합일(侍知合一)이 체용 관계로 이해할 수 있는지, 나아가 즉체즉용의 논리를 따르는지를 검토하는 것이다. 첫 번째 기준은 본체와 작용이 서로 불가분의 관계이기 때문에 서로가 서로를 뒷받침한다는 것이다. 두 번째 기준은 본체와 작용이 궁극적인 어떤 것이 발현한 것으로 볼 때, 그러한 발현의 이치와 발현된 것 또는 이치가 펼쳐진 것에 대한 것이다. 본체와 작용이라는 측면에서, 수운의 사상은 이러한 두 가지 기준에 모두에 해당한다.

3. 즉체즉용의 논리

중국 역사 속에서 즉체즉용의 논리는 위진시대에 처음 등장하여 수 · 당 대를 지나 명 대 양명학파에 이르기까지 널리 사용된다. 처음에는 이 논리가 불교도들에 의해 구사되었지만, 송 대 이후 유학자들이 활용하였다. 즉체즉용이란 "체가 곧 용이고, 용이 곧 체이다."라는 뜻을 함축하고 있는데,[38] 이것은 동시성(同時性)과 동근성(同根性)이라는 시간성의 관념을 불러일으킨다. 동시성은 또한 두 가지 관념을 불러일으킬 것인데, 한편으로는 체와 용의 시간을 공간과 유사한 것으로 본다면 이들은 고정적이게 된다. 다른 한편으로는 체와 용의 고유한 시간이 어떤 리듬 속에서 서로 포개지는 것으로 본다면 이들은 유동적이게 된다. 이처럼 이 두 관념은 동근성과 연결되는데, 체와 용은 고정적이지만 근원이 같을 수 있을 것이고, 마찬가지로 체와 용의 리듬이 다르다고 하더라도 어떤 운동성 속에서 하나일 수 있을 것이기 때문이다.

1) 체용의 관계: 동시성과 동근성

여기서 체용의 의미와 체용의 관계를 구분할 필요가 있는데, 체용의 의미는 체에 대한 용의 의미를 드러내는 반면에, 체용의 관계는 체와 용 사이에 존재하는 관계의 논리를 규명하는 것이다. 체용의 의미는 체용의 기원과 그 논리를 통해서 드러난 만큼, 여기서는 체용의 관계를 주로 다룰 것이다. 관계와 연관된 논리는 동시성과 동근성으로부터 고정성과 유동성의 관점 및 일원론과 이원론의 관점으로 구분할 수 있다. 고정성과 유동성의 관점에서 보면, 체와 용의 위상이 고정되어 있어 불변한다는 것과 보는 각도에 따라

체와 용의 위상이 바뀔 수 있다는 것으로 나뉜다. 그러므로 체는 항상 체이고 용은 항상 용이라거나, 또는 체는 용이 되거나 용은 체가 되는 것이다.[39]

이 지점에서 체와 용이 같은 것인지에 대해서 논의하기 위해서는 일원론과 이원론의 관점으로 나아가야 한다. 왜냐하면 체와 용의 관계가 비록 유동적이라고 하나 체와 용 사이의 구분은 그대로 유지될 수 있다는 측면에서 반드시 일원론을 지시하는 것은 아니고, 또한 체와 용이 고정적이라고 하지만 그 기원에서는 같은 것일 수 있기 때문에 일원론이 될 수도 있는 것이다. 즉, 즉체즉용의 논리를 따를 때, 체용의 관계는 고정적이면서 일원론이라든가, 유동적이면서 이원론이라고 할 수도 있다는 것이다.[40]

〈표 1〉 즉체즉용의 동시성과 동근성

체용의 관계		I	II	III	IV
동시성	고정성	●	●		
	유동성			●	●
동근성	일원론	●		●	
	이원론		●		●

한편 일원론과 이원론의 논리를 따를 때, 체용의 관계는 비록 긴밀하게 결합되어 있지만 결코 하나가 될 수 없다는 논리를 강조하는 경우와 둘이 아니고 하나라는 논리를 강조하는 경우로 나누어진다. 전자의 예로는 체용일원(體用一源)을 들 수 있는데, 체와 용은 하나의 근원을 지니지만 체와 용의 구분을 전제로 하고 있다는 것이다. 후자의 예로는 체용불이(體用不二) 및 즉체즉용을 들 수 있는데, 체와 용의 양대 구도는 인정하되 서로를 강력하게 끌어당기는 장력을 강조하는 것이다.[41]

논자의 관심은 즉체즉용의 논리에 있는데, 즉체즉용이 체와 용은 하나라는 간결성과 압축성을 강조하는 논리이며, 이 논리 속에서 체와 용의 관계는 '동시성'과 '동근성'을 확보하게 되고, 고정성과 유동성 및 일원론과 이원론의 관점 속에서 역동적으로 표현되기 때문이다. 그러므로 수운의 역동적인 사상에 즉체즉용의 논리를 적용하려고 할 때, 〈표 1〉을 따라 가장 뚜렷한 논리는 유동적이면서 일원론적이어야 할 것이다.[42] 그러나 즉체즉용 논리가 구체적인 철학 담론 속에서 각기 다른 심층 구조와 의미로 전개될 것임을 잊어서는 안 될 것이다.[43] 따라서 즉체즉용의 논리가 구체적인 담론의 궤적 속에서 어떻게 구현되는지를 검토하는 것은 수운의 사상을 살펴보기 전에 필요한 작업일 것이다. 논자는 혜능과 왕양명의 사상에서 찾은 즉체즉용의 논리에서 논의의 실마리를 찾았다.

2) 즉체즉용의 논리: 혜능과 왕양명

먼저, 혜능의 즉체즉용의 논리를 따라가 보자. 혜능은 선정(禪定)을 통해서 체용 관계를 설명하고 있다. 선정은 체이니 '선정에 들어 있는 바로 그때에 혜가 정 가운데 있어' 적적한 중에 늘 비춤이요, 지혜는 용이니 '지혜로운 바로 그 때에 정이 혜 가운데 있어' 비추는 중에 늘 고요함인 것이다. 혜능은 '이 뜻을 알면 바로 이것이 정과 혜를 동등하게 배우는 것' 임을 분명히 하는데, 이를 등(燈)과 빛[光]의 체용 관계로 설명하는 등 민중의 삶과 동떨어지지 않은 설명 방식으로 인해, 체용이론은 엄청난 파급력을 가지고 민중 속으로 깊이 파고들었다.[44]

> 나의 이 법문은 정과 혜를 그 근본으로 삼나니 대중은 미혹하여 정과 혜가

> 서로서로 다른 것이라 이르지 말라. 정과 혜는 일체라 둘이 아니니, 정은 이 혜의 체(體)요, 혜는 이 정의 용(用)이라. 지혜로운 바로 그때에 정이 혜 가운데 있으며, 선정에 들어 있는 바로 그때에 혜가 정 가운데 있나니, 만약 이 뜻을 알면 바로 이것이 정과 혜를 동등하게 배우는 것이니라.[45]

또한, '범부가 곧 부처요 번뇌가 곧 보리'[46]라는 외침은 그들이 일상의 삶 속에서 반야(般若)의 세계로 갈 수 있음을 설파하는 것이다. 혜능은 반야가 곧 지혜이고, 자기 성품[自性]에서 나온 것이라 진성자용이며, 따라서 일념(一念)이 어리석으면 곧 반야가 끊어지고 일념이 어질면[智] 곧 반야가 태어난다고 함으로써 일념을 강조한다.[47] 이제 "생각한다는 것은 진여의 본 성품을 생각하는 것이니, 진여란 곧 생각의 기체이고 생각은 진여의 활용이다."[48]로부터 진여의 실체 자체와 진여의 발현이자 진여를 활용하는 것이 즉체즉용으로 포섭된다. 예컨대, 등은 빛의 체이고 빛은 이 등의 활용이라는 것이다.[49]

한편, 양명은 체용일원의 논리를 앞세우는데 마음의 본체와 작용은 엄연히 그 시간적 선후와 상태의 차이를 전제로 한다는 측면에서 체와 용은 뚜렷이 구분되기 때문이다. 그러나 실천의 영역에서 보면 즉체즉용의 논리가 부각되는데, 이것은 지행합일(知行合一)의 정신으로 구현된다.

> 앎은 행함의 시작이고, 행함은 앎의 완성이다. 이 사실을 깨닫게 되면, 앎에 대해서만 말해도 행함이 이미 그 안에 있고, 행함에 대해서만 말해도 앎이 이미 그 안에 있다.[50]

이는 지선행후(知先行後)를 주장하는 주자나 행선지후(行先知後)를 주장하는 왕부지와 다른 점인데, 양명은 앎과 행함이 결코 선후가 있을 수 없으므로 함께 시작하고 함께 완성된다고 한다. 이런 의미에서 양명은 "앎은 행함의 시작이고, 행함은 앎의 완성이다."라고 말한 것이다. 따라서 즉체즉용의 논리로 보면 "체는 곧 용의 시작이고 용은 곧 체의 완성이다." 이제 체를 말하면 그 속에 용이 있고, 용을 말하면 그 속에 체가 있는 것이다.[51]

표면적으로 혜능과 양명의 즉체즉용의 논리는 매우 유사해 보이는데, 혜능이 설명하는 선정과 지혜의 체용 관계와 양명이 설명하는 앎과 행함의 체용 관계가 모두 체 속에 용이 있고 용 속에 체가 있음을 지적하는 것으로 볼 수 있기 때문이다. 또, 혜능의 경우는 진여자성을 본체로 하고 생각을 일으키는 것은 활용으로 보는 체용 관계가 드러나며, 명실상부 진여와 생각이 등과 등의 빛(등불)처럼 한 몸을 이루고 있음을 천명하고 있다. 양명의 경우는 앎과 행함 그리고 본체와 공부가 체용 관계로 드러나는데, 체용은 상보적인 관계로서 양자의 결합을 통해 한 몸이 완성되는 것이다. 따라서 혜능과 양명의 체용은 함께 시작되고 함께 완성되며, 동시에 시작되고 동시에 완성되는 것이며, 동시성 속에서 유동성을 강조한다.

그러나 동근성의 문제를 부각시키면 혜능과 양명 사이에 차이가 분명하게 드러난다. 혜능의 경우는 비록 등과 등의 빛(등불)처럼 한 몸을 이루고 있다고 하지만, '진여자성을 본체로'라는 언명은 그 자체가 이미 '생각을 일으키는 것'이자 '활용'임을 지적함으로써 체라는 것이 곧 용이며, 활(活)용한다는 것은 곧 활기(活氣)를 잃은 것이 되어 버린다. 그래서 체용불이인 것이다. 반면에 양명의 본체는 마음의 본체를 가리키고, 공부는 마음의 본체를 회복하는 구체적인 실천을 의미하는데,[52] 본체와 공부가 한 몸을 이룬다는 것이다. 그래서 체용일치라는 것이다. 이처럼 동근성의 문제에서는 혜능과 양명이 갈라지는데, 혜능의 체용불이는 체용이 다르지 않다고 하는 것은 분명하지만 그렇다고 같다고 할 수는 없다는 것이고, 양명의 체용일치는 같은 것이라 할 수 있다는 것이다. 이러한 차이는 설명을 위해 이념적으로는 운동성을 말할 수 있지만, 체험된 직접성과 마찬가지로 실천적으로는 운동성을 말할 수 없는 것이라는 점에서 두드러진다.

이런 논의로부터 논자는 혜능과 양명의 논리에 대해 즉체즉용에 의거해서 수운의 체용 관계를 검토할 수 있는 두 가지 기준을 설정할 수 있다. 먼저, 첫 번째 기준은 본체와 작용이 서로 불가분의 관계에 있기 때문에 서로가 서로를 뒷받침한다는 것이다. 즉, 본체 속에 작용이 있고 작용 속에 본체가 있다는 것으로 유동성만을 강조하는 관점이다. 반면에 두 번째 기준은 본체와 작용을 궁극적인 어떤 것이 발현한 것으로 볼 때, 그러한 발현의 이치와 발현된 것 또는 이치가 펼쳐진 것에 대한 것이다. 이것은 유동성과 일원성을 강조하는 것이며, 양명의 체용일치의 관점을 따르는 것이다.[53]

4. 시지합일(侍知合一)과 즉체즉용의 논리

시지합일(侍知合一)에서 시(侍)의 의미는 시천주(侍天主) 주문을 지극정성으로 외울 때 지기(至氣)에 화하여 지극한 성인에 이르게 된다는 것에서 체험된다.[54] 논자는 이제 지기와 시(侍)의 개념을 검토함으로써 그의 철학을 체용 관계로 볼 수 있음을 논증할 것이다. 이로부터 '지기에 화하는 것'과 '지극한 성인에 이르게 된다'는 것에 주목할 때, 지기와 도의 관계가 분명하게 드러날 것이다.

1) 지기와 즉체즉용의 논리

성인은 하늘의 명을 공경하고 하늘의 이치에 순종하는 것이며 천도에 순종하는 것이므로, 지기(至氣)에 화하는 것이 천도에 순종한다는 것을 실마리로 한다면 지기는 곧 도인 것이다.[55] 한편, 지기를 도와 더불어 생각할 수 있는 것은 수운이 설명하는 지기에서도 찾을 수 있다. 즉, "비었지만 신령함으로 가득 차서 모든 일에 간섭하지 않음이 없고, 명령하지 않는 일이 없는 것으로, 형체가 있는 것 같으나 형용하기 어렵고 들리는 듯 싶으나 보기는 어렵다."[56]고 하는 언명은 위에서 도를 설명하는 것과 매우 유사하다는 것을 지적할 수 있다.

하지만 지기(至氣)는 홀로 가능하지가 않은데, 천주와 지기를 아는 것[知]과 모시는 것[侍]이 서로서로 뒷받침하여 서로가 서로의 원인이자 결과가 될 수 있기 때문이다. 여기서 시(侍)와 지(知)는 고정된 어떤 것이라기보다는 그 자체로 운동하는 것임이 분명할 것이고, 이미 앞에서 논의한 것처럼 천주 또는 지기와의 관계 속에서 논의되어야 하는 것이다.[57] 여기서 주의할 것은 시지합일(侍知合一)의 논의로부터 시(侍)와 지(知)는 그 자체로 체용불이(體用不二)임이 드러났기 때문에 모심과 앎 중에 어떤 것을 체로 할지 또는 용으로 할지는 중요하지 않을 뿐만 아니라, 시천주 또는 지천주로부터 그 자체가 즉체즉용(卽體卽用)임이 이미 드러났다는 것이다.[58]

그러므로 지기와 모심 그리고 지기와 앎은, 한편으로 시천주를 따를 때 지기와 시(侍)가 체용의 관계이고, 다른 한편으로 지천주를 따를 때 지기와 지(知)가 체용의 관계가 될 것이다. 당연하게도 지기와 모심 또는 지기와 앎은 체용(體用)의 문제에서 분리되지 않으면서도 서로가 서로를 뒷받침하는 개념이 되는 것이다. 그렇지만 체용의 문제에서 체(體)와 용(用)이 개별적으로 강조되거나, 어떤 정의되지 않는 것의 체(體)와 용(用)으로 말해지는 폐단을 지적할 필요가 있다. "지기(至氣)는 무엇의 체(體)이고 시(侍) 또는 지(知)는 무엇의 용(用)이라는 말인가?" 하는 문제가 제기될 수 있기 때문이다. 이는 앞에서 논의한 등(燈)과 빛[光]의 관계로 확인할 수 있듯이, 지기와 모심 또는 앎에도 마찬가지라는 것이다. 따라서 체와 용이 서로의 원인이자 결과가 되도록 한다면, 수운의 철학을 오해한 수많은 논란거리인 다양한 희론(戲論)은 스스로 무화될 것이라고 말할 수 있다.

물론 이념적으로야 원리인 지기(至氣)가 본체에 해당하고 이 원리의 활용이 시(侍) 또는 지(知)라는 사실을 거론하여, 언제나 지기는 모심 또는 앎의 체(體)이며 모심 또는 앎은 지기의 용(用)이라고 할 수는 없다. 왜냐하면 모심과 앎은 지기에 동참하는 것인바, 모심과 앎은 아직 구현되지 않아 잠재적인 무한의 리듬의 본체이며, 지기를 모시는 것과 아는 것은 이러한 리듬의 활용이기 때문이다. 그러므로 언제나 지기를 본체로 두려는 것은 새로움을 과거의 것들로 채우려는 것임을 지적할 필요가 있다. 따라서 지기라 할 그때[卽體]가 곧 앎이자 모심이며[卽用], 앎이자 모심이라 할 그때[卽體]가 곧 지기(至氣)이다[卽用]. 이런 의미에서 시지합일(侍知合一)이 즉체즉용이라는 것이며, 따라서 오직 이렇게 할 때에야 비로소 지기일원론의 사유가 존재론에 치우치는 것을 경계할 수 있을 것이다. 이로부터 시지합일(侍知合一)이 곧 '사유-수양'이라는 논의로 나아갈 수 있을 것이다.

2) 무위이화와 즉체즉용의 논리

이제 두 번째 기준을 따라서 지기를 궁극적인 것으로 보고[지기일원론], 이것은 운동하는 것이므로 이 운동의 이치는 무위이화이고 그러한 이치(理致)

를 통해서 기화(氣化)가 발현되는 것으로 볼 수 있다는 것을 검토해 보자. 즉, 세계는 지기로서 관철되어 있고 모든 존재의 성장과 소멸은 이 기의 발현으로 일어난다는 관점이다. 이것은 본체와 작용이 궁극적인 어떤 것이 발현한 것으로 보는 것이다. 이러한 논의는 자연스럽게 리(理)와 기(氣)로 세계를 읽는 성리학과 연결된다.

리는 만유의 존재 원인이자 법칙이며, 기는 세계를 구성하는 물질적 질료이다.[59] 존재론적 선후를 따진다면 "리가 먼저 있고 기가 있게 된다(理先氣後)."는 것이지만, 현상세계에서는 리는 기가 동시에 있기에 기와 리의 관계는 불리(不離)이고 부잡(不雜)이다. 즉 현상의 사물은 리・기의 통일체이기에 리와 기는 서로 떠나지 않는다[理氣不相離]는 것이며,[60] 그렇지만 리와 기는 논리적으로 분리 가능한 것[理氣不相雜]이므로[61] 기보다 선행한 리의 존재를 인정하는 것이다. 즉, 성리학은 리기이원론(理氣二元論)적 존재론인 것이다.

이에 비해 수운의 지기일원론은 '리기불상잡'을 부정하는 것이며, 리와 기는 현상계의 사물의 차원에서 통일되어 있기에 다른 것이 아닐 뿐만 아니라, 그 근원을 거슬러 궁극의 근원에서도 나누어지지도 않고 선후를 말할 수도 없다. 이제 리와 기는 따로 떼어 말할 수 없는 것이며, '기에 대한 리'와 '리의 기'로 의미가 전화되는 것이다. 이것이 '혼원한 하나의 기운'인 지기(至氣)와 연결된다.[62] 또한 이러한 설명은 그대로 사람에게도 적용되는데, 하늘과 사람의 일체성이 시천주(侍天主)를 통해 구체화되어 천인합일(天人合一)로 이어진다.[63] 여기서 하늘은 지기인데, 하늘의 자취는 기화인 것이며, 무위이화는 기화로 화생하는 자연스러운 작용이 된다.

이러한 논의로부터 무위이화의 이치를 체로 본다면 하늘의 자취로 발현되는 기화를 용으로 볼 수 있으므로 앞에서 제시한 두 번째 기준을 따르게 된다. 그렇지만 당연한 질문이 이어질 것인데, 이러한 기화는 언제나 무위이화의 이치를 떠난 적이 없음을 지적할 수 있겠다. 이것의 의미는 성리학과의 대비를 통해서 극대화되는데, 성리학에서는 리기론을 토대로 리에 의해 하늘과 사람의 본질적인 동질성을 제시하기는 하지만, 기에 의해 현실적으로 하늘과 사람 간의 간극이 있음을 인정한다. 이에 반해 시천주(侍天主)의 논리로부터 이러한 간극이 무화됨을 이미 논증했는데,[64] 천도와 귀신 그리고 조화 등은 모두 기화인 하늘에 관한 다양한 이름들인 것이다.[65] 따라서 기화는 그 자체에 무위이화하는 자연한 도가 있는 것이며, 무위이화의 자연한 도로서 기화인 것이기 때문이다. 즉 기화 자체가 지기에서 비롯된 것이라면 무위이화의 이치는 기화에서 분리 불가능한 것이며, 그러므로 즉체즉용인 것이다.

한편, 수운의 무위이화의 이치와 기화를 신령의 정신성 또는 생명성과 기의 물질성으로 변용할 수 있을 것이다. 그러므로 우리의 논의를 따를 때, 무위이화의 이치로 발현되는 기화는 정신성과 물질성을 모두 가지고 있는 것이며, 따라서 기화는 천인합일에서 드러났듯이 물질성과 생명성을 모두 갖추고 있는 것이다. 이런 의미에서 베르그송(Henri-Louis Bergson, 1859-1941, 프랑스의 철학자)과 마찬가지로 물질성 이면에 생명성이 있음을 봐야 할 것이고, 생명성 이면에 물질성이 있음을 봐야할 것이며, 그러므로 이것이 동시적인 것이므로 분리할 수 없는 것이다. 예컨대 생명체는 생명성으로 향하면서도 물질성을 포함하는 운동하는 물체이며, 그래서 운동하는 신체는 그 자체로 '체험된 직접성'이라는 우리의 논지가 다시 한 번 더 정당화된다. 이처럼 두 번째 기준으로 볼 때에도, 지기(至氣)를 근원에 두고서 무위이화의 이치와 기화로 발현되는 것을 각각 체와 용으로 보려는 시도는 곧 즉체즉용임이 드러났다.

5. 자유와 체용적 사유의 모험

생성과 소멸이 꼬리를 물며 이어지는 것은 운동하는 것 또는 운동성과 관련이 있음을 살펴보았다. 그리고 이러한 운동을 수운은 기연과 불연 또는 신령으로 대표되는 정신성과 기화로 대표되는 물질성으로 표현하고 있음을 들어서 도(道)에 연결시켰다.[66]

이러한 도는 본체와 작용의 두 면을 지니는 체용 관계를 갖는데, 부동의 원동자처럼 적연부동한 본체가 아니라 우주 만물과 인생 세간의 유행과 실천 속에서 스스로 드러나는 것이다. 그래서 체용(體用)의 관점에서 수운의 지기일원론을 본체와 작용의 두 면으로 검토했던 것이다.

이제 즉체즉용의 논리를 따라, 수운의 철학에서 지(知)는 시(侍)의 체이며, 시(侍)는 지의 용이 되거나, 또는 시(侍)는 지의 체이며, 지는 시(侍)의 용이다. 따라서 지기는 시(侍)의 체이며, 시(侍)는 지기(至氣)의 용이다. 이처럼 즉체즉용의 논리는 수운의 사상을 새로운 지평 위에서 논의할 수 있는 계기를 제공하는데, 언어를 강조하면서도 언어에 매이지 않고, 체험을 강조하면서도 언어를 버리지 않는 것이기 때문이다. 즉, 지기와 시(侍)는 서로가 서로를 뒷받침하여 서로가 서로의 원인이자 결과가 될 수 있다는 것이다. 이는 지기의 존재를 시(侍)하는 것을 부정하는 것에 머무는 것도 아니고, 그렇다고 긍정하는 것에만 머무는 것도 아니며, 오로지 체험되는 것임을 강조하는 것이기에 지행합일의 문제에서 한 걸음 더 나아가게 되는 것이다. 즉체즉용의 논리는 체험된 직접성이며 시지합일인 것이다. 따라서 무위이화는 저절로 그래서 그 자체로 이루어지는 것인 만큼 자유인 것이며, 그래서 수운의 시지합일은 본래 자유인 것이다.

그러므로 지기를 체라고 할 때 모시는 중에 늘 혼원함이요, 시(侍)를 용이라고 할 때 혼원한 중에 모심이다. 따라서 모시는 바로 그때에 지기(至氣)가 모심 가운데 있으며, 혼원한 바로 그때에 시(侍)가 지기(至氣) 가운데 있는 것이다. 나아가 수운의 지와 지기의 경우, 지기는 지(知)의 체이고 지(知)는 지기의 용이다. 지기를 체라고 할 때, 지혜로운 중에 늘 혼원함이요, 지(知)를 용이라고 할 때, 혼원한 중에 지혜로움이다. 따라서 지혜로운 바로 그때에 지기가 지혜 가운데 있으며, 혼원한 바로 그때에 지가 지기 가운데 있는 것이다.

이처럼 사유 속에는 수양이 있고 수양 속에는 사유가 있음이 분명하지만, 이들은 독립적이지 않기 때문에 '사유-수양'인 것이다. 그러므로 사유와 수양은 일체인데, 수양은 사유의 체이고 사유는 수양의 용이다. 즉 수양을 본체로 삼고 사유를 활용하는 것인데, 사유는 지혜를 내는 것이고 수양은 묵묵한 닦음인 것이다. 따라서 수양을 체라고 할 때, 이것은 묵묵히 닦는 중에 늘 지혜로움이요, 사유를 용이라고 할 때, 지혜로운 중에 늘 묵묵한 닦음이라고 할 수 있을 것이다. 마찬가지로 지혜로운 바로 그때에 수행이 사유 가운데 있으며, 묵묵히 닦아 나가는 그때에 사유가 수행 가운데 있는 것이다. 결국 사유가 곧 수행[思惟卽修養]이며 수행이 곧 사유[修養卽思惟]이므로, 사유는 오로지 자유 속에서 가능하며 체용적 사유의 모험이 가능한 것이다. 즉, 체용적 사유가 그 어떤 것에도 매이거나 머무르지 않고 본래 자유를 향유하는 것이기에 모험일 수밖에 없다는 것이다.

부록

출처 : 동학농민혁명기념재단의 협조로 동학농민혁명 유적지 및 기념시설 현황조사 - 강원, 경기, 서울, 경남, 울산, 경북, 대구 - 의 일부를 발췌함.

김천 옛장터

경상북도 김천시 감호동 89, 90, 93, 130, 152번지 일대

김천 지역 농민군의 활동은 1894년 8월부터 활발해졌다. 이지역에서 활동한 세력은 충경포 · 상공포 · 선산포 · 영동포 등이었다. 김천의 유학(幼學) 최봉길(崔鳳吉)이 남긴 『세장년록(歲藏年錄)』에 따르면 김천 지역 동학농민군의 지도자는 죽전(竹田)의 남정훈(南廷薰), 진목(眞木, 참나무골)의 편보언(片輔彦) · 편백현(片白現) 등이었으며, 죽정(竹汀)의 강주연(康柱然), 기동(耆洞)의 김정문(金定文), 강평(江坪)의 도사(都事) 강영(姜永 = 姜基善), 봉계(鳳溪)의 조순재(曺舜在), 공자동(孔子洞)의 선달(先達) 장기원(張箕遠), 신하(新下)의 배군헌(裵君憲), 장암(壯岩)의 권학서(權學書) 등이 접주(接主)로 활동하였다. 접주 가운데 강기선과 조순재는 양반의 후예들이었다.

이들 가운데 편보언은 8월에 들어 스스로 '도집강(都執綱)'이라고 칭하고 김천 시장에 도소를 설치하였다. 그는 동학도에 들어온 사람들의 성명을 기록하고 '접주(接主)' ·'접사(接司)' ·'대정(大正)' ·'중정(中正)' ·'서기(書記)' ·'교수(敎授)' ·'성찰(省察)' 등의 직함을 부여하였다. 상놈의 경우 모두 성찰로 임명이 되었는데, 성찰은 마치 관가의 차사(差使)와 같았다고 한다.

9월 25일 최시형으로부터 군사를 일으키라는 통지를 받은 편보언은 접주들에게 사통(私通)을 보내 농민군을 불러 모았다. 이들은 여러 고을을 횡행하여 곡식과 말을 빼앗고 창과 검을 거두며 기세를 올렸으며, 이웃한 선산부 점령에도 앞장섰다. 선두에 선 것은 1690(숙종 16)년에 현감 조인상이 정자로서 양반들이 시회를 즐기던 감호정(鑑湖亭)의 고직이[庫子]인 김정문이었다. 이들이 선산을 점령한 날짜는 9월 20일 이후로 추정되며, 10월 1일 일본군의 공격을 받고 퇴각하

김천 옛장터 지도

였다. 선산(善山)의 향리들이 몰래 일본군을 불러들였으며, 일본군의 공격으로 김정문 휘하의 농민군 15명을 포함하여 많은 농민군이 전사하였다.

이후 김산에서는 농민군들의 활동이 계속 이어졌다. 편보언이 설치한 김천장터의 도소 이외에도 양반 출신인 강기선은 9월 말경 하기(下耆)에 도소를 설치하고 주변의 재산이 많은 양반들을 잡아다가 동학 입도를 강요하거나, 풀어주는 댓가로 군량미와 군수물자의 지원을 독촉하였다. 10월 초에는 황간·영동·옥천 지역의 농민군들이 추풍령을 넘어와서 김산과 지례의 동학농민군과 함께 군수전과 군수미를 강제로 헌납 받기도 했다.

이에 따라 대구 감영에서는 병정 2백명을 파견하여 김산의 농민군을 진압하도록 했다. 이들이 김산에 들어온 것은 10월 5일이었다. 대접주 편보언을 비롯한 접주들이 사방으로 흩어지거나 은신하자 접주와 죄가 있는 사람의 이름을 게시하고 수색에 나섰다. 6일에는 강기선이 장암(壯岩)에서 체포되어 김천으로 끌려가 총살된 것을 시작으로 김산과 지례 등지에서 관군의 농민군 탄압이 이어졌다. 12월 25일에는 편보언, 남정훈(南廷薰) 등 농민군 지도자 4~5명이 체포되어 김천 시장에서 총살되었다. 10월 이후 경상 감영병에게 잡혀 처형된 농민군 지도자급 인물이 거의 20명에 이르렀다고 한다.

현재 김천 용암사거리에서 김천교 사이의 도로 양옆(감호동과 용두동)으로 〈아랫장터〉가 들어서 있다.

김천교 건너편에서 바라 본 옛김천장터 일대

용두사거리에서 바라본 옛김천장터(현 아랫장터) 모습

주석

경상북도 동학 및 동학농민혁명사의 전개 과정 / 채길순

1 표영삼, 「해월신사의발자취」, 『신인간』 연재, 1980.

2 신영우, 「동학농민군의 신분제 부정운동과 양반지배층의 대응」, 『한국사연구회, 갑오농민전쟁의 종합적 고찰』, 1994. 이외에 대한 그의 연구는 참고문헌 참조 및 주5) 참조.

3 박맹수, 「동학혁명의 문화사적 의미」, 『문학과 사회』 25, 문학과 지성사, 1994.
박맹수, 「최시형 연구」, 한국정신문화연구원, 박사학위논문, 1996.
이외에 대한 그의 연구는 참고문헌 참조.

4 신영우, 「1894년 영남 예천의 농민군과 보수집강소」, 『동방학지』 44, 1984.
신영우, 「1894년 영남 상주의 농민군과 소모영 상 · 하」, 『동방학지』 51 · 52, 1986.
신영우, 「1894년 영남 서북부지방의 농민군지도자와 사회신분」, 『학림』 10, 1988.
신영우, 「19세기 영남 김산의 양반지주층과 향내 사정」, 『동방학지』 70, 1991.
신영우, 「1894년 영남 김산의 농민군과 양반지주층」, 『동방학지』 73, 1991.
신영우, 「경북지역 동학농민혁명의 전개와 의의」, 『동학학보』, 2006.
정진영, 「동학농민전쟁과 안동」, 『안동문화』 15, 1994.
권대웅, 「경상도 유교지식인의 동학농민군 인식과 대응」, 『한국근현대사연구』 51, 2009.
신진희, 「의성의 '동학군'봉기와 '의려'의 대응」, 안동대 석사논문, 2012.
신영우, 「학초전을 통해본 경상도 예천지역 동학농민혁명」, 새로운 자료를 통해 본 경상도 북부 지역 동학농민혁명 발표자료집, 동학농민혁명기념재단, 2014.
이병규, 「소모사실과 상주 김천 지역의 동학농민혁명」, 새로운 자료를 통해 본 경상도 북부 지역 동학농민혁명 발표자료집, 동학농민혁명기념재단, 2014.
김봉곤, 「창계실기와 경상도 의흥 군위 칠곡 지역의 동학농민혁명」, 새로운 자료를 통해 본 경상도 북부 지역 동학농민혁명 발표자료집, 동학농민혁명기념재단, 2014.

5 천도교의 기록을 보면 다음과 같다. "…최제우의 살던 집은 再昨年(포덕 28년 기준)까지 남아 있다가 어떤 富豪가 風水說을 믿고 그곳에 묘를 쓰면 富貴功名이 子孫萬代까지 가리라 하여 그 집을 사서 헌 뒤에 바로 집 자리에는 敢히 묘를 쓰지 못하고 집 자리만 겨우 남겨 놓고 바로 그 옆에다 묘를 썼다는데, 碑石에 '處士文某之墓'라 했다. 우리 일행은 집터에 둘러서서 天書받은 이야기가 始作되었다."(『신인간』 통권 22호)

6 『天道教創建史』 기록을 참고한다. "…鄭龜龍은 朝令을 받고 다시 大邱營으로 向할새 鳥嶺에 이르매 徒弟 數千人이 消息을 듣고 山上에 모였는지라 大神師 徒弟들에게 일러 가로되 '나의 此行은 天命에서 나온 것이니 諸君은 安心하고 돌아가라'하시매 徒弟들은 左右로 分立하야 四拜하고 눈물로써 보내었었다."

7 박맹수, 최시형 연구, 한국정신문화연구원, 박사학위논문, 1996, 62쪽.

8 고성부사를 지냈던 오횡묵(吳宖默)이 쓴 일기로, 함안 군수에서 고성부사로 부임한 1893년 1월부터 벼슬을 내놓고 서울로 올라온 이듬해 10월까지 2년 여 동안의 일기이다.

9 『천도교창건사』 제2편 제 1장.

10 신영우, 앞의 논문, 100쪽(재인용).

11 교중의 기록에, "(1865년)…生計無路 故移遷于尙州東關南 陸生之家 不過三朔.…〈도원기서(桃源記書)〉", "(1867년) 神師 竹屛里로부터 醴泉 水山里에 移居하시니 是時에 大神師 夫人 朴氏는 尙州 東關岩에 移居하시다.…"(1870년)…世貞이 其言을 甘聽하여 神師와 相議치 아니하고 곧 寧越 蘇密院으로 移居한지라 神師 聞하시고 憂色이 有하시더라.〈천도교서(天道敎書)〉"라 하여 동관암에서 1865년과 1867년 두 차례 은거한 사실을 알 수 있다.

12 〈천도교회사초고(天道教會史草稿)〉에 따르면 "(1892年) 五月에 神師 金周元의 周旋으로 尙州郡 旺實村에 移接하시다."라 기록되어 이 마을 출신 김주원의 소개로 이루어졌다는 사실을 알 수 있다. 이 시기에 최시형은 손씨 사모와 큰아들 덕기(德基) 내외가 함께 생활했다.

13 신영우, 「갑오농민전쟁과 영남 보수세력의 대응」, 연세대 박사학위논문, 1992, 92쪽.

14 신영우, 「갑오농민전쟁과 영남 보수세력의 대응」, 연세대 박사학위논문, 1992, 105쪽.

15 〈갑오척사록〉 9월 30일자, 신영우 앞의 책 재인용(112쪽).

16 김석중은 동학농민군을 학살한 공을 인정받아 일본군의 추천으로 안동관찰사가 되었으나 1896년 의병대장 이강년에게 붙잡혀 문경 농암장터에 운집한 군중 앞에서 효수되었다.

17 〈천도교서(天道教書)〉에도 "(1867年) 神師 竹屛里로부터 醴泉 水山里에 移居하시니 是時에 大神師 夫人 朴氏는 尙州 東關岩에 分居하시다"라 하여 2년 간 머물던 죽변이 위태롭게 되자 최시형은 예천 수산리로, 박씨 사모는 상주 동관암으로 각각 옮겼다.

18 뒷날 대접주 최맹순이 관에 체포되어 자백한 내용에서도 "경상도 북부와 충청도 일부 지역의 대소접 48개를 관할하여 무려 7만여 동학군을 거느렸다."고 진술하여 당시 막강한 예천 지역의 동학 교세가 확인된다.

19 〈취어〉, 44-75쪽.

20 방문 내용에 따르면 "호서의 충의 서상철은 대의로써 우리 조선의 의로운 군자와 모든 국민에 고하노라. 산에 올라 부름에 사방에서 모두 응함은 그 소리가 높고 커서가 아니라 들리는 바가 의롭기 때문이다. 엎드려 원컨대, 집집마다 이 방문을 전하여 모두 살피기를 바란다…" 그러나 격문에 따라 모인 것은 동학농민군 뿐이었다.

21 신진희, 「의성의 '동학군'봉기와 '의려'의 대응」, 안동대 석사논문, 2012.

22 『甲午斥邪錄』「執綱所日記」, 『동학농민혁명국역총서』3, (주)삼광문화, 2009, 261쪽 참조). 박성수, 『渚上日月』, 민속원, 2003, 192쪽.

23 이관영(李觀永, 1839-?)은 보은에 살던 전주 이씨로, 1873년에 식년시 생원에 합격하여 이곳에 부임했다.

24 신면형은 의성읍 원흥동(현재 도동 3리)에서 태어나 성장했으나, 뒷날 빙산면 오목동으로 이주했다.

25 이 자료에는 동학농민혁명 관련 내용으로는 선무사(宣撫使) 이중하(李重夏)가 1894년 8월 영남 각지에 보낸 「宣諭文」, 12월 12일 의흥약정도소(義興約正都所)에 약정 1명을 인동부에 올려 보내라는 토포사(討捕使) 조응현(趙應顯)의 전령, 12월 18일 의흥읍의 군병 200명을 동원시켜 19일 김천 쪽으로 출동시켜서 명령을 기다리라는 전령, 12월 19일, 회군하라는 전령 등이 들어 있다. 신석찬은 1894년 동학농민혁명이 일어나자 앞장서서 창의했고, 당시 유생들처럼 동학도를 역도로 규정했다. 그는 8월 20일 이후 의흥과 군위, 칠곡의 백성들을 동원하여 민보군을 결성하여 동학농민군을 토벌하고자 했다. 이 글에 인용된 내용은 필자가 윤문하거나 내용을 요약한 것이다.

26 일본군 병참부 자리는 현재 쌍암고택(구미시 해평면 해평리 239)으로 알려졌다.

27 천도교 교중의 기록에는 두 군데에서 보인다. ① ……布德 31年 庚寅(1890)에 神師 手撰 內則 及 內修道文하야 頒示 道人하시다. 正月에 神師의 子 東曦 生하다. 〈本教歷史〉, ② ……布德 30年 乙丑(1889)…11月에 神師 慶尙道 金山郡 伏虎洞 金昌駿家에 往하사 親히 內修道文을 撰하사 一般 婦人에게 頒布하시니 是 修道의 本이 婦人에게 在한 故이더라. 〈天道教書〉.

28 신영우, 「갑오농민전쟁과 영남 보수세력의 대응」, 박사학위논문, 1992, 119쪽.

29 신영우, 위의 책, 120쪽.

30 신영우, 〈1894년 영남 서북부지방 농민군지도자의 사회신분〉, 『학림』제10집, 4장 참조, 위의 논문 124쪽 재인용.

31 신영우, 「갑오농민전쟁과 영남 보수세력의 대응」, 연세대 박사학위논문, 1992. 276쪽(재인용).

32 신영우, 앞의 책, 276쪽(재인용).

33 경상감영 편『교남수록(嶠南隨錄) 국사편찬위원회, 「각사담록」 v.50 경상도 보유편

2』, 갑오십이월 일영관최처규행군하기.

34 신영우, 「갑오농민전쟁과 영남 보수세력의 대응」, 연세대 박사학위논문, 108쪽.

35 성산지(星山誌)에 따르면 성주 성내 사대문 가운데 오직 하나 남아 있던 동문인 양운루(穰雲樓)가 1894년 동학농민혁명 때에 불탔다고 기록되어 있어 이때 불 탄 것으로 보인다.

36 성산 읍성 공격에 앞장섰던 동학지도자에 대한 기록은 현재까지 없다. 여기서 언급된 동학지도자도 다른 지역으로 도피했다가 붙잡혀서 진술한 내용일 뿐이다. 구전에 따르면 박정희 전 대통령의 아버지 박성빈도 성주 성 공격에 가담했다가 현재의 처가(수원 백씨) 마을 구미로 도피해왔다고 했다. 이에 대해서는 고찰의 여지가 있다.

동학농민혁명기' 김천 지역 동학농민군의 활동 / 조규태

1 역사문제연구소 동학농민전쟁백주년기념사업추진위원회, 「경상도 북서부지역 농민전쟁의 전개」, 『동학농민전쟁 역사기행-동학농민전쟁의 발자취를 찾아서-』(여강, 1993). 표영삼, 「경상 남서부지역 동학혁명」, 『교리교사연구』 6, 2000.5. 신영우, 「경북지역 동학농민혁명의 전개와 의의」, 『동학학보』 12, 2006. 신영우, 「1894년 영남의 동학농민군과 동남부 일대의 상황」, 『동학학보』 30, 2014. 임형진, 「동학초기 경상도 일대의 동학 포조직과 혁명군 지도자 연구」, 『동학학보』 35, 2015. 6.

2 신영우, 「1894년 영남 醴泉의 농민군과 보수집강소」, 『동방학지』 44, 1984. 김종환, 「19세기 후반 상주지방의 농민항쟁」, 『상주문화』 23, 2013. 홍동현, 「1894년 동학농민군의 향촌사회 내 활동과 무장봉기에 대한 정당성 논리-경상도 예천지역 사례를 중심으로-」, 『역사문제연구』 32, 2014. 성주현, 「초기 동학 교단과 영해지역의 동학」, 『동학학보』 30, 2014. 김영철, 「경상도 선산(구미) 동학농민혁명의 사상적 의미」, 『동학학보』 39, 2016. 임형진, 「구미 선산의 동학조직과 활동」, 『동학학보』 36, 2016. 신영우, 「1894년 일본군 노즈(야진) 제5사단장의 북상 행군로와 선산 해평병참부」, 『동학학보』 39, 2016. 김영철, 「경상도 선산(구미) 동학농민혁명의 사상적 의미」, 『동학학보』 39, 2016.

3 신영우, 「1894년 영남 金山의 농민군과 양반지주층」, 『동방학지』 73, 1991.

4 이이화, 「편보언-김천을 쥐고 흔든 도집강」, 『파랑새는 산을 넘고』(김영사, 2008).

5 黃玹, 『梧下記聞』, 『동학농민전쟁사료총서』 1(史芸研究所, 1996), 42-43쪽.

6 『侍天教宗繹史』, 제9장 濟世主歸天, 『동학농민전쟁사료총서』 29권,

7 천도교사편찬위원회 편, 『천도교백년략사(상권)』(미래문화사, 1981), 139-142쪽.

8 천도교사편찬위원회 편, 『천도교백년략사(상권)』(미래문화사, 1981), 152-153쪽. "충

청, 전라, 경상, 경기 등지의 인사가 神師의 豫敎免疾하심을 聞하고 來하는 자 多이더라.”

9 『東學道宗繹史』, 제2편 9장, 誘掖道儒及降書, 『동학농민전쟁사료총서』 29(사운연구소, 1996), 276쪽. 同年 十一月 師在慶尙道金山郡伏虎洞金昌駿家 親撰內修道文及細則 繙以諺文 頒示各包 蓋以婦爲正家之本故也. 김창준가에서 최시형이 지은 내수도문의 내용은 다음과 같다. 一. 父母에 孝하며 家長을 恭敬하며 兄弟姊妹의게 友愛하며 子와 婦를 愛恤하며 奴隷를 子息과 같이 愛하며 牛馬六畜이라도 虐待치 勿하라. 만일 此에 反하면 天主ㅣ怒하시나니 삼가 此에 犯치 勿하라. 二. 朝夕飯米를 出할 時에 天主께 心告하고 반듯이 淸潔한 水를 汲하야 飮食을 淸潔히 하라. 三. 무엇이든지 宿飯을 新飯에 混合치 勿하라. 그리하면 天主ㅣ感應치 안이 하시나니라. 四. 아모 물이나 때마다 함부루 바리지 말고 반듯이 바리는 곳에 바리라. 痰이나 鼻汁을 아모대나 吐하지 말라. 五. 就寢할 때에 心告하며 出入할 때에 心告하며 一動一靜을 天主께 心告하라. 六. 一切 人을 天主로 認하라. 客이 來하겨든 天主ㅣ來하섯다 하라. 幼兒를 打치 勿하라. 이는 天主를 打하는 것이라. 七. 孕胎ㅣ잇거든 몸을 더욱 操心하되 아모 것이나 함부루 먹지 말라. 만일 不潔한 것을 먹으면 幼兒의게 病毒이 及하야 出生할지라도 完全한 사람이 되지 못하나니라. 八. 他人의 是非를 하지 말라. 이는 天主를 是非함이니라. 九. 무엇이든지 貪치 말고 다만 勤할지라. 『天道敎書』 2편 해월신사, 『동학농민전쟁자료총서』 28권(사운연구소, 2006), 187-188쪽.

10 『歲藏年錄』 甲午八月, 『동학농민전쟁사료총서』 2권, 256쪽. 1894년 8월 동학농민운동시 김산 등지에서 활동하였던 접주였다.

11 1893년 3월 보은에 회집하였던 김산의 동학인였다(『취어』, 宣撫使再次狀啟 魚允中兼帶, 『동학농민혁명 국역총서』 1, 선무사가 다시 장계함, 어윤중이 겸임, 국편 한국사데이터베이스).

12 신영우, 「1894년 영남 金山의 농민군과 양반지주층」, 『동방학지』 73, 1991, 73쪽. 신영우 정리, 「김산의 참나무 마을 동학 두령 편보언, 손자 호열 · 사열, 방손 중렬」, 『동학농민혁명 증언록』, 국편 한국사데이터베이스.

13 신영우, 「1894년 영남 金山의 농민군과 양반지주층」, 『동방학지』 73, 1991, 73쪽. 신영우 정리, 「김산의 참나무 마을 동학 두령 편보언, 손자 호열 · 사열, 방손 중렬」, 『동학농민혁명 증언록』, 국편 한국사데이터베이스.

14 『歲藏年錄』 甲午八月, 『동학농민전쟁사료총서』 2권, 258쪽. 1894년 8월 김산의 동학농민군이 바로 이 포에 속하였던 것으로 보아 짐작할 수 있다.

15 국사편찬위원회 편, 『주한일본공사관기록』 1, 69-70쪽.

16 천도교사편찬위원회 편, 『천도교백년략사(상권)』(미래문화사, 1981), 202쪽.

17 『召募事實』, 『동학농민전쟁사료총서』 11, 398-400쪽.

18 『聚語』(1893.3.30.), 『동학농민혁명 국역총서』 1, 국편 한국사데이터베이스.

19 송찬섭, 「1862년 농민항쟁기 수령의 수습활동과 삼정책-개령현감 이종상의 사례」, 『조선시대사학보』 71, 2014.

20 『聚語』(1893.3.30.), 『동학농민혁명 국역총서』 1, 국편 한국사데이터베이스.

21 『취어』, 宣撫使再次狀啟 魚允中兼帶, 『동학농민혁명 국역총서』 1, 선무사가 다시 장계함, 어윤중이 겸임, 국편 한국사데이터베이스.

22 『固城府叢瑣錄』, 『동학농민전쟁 사료총서』 4, 124쪽.

23 『천도교서』 1893년 7월, 『동학농민전쟁사료총서』 28, 국편, 한국사데이터베이스. 七月에神師 l 仁同郡裵聖範家에移在하시더니孫秉熙孫天民이來謁하야處患의道를論하다. 神師 l 仁同으로부터金山郡片士彦家에至하실새孫秉熙 l 從行하다. 時에徐丙鶴이來하야다시伸冤할事로써言하고또李觀永李海觀을符同하야甚至不敬으로써神師께加하되神師 l 凝然不動하시다. 十月에神師 l 尙州別墅에還하섯다가孫秉熙李在壁의周旋에依하사家族을率하시고靑山郡文岩里全聖元家에移寓하시다.

24 京제37호, 「경상도내 동학당 상황 탐문 보고」(1894. 6.13), 국사편찬위원회 편, 『주한일본공사관기록』 1권. 69쪽.

25 『東擾日記』.

26 『世藏年錄』, 『東學農民戰爭史料叢書』 2, 256-258쪽. 『동학농민혁명 자료총서』, 1894년 8월, 국편 한국사데이터베이스.

27 都漢基, 『東擾日記』 甲午 八月, 『동학농민전쟁사료총서』 11, 515-531쪽. 『동요일기』 1894년 8월, 『동학농민혁명 국역총서』 3권, 국편 한국사데이터베이스.

28 都漢基, 『東擾日記』 甲午 八月, 『동학농민전쟁사료총서』 11, 515-531쪽. 『동요일기』 1894년 8월, 『동학농민혁명 국역총서』 3권, 국편 한국사데이터베이스.

29 都漢基, 『東擾日記』 甲午 八月, 『동학농민전쟁사료총서』 11, 515-531쪽. 『동요일기』 1894년 8월, 『동학농민혁명 국역총서』 3권, 국편 한국사데이터베이스.

30 都漢基, 『東擾日記』 甲午 八月, 『동학농민전쟁사료총서』 11, 515-531쪽. 『동요일기』 1894년 8월.

31 都漢基, 『東擾日記』 甲午 八月, 『동학농민전쟁사료총서』 11, 515-531쪽. 『동요일기』 1894년 8월.

32 『世藏年錄』, 『東學農民戰爭史料叢書』 2, 256-258쪽. 『동학농민혁명 자료총서』, 1894년 8월.

33 『갑오척사록』, 『동학농민혁명 국역총서』 3권, 〈집강소일기〉, 1894년 9월 22일 을유.

34 『世藏年錄』, 『東學農民戰爭史料叢書』 2, 256-258쪽. 『동학농민혁명 자료총서』, 1894

년 9월.

35 『大阪每日新聞』, 明治 27년 10월 27일.

36 「嶠南隨錄」.

37 『동학농민혁명사 일지』, 1894.10.1., 국편 한국사데이터베이스.

38 『동학농민혁명사 일지』, 1894.10.1., 국편 한국사데이터베이스.

39 『世藏年錄』, 『東學農民戰爭史料叢書』 2, 256-258쪽, 『동학농민혁명 자료총서』, 1894년 9월.

40 신영우, 「1894년 영남 金山의 농민군과 양반지주층」, 『동방학지』 73, 1991, 202쪽.

41 『世藏年錄』, 『東學農民戰爭史料叢書』 2, 256-258쪽. 『동학농민혁명 자료총서』, 1894년 9월.

42 신영우, 「1894년 영남 金山의 농민군과 양반지주층」, 『동방학지』 73, 1991, 205-206쪽. 『世藏年錄』, 『東學農民戰爭史料叢書』 2, 256-258쪽. 『동학농민혁명 자료총서』, 1894년 10월.

43 신영우, 「1894년 영남 金山의 농민군과 양반지주층」, 『동방학지』 73, 1991, 205-208쪽. 『世藏年錄』, 『東學農民戰爭史料叢書』 2, 256-258쪽. 『동학농민혁명 자료총서』, 1894년 10월. 「嶠南隨錄」.

44 『世藏年錄』, 『東學農民戰爭史料叢書』 2, 256-258쪽. 『동학농민혁명 자료총서』, 1894년 10월.

45 『梧下記聞』, 『동학농민전쟁사료총서』 1권.

46 「鄭求鉉 · 李日文 판결선언서」(1900.12.18.), 『동학농민전쟁사료총서』 18.

47 「보고서」(建陽 元年), 『동학농민전쟁사료총서』 5.

48 「鄭求鉉 · 李日文 판결선언서」(1900.12.18.), 『동학농민전쟁사료총서』 18. 그는 1900년 음력 4월쯤 동학인이 다시 일어난다는 소문에 따라 사람의 왕래를 점검하던 김산군 관헌에 체포되었다. 이 일로 그는 태 100대에 징역 3년의 형을 받았다.

49 「徐定萬 · 金堂骨 · 片合德 · 陸四明 판결선언서」(1900.7.25.), 『동학농민전쟁사료총서』 18. 金致萬의 입교연도는 확인되지 않으나, 1897년 4월 음죽에 머무르던 최시형을 방문한 사실이 확인된다(「대선생사적-해월선생문집」, 『동학농민전쟁사료총서』 27).

50 「趙東玉 외 47인 판결선언서」(1900.7.28.), 『동학농민전쟁사료총서』 18. 片萬恩(35)은 서정만을 신인으로 인정하고 속리산 불공관광차로, 金宗永(53)은 편합덕에게 국가를 위한 불공지설을 듣고 가사를 방매하여 떡과 술을 만들과 의복을 지어, 金中今(38)은 편합덕과 서정만의 말에 설득되어 관광기도를 하기 위하여, 李掌中(45)은 서정만에게 설득되어, 金聖一(41), 鄭斗一(48), 裵排判(39), 鄭光洙(31)은 국모를 위한 불공과 1년 신수의 亨吉과 도리를 좋아하는 등의 이유로 속리산에 갔다. 片日三(49)은 4촌 편

합덕의 피촉을 듣고 위문차로 속리산에 갔다.

51 「趙東玉 외 47인 판결선언서」(1900.7.28.), 『동학농민전쟁사료총서』 18. 金用甫(37)는 정해룡의 위국모치성지설을 듣고, 金克成(47), 金在奉(27), 金水大(36), 崔不伊(35), 孔時周(34), 梁克石(32), 李奉化(55)는 정해룡의 위국모치성지설 등의 말을 듣고, 柳德述(37), 全京文(45), 正基(47)은 서정만에게 설득되어, 金永植(30)은 위국모불공지설과 가내태평설을 듣고, 金吉道(43)는 서정만의 요청으로 인하여 속리산에 갔다. 개령군의 張宅根(33)은 서정만에게 설득되어 속리산에 갔다.

52 「徐定萬·金堂骨·片合德·陸四明 판결선언서」(1900.7.25.), 『동학농민전쟁사료총서』 18. 金致萬의 입교연도는 확인되지 않으나, 1897년 4월 음죽에 머무르던 최시형을 방문한 사실이 확인된다(「대선생사적-해월선생문집」, 『동학농민전쟁사료총서』 27).

53 각주 50), 51) 참조.

54 「일진회 현황에 관한 조사보고」(1904.11.22.), 『주한일본공사관기록』 21.

1894년 경상 감사 조병호의 동학농민군 진압 기록과 김천 / 신영우

1 『고종실록』 1895년 10월 11일자.

2 『別啓』는 1985년 경 당시 奎章閣 司書 李相殷 선생이 복사해준 자료이다.

3 후손댁은 찾지 못해서 조사하지 못했다. 혹시 후손들이 소장하고 있는지 알 수 없다.

4 경상도 군현에 관한 연구로는 다음 논문이 참고가 된다. 김덕현, 「경상도 군현의 형성과 변화 과정」 『문화역사지리』 17권 3호, 2005.

5 "正憲大夫行慶尙道觀察使兼兵馬水軍節度使都巡察使大斤都護府使 親軍南營外使臣趙.

6 『總關公文』은 統理交涉通商事務衙門과 外部에서 總稅務司에게 내린 文書를 묶은 謄綴이다.

7 내무아문과 외부에서 부산해관의 총세무사 묵현리(墨賢理, Henry Ferdinand Merrill)에게 공문으로 지시한 이 항목의 내용은 다음과 같다. "慶尙道觀察使 兼 親軍南營外使李의 牒呈에 의거하여, 該營의 新練兵丁이 쓸 前門槍 600桿, 槍器械共革帶 600條 등을 일본에서 貿來하여 釜山口에 도착할 때 釜山海關 總稅務司 묵현리(墨賢理, Henry Ferdinand Merrill)에게 迅飭하여 해당 물건들은 특별히 免稅토록 하라는 關文"

8 『駐韓日本公使館記錄』 1권, 四. 東學黨에 關한 件 附巡査派遣의 件 一 (2) 慶尙道 東匪의 鎭壓에 관한 公翰 2) 右件准行回答. 갑오 8월 27일(양력 9월 26일).

9 이헌영은 많은 기록을 남겼다. 의주부윤을 비롯 암행어사와 경상 감사 등의 재임시 기록한 일기류와 공문을 모아 『龍灣集略』 『嶠繡集略』 『嶠藩集略』 등 여러 책을 묶어놓

았다.

10 11월 4일자 장계는 이미 공개되었다. 동학농민혁명기념재단에서 수집하여 동학농민혁명 종합정보시스템(http://www.e-donghak.go.kr/dirFrameSet.jsp?item=sa)에 번역해서 수록하였다.

11 9월 30일자 장계도 동학농민혁명 종합정보시스템의 다음 주소에 (http://www.e-donghak.go.kr/dirFrameSet.jsp?pSearchType=1&pMainSearchType=1&pSearchClassName=¶m=&lang=korean&pSection=BI&pSearchWord=%ED%86%A0%ED%8F%AC%EC%82%AC)에 번역해서 수록하였다.

12 『固城府叢瑣錄』 1894년 8월 초. "河東居崔鶴鳳 而持南原全鳳俊接所公文 以各邑政治廉察事"

13 위 자료. "東學處處蜂起 丁無安靜 稅駕之地"

14 『고종실록』 1894년 8월 17일. "以洪淳馨爲廣州府留守 李恒儀爲慶尙右道兵馬節度使"

15 진주 일대의 동학농민군의 활동과 진주병사 김준호에 관한 연구는 다음 논문이 참고된다. 김준형, 「서부경남지역의 동학군 봉기와 지배층의 대응」 『경상사학』 7·8집, 1992; 김봉곤, 「서부경남지역의 동학농민혁명 확산과 향촌사회의 대응」 『남명학연구』 41집, 2014.

16 이러한 사실이 알려지면서 민준호는 해임되었고, 다음해에는 처벌을 당하게 된다. 『고종실록』 1895년 2월 23일. "법무대신 서광범이 아뢰기를, '경상 전 우병사(慶尙前右兵使) 민준호(閔俊鎬)가 비적을 잡지 않은 죄는 제서유위율(制書有違律)에 따라 형장(刑杖) 100대에 해당하는 사사로운 죄로서 속전(贖錢)을 거두고 고신(告身)을 추탈하는 것이 어떻겠습니까?'하니, 윤허하였다."

17 『駐韓日本公使館記錄』 1권, 五. 東學黨에 關한 件 附巡査派遣의 件 二 (1) 慶尙右道東學黨擾亂 景況과 이에 대한 意見.

18 이 별보에서 보고한 내용은 『고종실록』 『갑오군정실기』 등에 나오지 않는 것이 대부분이다. 상주와 같이 소모사 정의묵과 목사 이만윤이 관내 사정을 수시로 보고한 지역은 상주소모영의 『소모사실』 등에 동일한 내용이 나오지만 산청 등 다른 군현의 내용은 유일한 기록이다.

19 『世藏年錄』 "無謀某處 私家奴隷擧皆入道 爲其上典者 以無價贖良 不然者被害罔測"

20 위 자료, 1894년 8월.

21 김산 지역의 사례연구는 다음 논문 참고. 신영우, 「19세기 영남 김산의 양반지주층과 향내사정」 『동방학지』 70집; 신영우, 「1894년 영남 김산의 농민군과 양반지주층」 『동방학지』 73집, 1991.

22 『고종실록』 1894년 3월 25일.

23 『世藏年錄』 3월 일기 참고.

24 위 자료, 6월 2일자에 경복궁 사태를 바로 전하고 있다. "오늘 새벽 일본 장수가, 청나라 장수가 떠나가는 것을 보고, 병사 4천 8백 명을 거느리고 각기 총검을 소지하고 에워싸서 광화문 밖에 이르러 일제히 소리를 지르며 일시에 총을 쏘니 천지가 진동하고 광화문의 문추리가 깨지자 곧장 대전으로 들어가 삼중사중으로 포위하였다. 대궐 안의 조정 신료들와 군사들이 바람과 우박처럼 흩어져 한 사람도 시위하는 자가 없었다. 상감(上監)의 삼대(三代)만이 나뉘어 포위 속에 있었다. 일본군사들이 대궐 안에 땔나무를 쌓고 그 가운데에 기름을 붓고 또 대오를 나누어 사대문을 지키고 또 각 아문과 종로거리를 포진하고 또 도성 밖의 높은 봉우리에 진을 치니, 한양의 인민들이 혼백이 달아날 지경이고 어찌 할 바를 모르고 통곡하며 동분서주하였다."

25 위 자료, 9월 25일.

26 『嶠南隨錄』.

27 『世藏年錄』『甲午以後日記』.

28 片甫彦은 남영병이 김천에 들어오기 전에 피신하여 결국 잡히지 않았다. 『世藏年錄』, "(十月)五日 大邱兵丁入金泉 片輔彦逃走 其餘布率 散如晨星 營將錄接主與有罪者姓名揭壁搜捕云".

29 『世藏年錄』, "營將數罪曰 汝等奪人財穀 奪邑軍器 起軍謀逆何也 以大棍打 十二度後砲殺".

30 『世藏年錄』, " 은밀히 조순재를 체포했으나 놓쳤지만 뒷날의 탈이 없었다. 이는 대개 종숙 승지영(承旨令)의 힘이었다. 아, 강영과 조순재는 명문가의 자제로 죄를 지어 화를 당하니 더욱 애석하다."

31 『世藏年錄』, "八日……日人二十名 捕東徒次 又入金泉 聞道人歸化之奇退去".

32 『嶠南隨錄』.

33 『駐韓日本公使館記錄』.

34 『日省錄』 甲午 9월 22일.

35 『日省錄』 甲午 9월 29일.

36 『召募事實』 乾, 十月二十一日 榜諭列邑及尙州各面里大小民人.

37 이 槍兵의 수는 『嶠南隨錄』에 기재된 바, 남영병의 軍費로 민보군의 黑帶를 마련해 준 수로 알 수 있었다.

38 『甲午以後日記』.

39 졸고, 1986, 「1894年 嶺南 尙州의 農民軍과 召募營(上)」 참조.

40 『召募日記』 十一月二十八日.

41 『世藏年錄』, "二十二日 晝召募令 出座蓮桂所 齊會鄕員 爬定任司 仲弟子笛 亦參日記

官 抄拔饒戶 以備軍糧".

42 『召募事實』 12월 기사.

43 『討匪大略』.

44 曺始永, 「召募使疏」 『後溪集』 『甲午以後日記』, "東徒之歸化者 一不問 罪輒然無事矣".

45 『世藏年錄』 正月條. 〈?〉 『甲午軍功錄』(『東學亂記錄』 下).

김산 소모영의 설치와 동학농민군 진압 활동 / 이병규

1 지금까지 김산(김천)을 포함하여 경상도 북부지역을 대상으로 한 동학농민혁명 관련 연구 성과는 다음과 같다

신영우, 「1894년 영남 예천의 농민군과 보수집강소」, 『동방학지』 44, 1984.

신영우, 「1894년 영남 상주의 농민군과 소모영 상 · 하」, 『동방학지』 51 · 52, 1986.

신영우, 「1894년 영남 서북부지방의 농민군지도자와 사회신분」, 『학림』 10, 1988.

신영우, 「19세기 영남 김산의 양반지주층과 향내 사정」, 『동방학지』 70, 1991.

신영우, 「1894년 영남 김산의 농민군과 양반지주층」, 『동방학지』 73, 1991.

신영우, 「경북지역 동학농민혁명의 전개와 의의」, 『동학학보』, 2006.

정진영, 「동학농민전쟁과 안동」, 『안동문화』 15, 1994.

권대웅, 「경상도 유교지식인의 동학농민군 인식과 대응」, 『한국근현대사연구』 51, 2009.

신진희, 「의성의 '동학군' 봉기와 '의려'의 대응」, 안동대 석사논문, 2012.

신영우, 「학초전을 통해본 경상도 예천지역 동학농민혁명」, 새로운 자료를 통해 본 경상도북부지역 동학농민혁명 발표자료집, 동학농민혁명기념재단, 2014.

이병규, 「소모사실과 상주김천지역의 동학농민혁명」, 새로운 자료를 통해 본 경상도 북부지역 동학농민혁명 발표자료집, 동학농민혁명기념재단, 2014.

김봉곤, 「창계실기와 경상도 의흥군위칠곡 지역의 동학농민혁명」, 새로운 자료를 통해 본 경상도북부지역 동학농민혁명 발표자료집, 동학농민혁명기념재단, 2014.

2 이 자료는 2014년 대구에 거주하는 박홍기씨가 동학농민혁명기념재단에 제공하여 세상에 알려지게 되었다. 이와 관련하여 동학농민혁명기념재단은 2014년 8월에 「새로운 자료를 통해 본 경상도 북부지역 동학농민혁명」이라는 주제로 학술대회를 개최하여 「소모사실」을 소개하였다. 동학농민혁명기념재단은 「소모사실」을 번역하여 『동학농민혁명신국역총서』 2(2015년) 수록하였다.

3 조시영(1943-1912) 본관은 창녕, 자는 치극, 호는 후계 동지중추부사 위의 12세손으로 아버지는 참봉 진만이며 어머니는 진주강씨로 처중의 딸이다. 1873년 진사시에 합격

하여 성균관 유생이 되었고, 1882년 정시 문과에 급제하여 홍문관의 수찬, 교리, 응교, 사간원헌납, 사헌부지평, 장령, 집의, 성균관사성, 장악원정 병조정랑, 통례원의 좌통례, 우통례 등을 지냈다. 1890년 통정대부에 올라 돈녕부도정을 거쳐 병조의 참지, 참의, 동부승지가 되었다. 외직으로는 홍양현감, 고령군수, 여산부사, 경상도관찰사 등을 역임하면서 향약과 향음주례를 실시하여 풍속을 교화하고 농상을 권장하여 치적을 남겼다. 만년에는 봉계 옥호동에 퇴거하여 후진배양에 힘썼다. 효성이 지극하고 문장이 뛰어났다. 편서로는 상례제요가 있고 저서로는 후계문집 16권 8책이 있다.

4 『고종실록』 고종 31년 11월 13일.

5 「소모사실」, 갑오년 11월 21일, 『동학농민혁명신국역총서』 2권, 2015년, 31쪽.

6 「소모사실」, 갑오년 12월 초1일, 『동학농민혁명신국역총서』 2권, 2015년, 33쪽.

7 「소모사실」, 갑오년 12월 1일, 『동학농민혁명신국역총서』 2권, 2015년, 34쪽.

8 「소모일기」, 『동학농민전쟁사료총서』 11권.

9 「소모사실」, 갑오년 11월 13일, 『동학농민혁명신국역총서』 2권, 2015년, 70쪽.

10 「소모사실」, 갑오년 11월 13일, 『동학농민혁명신국역총서』 2권, 2015년, 65쪽.

11 「소모사실」, 갑오년 12월 19일, 『동학농민혁명신국역총서』 2권, 2015년, 80쪽.

12 「소모사실」, 갑오년 12월 7일, 『동학농민혁명신국역총서』 2권, 2015년, 44쪽.

13 「소모사실」, 갑오년 12월 19일, 『동학농민혁명신국역총서』 2권, 2015년, 50쪽.

14 「소모사실」, 갑오년 12월 7일, 『동학농민혁명신국역총서』 2권, 2015년, 46쪽.

15 「소모사실」, 갑오년 11월 13일, 『동학농민혁명신국역총서』 2권, 2015년, 70쪽.

16 「소모사실」, 갑오년 12월 13일, 『동학농민혁명신국역총서』 2권, 2015년, 66쪽.

17 「소모사실」, 갑오년 11월 13일, 『동학농민혁명신국역총서』 2권, 2015년, 72쪽.

18 「소모사실」, 갑오년 12월 15일, 『동학농민혁명신국역총서』 2권, 2015년, 74쪽.

19 「소모사실」, 갑오년 12월 15일, 『동학농민혁명신국역총서』 2권, 2015년, 76쪽.

20 「토비대략」, 『동학농민전쟁사료총서』 11권, 500-508쪽.

21 「소모사실」, 갑오년 12월 21일, 『동학농민혁명신국역총서』 2권, 2015년, 96쪽.

22 「소모사실」, 갑오년 12월 23일, 『동학농민혁명신국역총서』 2권, 2015년, 103쪽.

23 「소모사실」, 갑오년 12월 23일, 『동학농민혁명신국역총서』 2권, 2015년, 106쪽.

24 「소모사실」, 갑오년 12월 27일, 『동학농민혁명신국역총서』 2권, 2015년, 114쪽.

25 「소모사실」, 을미년 정월 2일, 『동학농민혁명신국역총서』 2권, 2015년, 119쪽.

26 「소모사실」, 을미년 정월 6일, 『동학농민혁명신국역총서』 2권, 2015년, 124쪽.

27 「소모사실」, 을미년 정월 6일, 『동학농민혁명신국역총서』 2권, 2015년, 123쪽.

28 「소모사실」, 을미년 정월 3일, 『동학농민혁명신국역총서』 2권, 2015년, 121쪽.

29 「소모사실」, 을미년 정월 8일, 『동학농민혁명신국역총서』 2권, 2015년, 130쪽.

김천과 〈내수도문〉, 그리고 동학의 배려적 양성주의 / 안외순

1 박현주, 〈김천 찾은 해월, 동학사상 기반을 마련하다〉, 《영남일보》, 2013.11.12 기사.

2 이에 대해서는 이 책에 함께 실린 조규태, 이병규 선생님의 글 참조.

3 관련 기존연구로는 다음의 연구들 참조. 김용덕, 「여성운동 및 어린이운동의 창시자로서의 해월선생」, 『신인간』 370호, 1979; 김경애, 「東學, 天道教의 男女平等思想에 關한 硏究: 經典/歷史書/機關誌를 中心으로」, 『여성학논집』 1, 1984; 김미정, 「동학 · 천도교의 여성관의 변화」, 『한국사학보』 25권, 고려사학회, 2006; 朴容玉, 「東學의 男女平等思想」, 『역사학보』 91, 1981; 김현옥, 「동학의 여성개화운동연구: 해월의 여성관을 중심으로」, 『성신사학』 9, 1981; 신기현, 「동학의 평등인식」, 『호남정치학회보』 제1권, 호남정치학회. 1989; 양삼석, 「수운(水雲) 최제우의 남녀평등관」, 『민족사상』 6/4, 2012; 이현숙, 「『동학의 가사』에 나타난 여성관에 관한 고찰」, 이화여자대학교 교육대학원 석사학위논문, 1985; 정영엽, 「崔時亨의 생애와 여성관」, 부산대학교 교육대학원 석사학위논문, 2001; 정정숙, 「海月思想의 에코페미니즘的 解釋」, 『동학연구』 16, 2004, 최민자, 「동학의 女性개화운동 연구- 해월의 女性관을 중심으로」, 『성신사학』 6, 1988.

4 신용하, 「해제: 최시형의 〈內則〉, 〈內修道文〉, 〈遺訓〉에 대하여」, 『한국학보』 12, 201 참조.

5 『天道教經典』 「海月神師法說」, 제26-27편, 369-374에 현대어로 수정되어 실려 있다. 이 글에서는 이 둘 다 자료로 활용하되, 원문 제시는 당시 한글로 된 규장각본을 이용하고, 해설에서는 천도교경전본을 활용하기로 한다.

6 대신 여기서 〈內則〉 전문은 짧으므로 제시하고 넘어가기로 한다. 전문이 짧다고 그 의미도 짧은 것은 아니어서 자세한 분석은 별고를 기약하기로 한다.
〈포태(胞胎)하거든 육죵(肉腫)을 먹지 말며 논의 우렁도 먹지 말며 헤어(海魚)도 먹지 말며 거렁의 가직도 먹지 말며 고기 냄식도 맛지 말며, 무론 아무 고기라도 먹으면 그 고기 기운을 ᄯᅡ라 사람이 나면 모질고 탁하니 // 일삭(一朔)이 되거든 기운 자리에 안지 말며, 잘 ᄯᅢ에 반ᄯᅳ이 자고 모으로 눕지 말며, 팀치(김치)와 치소와 ᄯᅥᆨ이라도 기울게 썰어 먹지 말며, 울식 터논 ᄃᆡ로 당기지 말며, 담 므너진 ᄃᆡ로 ᄃᆡᆼ기지 말며 지름길로 ᄃᆡᆼ기지 말며, 남의 말 하지 말며 성(승) 내지 말며, 무거운 것 들지 말며, 무거운 것 이지 말며, 가벼운 거시라도 무거운다시 들며 방아 쩔 ᄶᅢ에 너무 되게도 ᄶᅵᆺ지 말며, 급하게도 먹지 말며 너무 찬 음식도 먹지 말며 너무 쓰거운 음식도 먹지 말며, 지ᄃᆡ안지 말며 비계서지 말며, 남의 눈을 속이지도 말며, // 이갓치 안이말면 사람이 나서 요사(夭死)도 하고 횡사(橫死)도 하고 조사(早死)도 하고 병신도 되나니, // 이 열가지 경계하

신 말삼을 닛지 말고 이갓치 십삭(十朔)을 공경하고 미더하고 조심하오면 사람이 나서 톄도(體道)도 바르고 총명(聰明)도 하고 지국(志菊과) ᄌᆡ기(才技)가 올케 날 거시니 부ᄃᆡ 그리알고 각별 조심하옵소셔. // 이ᄃᆡ로만 시힝하시면 문왕(文王) 갓튼 셩인과 공자(孔子) 갓튼 셩인을 날 거시니 그리알고 수도를 지셩으로 하옵소셔.

이 ᄂᆡ측과 ᄂᆡ수도 하난 법문을 ᄎᆡᆨ상가에 던져두지 말고 조용하고 한가한 ᄯᅢ를 타셔 수도하시난 부인ᄭᅦ 외어들여 ᄲᅧ에 ᄉᆡᆨ이고 마음에 진케 하옵소셔.〉

7 『天道 教會史草稿』, 1920.

8 『侍天教歷史』, 『東學思想資料集』(參), 亞細亞文化史 影印刊, 1980, 582-584쪽.

9 李敦化, 『天道教創建史』, 1933, 천도교중앙종리원.

10 동학이나 천도교에서 모든 행동을 할 때 사전에 한울님께 고하는 행위. 원불교에서도 약간 변형된 형태이기는 하나 주요한 종교의식 행위로 자리잡았다.

11 吳知泳, 『東學史』, 대광사, 1984(1938), 66쪽.

12 선학 박용옥은 해월과 동거했던 도제의 주관으로 편찬된 『侍天教歷史』가 가장 신뢰성이 있다고 보아 그 작성연도를 1890년으로 판단했다. 132쪽 참조.

13 이 시기 해월의 행적에 대해서는 표영삼, 『동학2: 해월의 고난과 역정』, 통나무, 2005, 160-5쪽 참조.

14 『天道教經典』「海月神師法說」, 〈三敬〉.

15 정정숙, 「海月思想의 에코페미니즘的 解釋」, 『동학연구』 16, 2004. 122쪽, 128-129쪽 참조.

16 D. Held, 안외순 역, 『정치이론과 현대국가: 국가, 권력, 민주주의에 대한 논의』, 학문과사상사, 1996, 1장, 23-88쪽 참조.

17 배려적 여성주의에 대해서는 이미식, 최용성, 「정의 배려의 윤리와 여성주의적 의미: 페미니즘과 포스트모더니즘과의 관계를 중심으로」, 『여성학연구』 11/1; 임화연, 「배려의 윤리와 여성주의」, 『철학논총』 27, 2002 참조.

18 후일 천도교에서는 아예 「衛生保護章」을 법설로 마련하여 『天道教經典』에 수록하였다.

19 정정숙, 「海月思想의 에코페미니즘的 解釋」, 『동학연구』 16, 2004, 123쪽.

20 해월 사상의 기타측면에 대해서는 신기현, 「동학의 평등인식」, 『호남정치학회보』, 제1권, 호남정치학회. 1989; 김춘성, 「해월사상의 현대적 의미」, 『해월 최시형과 동학사상』, 예문서원, 1999; 신일철, 「최시형의 범천론적 동학사상」, 『동학사상의 이해』, 사회비평사, 1995; 황묘희, 「동학의 근대성에 대한 고찰」, 『민족사상』, 제1권, 제1호, 한국민족사상학회 2007 등 참조.

21 양삼석, 「수운(水雲) 최제우의 남녀평등관」 『민족사상』, 6/4, 2012 참조.

22 이러한 동학의 성격에 대해 오문환은 '네오휴머니즘'으로 정의하였다. 오문환, 『사람이 하늘이다』, 솔출판사, 1996; 오문환, 『해월 최시형의 정치사상』, 모시는사람들, 2003 참조.

23 『天道教經典』「海月神師法說」, 〈布德〉.

24 『天道教經典』「海月神師法說」, 〈布德〉.

25 『天道教經典』「海月神師法說」, 〈養天主〉.

26 『天道教經典』「海月神師法說」, 〈待人接物〉.

27 『天道教經典』「海月神師法說」, 〈養天主〉.

28 『天道教經典』「海月神師法說」, 〈明心修德〉.

29 『天道教經典』「海月神師法說」, 〈婦人修道〉.

30 김경애, 「東學, 天道教의 男女平等思想에 關한 硏究: 經典/歷史書/機關誌를 中心으로」, 『여성학논집』 1, 1984, 181.

동학의 코드와 김천 지역 현대문학 자산 / 지현배

1 지현배, 대구경북 시인의 코드, 서울:한국학술정보, 2009, 6쪽 참조.

2 그러나 사회 구조적 관점이나 수용 미학 등의 시각에서는 작품 세계의 특징과 작가의 삶에서는 일정한 거리를 유지하게 되거나 때로는 분리되기까지 한다. 우리 문학사에서도 친일문학과 관련된 논쟁 등은 작가의 삶과 그가 창조한 작품의 세계에서 일치 여부를 확인할 수 없거나 심지어 상반되는 경우에 관련된 것이다.

3 김천 지역의 근대문학 자산에 대한 논의는 김천의 문학 전반에 대한 통시적 조사가 선행되어야 하는 점을 감안할 때, 이번 연구의 범위를 벗어나는 것이지만, 큰 흐름을 보고자 간략히 정리하기로 한다. 다만, 선행 연구 자료의 한계로 인해 균형 있는 논의가 어려운 점을 감안할 필요가 있겠다. 주로 2000년대 초에 한국연구재단의 지원으로 이루어진 "대구경북의 지성과 운동" 연구팀의 자료를 원용한다.

4 경북대학교 인문과학연구소 대형과제연구단, 근현대 대구 · 경북지역 문예지, 대구: 도서출판 영한, 2006, 186-215쪽 참조.

5 [네이버 지식백과] 한국문인협회 김천지부[韓國文人協會 金泉支部] (한국향토문화전자대전, 한국학중앙연구원)

6 경북대학교 인문과학연구소 대형과제연구단, 근현대 대구 · 경북지역 작가, 대구: 도서출판 영한, 2006, 184-205쪽에 따랐다. 김천 지역의 많은 작가들 중에서 특정인을 선정한다는 것은 일정한 기준과 원칙 아래 이루어져야 하는데, 이에 대한 선정 기준이 명시되어 있지 않아 구체적으로 확인되지 않는다. 참고자료 이상의 의미를 부여하기

는 어려움을 밝힌다.

7 경북대학교 대형과제연구단, 해방후 김천지역 문학의 흐름, 근현대 경북지역 문학의 흐름과 특성, 대구: 정림사, 2005, 231쪽 참조.

8 백수문학관(http://baegsu.gc.go.kr/)의 것을 토대로 하고, 다른 문헌에서 일부 보완했다.

9 선생이 '고향' 김천의 천(泉) 자를 파자하여 자신의 호로 삼을 만큼, 선생에게 '고향'은 인식의 저변을 형성한다.

10 두산백과, http://www.doopedia.co.kr/

11 직지사, http://www.jikjisa.or.kr/

12 정완영, 『가랑비 가랑가랑 가랑파 가랑가랑』, 서울: 사계절, 2007.

13 인용 작품은 '제3회 만해상 시문학상 부분 수상' 수상 당시 '자선 대표시'로 발표된 것의 표기를 따랐다. 행 구분이나 표기법 등에서 백수문학관 홈페이지에 실린 것이나 여타 작품집에 수록된 것이 차이가 있는 경우에도 그렇다. 다만, 원문에 한자로 표기된 것은 괄호 속에 넣었다. 정완영, 자선 대표시, 시와 시학 1999년 봄호, 통권 33호, 시와 시학사, 182-195쪽 중 183쪽.

14 정완영, 제3회 만해상 시문학상 부분 수상 소감:문학은 어리고, 사람은 늙었는데……, 시와 시학, 앞의 책, 151쪽.

15 창비어린이, 2009년 봄호(제7권 제1호, 통권 24호), 창비어린이, 2009.3, 90쪽.

16 정완영, 자선 대표시, 시와 시학 1999년 봄호, 통권 33호, 시와시학사, 190쪽.

17 정완영, 문학인과 회귀의식, 백수산고, 토방, 1995, 285-6쪽.

18 백수 선생은 사후 고향의 품에 안겨, 이 뜻을 이루었다.

19 백수정완영선생 고희기념사화집 간행위원회, 백수 정완영선생 고희기념사회집, 가람출판사, 1989, 426쪽.

20 원문에 '청청'으로 되어 있지만, 오자이므로, '청이'로 바로잡는다.

21 정완영, 자선 대표시, 시와 시학 1999년 봄호, 통권 33호, 시와시학사, 192쪽.

22 시에 등장하는 '초초(艸艸) 시암(詩庵)'은 정완영 선생의 청주 집이다.

23 정완영, 제3회 만해상 시문학상 부분 수상소감:문학은 어리고, 사람은 늙었는데……, 시와 시학, 앞의 책, 153쪽.

24 들샘, 시조시인 백수 정완영 선생을 만나다, 일하는 멋, 2009년 4월호(Vol. 64), 97쪽.

25 동학농민혁명백주년기념사업회 엮음, 『황토현에 부치는 노래』, 창작과비평사, 1993, 3쪽.

26 서사시, 장시 등의 작품들은 지면의 제약 등에 따라 시집에 부분이 수록되었고, 한 작가의 작품은 수록 편수에서 제한이 있는 경우도 있다.

27 지현배,「현대시에서 동학 공간과 인물의 형상화 양상」,『동학학보』 33, 동학학회, 2014. 참조. 아래 요약문 일부는 논문의 초록에서 발췌함.

28 지현배,「현대시 작품을 통해 본 동학의 코드」,『동학학보』 39, 동학학회, 2016 참조. 아래 요약문 일부는 논문의 초록에서 발췌함.

29 이하 현상학적 환원에 관련된 내용은 다음의 논문을 참조한 것이다. 지현배, 윤동주 시의 의식현상학적 연구, 경북대학교 대학원 박사학위논문, 2001, 17-20쪽.

김천 지역 동학농민혁명 전개 과정과 문화 콘텐츠 방안 / 채길순

1 신영우, 甲午農民戰爭과 嶺南 保守勢力의 對應 : 醴泉. 尙州. 金山의 事例를 중심으로, 연세대학교 대학원 박사학위논문, 1992. 신영우는 위 학위 논문에서 김천 지역의 동학 및 동학농민혁명 당시동학농민군의 활약을 당시 중앙 지역 자료를 분석하고 답사를 통해 실증적인 연구 성과를 냈다. 그러나 이런 성과에도 불구하고 이 지역 사회의 동학농민혁명사에 대한 인식의 폭은 그리 높지 않다. 신영우의 김천 지역 및 주변 지역 연구 목록을 보이면 다음과 같다.

신영우, 1894년 영남 북서부지방 농민지도자의 사회신분, 학림, 제10집, 연세대학교 사학연구회, 1988.3

신영우, 영남 북서부 보수지배층의 민보군 결성 논리와 지도층, 동학학지 제 77, 78, 79 합집, 연세대학교 국학연구원,

2 농민들이 집결했던 배시내 장터(현 개령면 남전리 마을회관), 개령농민항쟁의 주모자의 집터로 추정되는 곳(현 김천시 개령면 남전리(상)).

3 〈일성록〉 철종 13년 12월 조. http://blog.naver.com/bshhtt/43112911.

4 한명수(선산 동학농민전쟁기념사업회 회장) 조모 증언.

5 신영우, 甲午農民戰爭과 嶺南 保守勢力의 對應 : 醴泉. 尙州. 金山의 事例를 중심으로, 연세대학교 대학원 박사학위논문, 1992. 124쪽.

6 삼도봉은 경상도, 충청도, 전라도의 삼도(三道)와 접한다 하여 붙여진 이름으로, 경상북도 김천시 부항면 해인리, 충청북도 영동군 상촌면 물한리, 전라북도 무주군 설천면 미천리의 경계에 있는 산. -한국학중앙연구원, 향토문화전자대전

7 《駐日本公使館記錄》, 京第37號 〈慶尙道內東學黨景況 探文報告〉, 신영우, 甲午農民戰爭과 嶺南 保守勢力의 對應 : 醴泉. 尙州. 金山의 事例를 중심으로, 연세대학교 대학원 박사학위논문, 1992. 120쪽.(요약 발췌)

8 김천 동학의 거두로 알려진 편보언의 조부는 무과에 급제했고, 편겸언의 부친은 역시 무과에 급제한 전형적인 무인 가문이다. 편상목은 이들과 재종질(7촌 조카) 사이였다.

《浙江片氏族譜》片重烈 씨 증언 재인용(신영우, 甲午農民戰爭과 嶺南 保守勢力의 對應 : 醴泉. 尙州. 金山의 事例를 중심으로, 연세대학교 대학원 박사학위논문, 1992.)

9 신영우, 甲午農民戰爭과 嶺南 保守勢力의 對應 : 醴泉. 尙州. 金山의 事例를 중심으로, 연세대학교 대학원 박사학위논문, 1992. 124쪽.

10 신석찬은 동학농민혁명 당시 팔공산 아래 부계면 부림(창평)에 동학농민군 토벌 지휘소를 마련하여 근동의 보수 유림 세력을 결집하여 동학농민군 토벌에 나선 인물이다. 〈창암실기〉를 통해 근동의 동학농민군의 활동을 기록하고 있다.

11 김천 조마 신안(新安). 구성 기동(耆洞)에 주로 거주하는 성산배씨(星山裵氏) 선영인 구성 과곡 대방곡의 묘지 선영도가 성산 배씨 족보에 실려 있다.

12 신영우, 甲午農民戰爭과 嶺南 保守勢力의 對應 : 醴泉. 尙州. 金山의 事例를 중심으로, 연세대학교 대학원 박사학위논문, 1992. 125쪽.

13 신영우, 甲午農民戰爭과 嶺南 保守勢力의 對應 : 醴泉. 尙州. 金山의 事例를 중심으로, 연세대학교 대학원 박사학위논문, 1992. 125쪽.

14 유격장 김석중은 "학살된 사람이 2천2백여 명이고 야간전투에 죽은 사람이 3백93명"이라고 기록했다. 그러나 일본군은 학살한 만행을 감추고 3백여 명의 동학농민군 전사자가 있다고 보고하였다. 전투 현장에서 죽은 사람보다 항거하지 못하는 사람을 살육한 수가 무려 5배가 훨씬 넘었다. 모두 2천6백 명에 달하는 동학농민군이 자그마한 야산 곳곳에서 죽임을 당한 것이다.

15 〈절강편씨족보(浙江片氏族譜)〉에 따르면 1901년 12월 20일 사망으로 정리되어 있다. 그렇지만 후손 변호렬(片好烈) 씨 증언에 의하면 상주에서 맞아죽은 시신을 옮겨왔다고 했다. 이 부분은 좀 더 연구할 필요가 있어 보인다.

16 콘텐츠란 문화, 영상, 소리 등의 정보를 제작하고 가공해서 소비자에게 전달하는 정보 상품으로 정의할 수 있다. 구체적으로는 극장에서 보는 영화나 비디오, 텔레비전 프로그램, 책, 신문, CD와 라디오로 듣는 음악, 컴퓨터 게임, 우리가 매일 이용하는 인터넷으로 보는 모든 정보가 콘텐츠인 것이다.(문화관광부 편, 문화콘텐츠산업 진흥 방안, 문화관광부, 2000, 3쪽)

17 유승호, 디지털 기술이 문화콘텐츠산업의 제작 및 산업구조에 미치는 영향에 관한 연구 : 음반과 애니메이션 산업을 중심으로, 43쪽.(2001년도 춘계학술대회, 지식정보 시대에서 문화벤처와 문화콘텐츠 한국문화제학회 / 한국기업 매세나 협의회, 문화관광부)

18 김영인 · 설규주, 시민교육론, 한국방송통신대학교 출판부, 2008, 7-8쪽.

19 예지각 편, 시민교육론, 예지각, 2009, 8-9쪽.

1 이를 서양 그리스도교적 전통에서는 은총과 구원의 개념으로 설명코자 시도한다.
2 겔렌의 인간학은 동물 특히 영장류와의 비교를 통한 형태학적 생태학적 고찰에 입각해서, 인간을 미완성된 존재, 결함을 지닌 존재로 규정하고, 자신을 완성시키고 자기의 결함을 보충해 나가는 인간의 행위 내지는 활동에서 인간의 특수성을 찾는 데에 그 특징이 있다. 즉 형태학상으로 보아 여러 가지 면에서 불완전한 존재는 어떤 특수한 조건들 아래서만 생존해 나갈 수 있는 것인데, 인간이 여기에 해당된다는 것이다. 그리고 인간은 형태학적인 결함으로 인해 환경적인 조건, 즉 생태학적인 조건이 결여된 조건에 봉착하게 된다는 것이다. 이는 곧 인간이 생존조건을 스스로 마련해야 하는 문제를 안게 되며, 그러한 생존조건을 만들어 가는 것을 행위라는 개념으로 설명한다. 이는 곧 문화라는 개념으로 발전한다.
3 여기서 특수화란 일정한 진화 과정을 거쳐 한 기관이 갖고 있던 원래의 많은 가능성 중 다른 가능성을 버리고, 환경에 적합한 한두 가지의 가능성이 고도로 진화되어 나타나는 것을 뜻한다. 모든 동물은 각기 그들의 생활에 맞는 특수화된 기관이나 능력을 지니고 있다. 하지만 인간은 생활에 맞는 특수화된 기관이나 능력이 부족하고, 따라서 인간의 감각기관도 발달되지 못하는 특징을 지니고 있다.
4 겔렌은 인간이 지구의 모든 곳에서 살 수 있는 이유를 '행위'라는 개념으로 설명한다. 겔렌의 '행위'는 인간의 유한성을 자각하고, 유한성을 극복하는 모든 과정을 의미한다. 그리고 행위를 통해 만들어 지는 것을 '문화'라는 개념으로 정의한다. 이러한 이유로 겔렌은 인간이 살 수 있는 길은 제2의 자연을 스스로의 힘으로 만들어 내는 길 밖에 없으며, 인간은 그의 예견과 계획에 의거한 행위에 의하여 그가 살 수 있는 인위적 생존조건을 만들어 내야만 하며, 인위적 생존요건의 총체가 바로 문화(Kultur)라고 말하는 것이다.
5 이는 물론 소극적인 의미에서의 지각능력의 유한성에 대한 논의이다. 궁극적으로 겔렌은 이러한 문제를 '세계개방성'이라는 개념을 활용하여 적극적이면서도 긍정적으로 해석하고자 한다.
6 『동경대전』,「논학문」.
7 『동경대전』,「논학문」.
8 윤석산,『주해, 동학경전』, (서울: 동학사, 2009), 95쪽 참조.
9 김용휘,『우리 학문으로서의 동학』, (서울: 책세상, 2007), 87-88쪽 참조.
10 "수운이 처음 시(侍) 자를 해석했을 때 이렇게까지 생각했는지는 알 수 없다. 그러나 조금만 의미를 확장해 보면 모든 존재가 지기(至氣)의 현현(顯現)이고, 지기(至氣) 자

체가 이미 영적(靈的)·정신적(精神的) 실재(實在)이기에 모든 의식현상과 생명현상의 기저가 된다. 그러므로 우주신령으로서의 지기가 개별 사물에 내재해 있다는 내유신령(內有神靈)은 단지 사람에게만 적용되는 것이 아니라 모든 개별적 사물에도 적용될 수 있다." (김춘성, 「東學·天道教 修鍊과 生命思想 硏究」, 한양대학교 박사논문, 2009, 103쪽)

11 『동경대전』, 「포덕문」.

12 김영철, 「아우구스티누스 진리인식의 토대로서의 자기인식」, 『철학논총』 60집, 2권, 2010, 160쪽 참조.

13 이혁배, 「천도교의 신관에 관한 연구 - 그 역사적 변천을 중심으로」, 『종교학연구』 제7호, 서울대학교 종교학연구회, 1988, 11쪽 참조.

14 우리가 수운의 시(侍) 자 개념을 '내 안에 천주가 있다'는 점을 강조하여 생각한다면 분명 초월성보다는 내재성의 의미를 더 강하게 지니고 있다. 그러나 이 문제, 즉 시천주(侍天主)를 단순히 초월성으로 이해하는 것이 옳은가 아니면 내재성으로 이해하는 것이 옳은가에 초점을 맞추는 것보다는 천주의 초월성이 인간과 긴밀하게 연계되면서 자연스럽게 내재성으로 변화하고 있음을 생각하는 것이 철학적으로 더 중요하다. 왜냐하면 천주의 초월성만 강조하면 동학이 다른 종교 사상과 크게 다르지 않게 되기 때문이다. 따라서 수운의 시천주(侍天主) 사상 또한 인간의 내면에 모셔져 있는 천주를 인간 정신에 의해서 파악 가능한 사상의 단초로 해석하는 것이 철학적 논의라는 측면에서 매우 중요하다.(김영철, 「신플라톤주의와 동학사상에서 나타난 내재성의 원리」, 『동학학보』, 제28호, 346쪽 참조.)

15 『용담유사』, 「교훈가」.

16 초월적 내재론으로 해석하기도 한다. '시천주(侍天主)'의 시(侍) 자는 몸 안에 천주의 영을 '모시고 있다'는 뜻이다. 즉 시천주가 의미하는 것은 천주가 내 안에 모셔져 있으면서 동시에 초월적인 존재로서 섬김의 대상이 된다. 하지만 이것은 천주 안에 초월적 경향과 내재적 경향이 함께 공존하고 있음을 의미하기도 한다. 말하자면 천주는 인간을 포함한 우주 만물을 생성하는 초월적 존재며 동시에 인간을 포함한 우주 만물 안에 내재되어 살고 있는 존재로 이해되는 것이다. 그러므로 동학의 천주관을 '초월적 내재론'이라고 말할 수 있다는 것이다. (오문환, 「천주관: 영성과 창조성」, 『동학의 정치철학』, (서울: 모시는사람들, 2003), 17쪽 참조.)

17 김영철, 「자기성찰로서의 종교체험 - 수운과 아우구스티누스를 중심으로」, 『동학학보』, 제34호, 18-19쪽 참조.

18 이돈화, 『천도교창건사』, (서울: 경인문화사, 1911), 14-16쪽.

19 『동경대전』, 「논학문」.

20 『용담유사』, 「교훈가」.

21 오문환, 「시정지를 통해 본 신인간」, 『동학의 정치철학』, (서울: 모시는사람들, 2003), 49쪽 참조.

수운과 체용적 사유의 모험 / 안호영

1 강진석, 『체용철학』, 「체용의 원형과 전승」(서울: 도서출판 문사철, 2012), 51-72쪽.

2 선진시기 유가 경전과 제자 백가 문헌에 자주 등장하는 '체'는 사람의 '몸' 그 자체를 의미하며, 이것이 중국 체용론의 원형이 된다. 『論語』에서 체가 사람의 몸 중에서 특히 사지(四肢)를 가리키는 말로 쓰였다. 즉, "사지로 수고하지 않고 오곡조차 분간하지 못하는데, 누가 선생이란 말인가?"(『論語』, 「微子」: "四體不勤 五穀不分 孰爲夫子.") 그 밖에도 체와 관련된 문헌은 무수히 많다.(강진석, 위의 책, 52-60쪽) '용'은 사람이 어떤 도구를 '사용[用]'한다는 의미로 쓰였는데, 도구를 어떻게 사용할 것인지와 연결될 것이다. 이때, 용의 주체는 사람일 것이다. "돌아감은 도의 운동이고, 유약함은 도의 작용이다."(『道德經』 40章: "反者道之動 弱者道之用.") 그 밖에도 용과 관련된 문헌은 무수히 많다.(강진석, 위의 책, 60-62쪽)

3 『荀子』, 「富國」: "萬物同字而異體 無宜而用爲人 數也."; 『道德經』 40章:, "反者道之動 弱者道之用."

4 주자가 간화선의 창시자인 대혜종고(大慧宗杲) 선사 밑에서 선(禪) 수행을 했다는 것은 잘 알려져 있다. 그는 노장 사상과 불교를 통해 새로운 이해의 틀을 형성해나가면서 성리학의 사상적 구조와 논리의 뼈대가 탄탄하게 했다. 주자는 불교에서는 이(理)와 체용 개념을 도입했는데, 인도에서 들어온 당시의 불교는 중국에 맞는 용어를 번역하는 것이 시급한 과제였다. 이때 노장 사상의 영향을 많이 받았는데, 무(無)와 현(玄) 등의 용어로부터 공(空)이라는 용어를 정식화할 수 있었던 것이다. 이렇게 불교와 노장 사상을 통해 도(道)는 이(理)와 관계를 맺게 되었다.

5 정이천(程伊天)은 체용일원(體用一源), 소강절(邵康節)은 체용무정(體用無定), 장횡거(張橫渠)는 신화체용(神化體用)의 논리를 도입하였다. 그 중에서도 가장 홍미를 끄는 인물은 왕양명인데, 그의 知行合一은 즉체즉용(卽體卽用)의 논리로 직입하기 때문이다. 자세한 논의는 즉체즉용의 논리에서 다룰 것이다.

6 이는 『大學』의 '수신제가치국평천하'에서 잘 드러난다.(『大學』: "修身齊家治國平天下.")

7 『莊子』, 「天下」: "內聖外王."

8 李珥, 『聖學輯要』 二 修己第二 上; 李滉, 『聖學十圖』.

9 체용의 기원이 불교에 있다는 것에 반대하면서 고대 중국 문헌에 그 징후를 찾을 수

있다고 했던 원대의 유학자 허형(許衡)은 "유교의 경전은 체가 아닌 것이 없고 용이 아닌 것이 없다"고 말했는데, 이것은 문자적 의미의 체용이 아니라 관념에 대한 것이다.(강진석, 앞의 책, 70-71쪽)

10 오늘날 가장 잘 알려진 체용의 논리는 '以A爲體, 以B爲用'의 형식을 갖는다. 어떤 사물의 주체가 A를 체로 삼고, B를 용으로 삼는다는 형식이다. 예컨대, 도가는 도의 뿌리를 정수로 여기고 그로부터 파생되어 나온 만물을 대강으로 삼는다고 한다. 체용의 형식은 전체와 부분, 뿌리와 가지, 몸과 행위 등으로 대표되는데, 유기체적 상징 속에서 정의되고 있다. 그리고 이것에 안과 밖, 즉 내외(內外)가 첨가됨으로써 그 형식이 정교화 된다.(강진석, 앞의 책, 61-63쪽)

11 魏伯陽, 『周易參同契』: "春夏據內體 從子到辰巳 秋冬當外用 自午訖戌亥."

12 대표자로서 승조(僧肇)를 들 수 있다. 그는 노장 사상에 심취한 후에 불교에 귀의했고, 스승 쿠마라지바 밑에서 반야공의 세례를 받았다.

13 위진남북조 시대에 이르러 왕필(王弼)에 의해 시작된 현학의 학풍이 이를 대변한다.

14 송대 이후 도가의 전개가 다양한 방향으로 이루어지는 만큼, 그 각각에서 체용 개념을 검토하는 것은 본 논문의 연구 범위를 벗어날 것이며, 도가의 체용이론에 대해서는 더 이상 논의를 진행하지 않을 것이다. 그리고 水雲의 사상이 천인합일의 전통에 있음에 주목하는 만큼, 도가의 체용이론은 유·불·도 삼교회통의 체용이론을 통해 간략하게 검토할 것이다. 따라서 이후 논의에서는 유·불·도 삼교가 자연스럽게 어우러지면서 체용이론은 훨씬 더 역동적으로 전개된다는 것에 초점을 맞출 것이다.

15 강진석, 앞의 책, 25-26쪽.

16 체와 용의 일관된 형식을 제시하는 것은 쉬운 일이 아니다. 비록 체용개념이 도구적 용례의 성격에서 시작했다고는 하지만, 논자는 진리의 실체로서의 본체와 그 작용을 논하는 형식을 중시할 것이다.

17 『東經大全』, 「修德文」: "覺來夫子之道則一理之所定也 論其惟我之道則大同而小異也."

18 水雲이 유교의 영향을 받은 곳은 이루 헤아릴 수 없이 많은데, 仁義禮智 및 「修德文」에 등장하는 유학과 '대동소이'하다는 구절 등에서다. 도교의 영향이 가장 강하게 드러난 곳은 不然其然이다. 이에 비해 불교의 영향을 확인할 수 있는 구절을 구체적으로 지목하기는 어렵지만, 수운이 동학을 창도하기까지 음으로 양으로 많은 도움을 받았음을 할 수 있다. 예컨대 1855년 3월경 울산 여시바윗골에서 구도 중 금강산 유점사로부터 왔다는 어떤 스님으로부터 한 권의 책을 전해 받아 수도를 시작하고 종교체험을 하기에 이른다.

19 『東經大全』, 「修德文」: "察其易卦大定之數 審誦三代敬天之理 於是乎 惟知先儒之從命 自歎後學之忘却 修而煉之 莫非自然 覺來夫子之道則一理之所定也 論其惟我之道則大同而小異也.”

20 『東經大全』, 「論學文」: “洋學如斯而有異 如呪而無實 運則一也 道則同也 理則非也.”

21 『東經大全』, 「修德文」: “仁義禮智 先聖之所敎 修心正氣 惟我之更定.”

22 여기서 주문이란 지극히 하늘님을 위하는 글을 의미한다.

23 『東經大全』, 「論學文」: “西人 言無次第 書無皀白 而頓無爲天主之端 只祝自爲身之謀 身無氣化之神 學無天主之敎 有形無迹 如思無呪 道近虛無 學非天主.”

24 『東經大全』, 「論學文」: “吾道無爲而化矣 守其心正其氣 率其性受其敎 化出於自然之中 也.”

25 『東經大全』, 「論學文」: “外有接靈之氣 內有降話之敎 視之不見 聽之不聞 心尙怪訝 修 心正氣而問曰 何爲若然也 曰 吾心卽汝心也.”

26 『東經大全』, 「修德文」: “元亨利貞 天道之常 惟一執中 人事之察 故生而知之 夫子之聖 質.”

27 안호영, 「모심[侍]과 앎[知]의 동일성 문제에 관한 시론」, 『동학학보』 제30호, 동학학회, 2014a.

28 내 마음이 곧 네 마음이니라. 사람이 어찌 이를 알리오. 천지는 알아도 귀신은 모르니 귀신이라는 것도 나니라. 너는 무궁무궁한 도에 이르렀으니 닦고 단련하고, 글을 지어 사람을 가르치고, 법을 바르게 하여 덕을 펼쳐라.(『東經大全』, 「論學文」: “吾心卽汝心 也 人何知之 知天地而無知鬼神 鬼神者吾也 及汝無窮無窮之道 修而煉之 制其文敎人 正其法布德.”)

29 『東經大全』, 「修德文」: “學而知之 先儒之相傳 雖有困而得之 淺見薄識 皆由於吾師之 盛德 不失於先王之古禮.”

30 『東經大全』, 「論學文」: “吾亦幾至一歲 修而度之 則亦不無自然之理 故一以作呪文 一 以作降靈之法 一以作不忘之詞 次第道法 猶爲二十一字而已.”

31 『東經大全』, 「論學文」: “知者 知其道而受其知也 故明明其德 念念不忘 則至化至氣 至 於至聖.”

32 안호영, 「체험된 직접성, 최제우의 시(侍)와 베르그송의 직관(直觀)」, 『동학학보』 제29호, 동학학회, 2013; 안호영, 위의 논문, 2014a.

33 『東經大全』, 「論學文」: “夫天道者 如無形而有迹”; 「修德文」, “衣冠正齊 君子之行 路食 手後 賤夫之事 道家不食 一四足之惡肉 陽身所害 又寒泉之急坐 有夫女之防塞 國大典 之所禁 臥高聲之誦呪 我誠道之太慢 然而肆之 是爲之則 美哉 吾道之行.”

34 『東經大全』, 「修德文」: “道成德立 在誠在人.”

35 『東經大全』, 「論學文」: “吾亦生於東 受於東 道雖天道 學則東學”; “凡天地無窮之數 道 之無極之理 皆載此書 惟我諸君 敬受此書 以助聖德.”

36 『東經大全』, 「布德文」: "故人成君子 學成道德 道則天道 德則天德 明其道而修其德 故乃成君子 至於至聖."

37 『東經大全』, 「修德文」: "元亨利貞 天道之常." 원은 만물의 시초, 형은 만물의 성장, 이는 만물의 결실, 정은 만물의 갈무리를 의미한다.

38 즉체즉용의 해석문제는 두 개의 '즉'을 어떻게 볼 것인가에 달려있다. 문법적인 측면에서 앞의 '즉'은 어떤 대상에 '접근하다', '거론하다'는 것이고, 뒤의 '즉'은 '곧 …이다."라는 동사적인 의미이다. 또한 즉체즉용은 즉용즉체와 완벽한 호완을 이루고 있다.(강진석, 앞의 책, 75쪽)

39 강진석, 앞의 책, 76쪽.

40 바로 밑에서 논의되고 있는 것처럼, 하나의 근원에서 나왔다고 하더라도, 체와 용으로 고정되어 있다면 체용의 관계가 즉체즉용이라 말하기는 어려울 것임은 분명하다.

41 강진석, 앞의 책, 77쪽. 체용일치(體用一致)라는 용어도 후자에 해당할 것이다.(정혜정, 「한국전통에서의 마음이해와 도야의 개념 - 유·불·도(儒佛道) 삼교합일 사상을 중심으로」, 『원불교사상과 종교문화』 55권, 원광대학교 원불교사상연구원, 2013)

42 변화와 운동의 측면에서는 체와 용이라는 명칭은 우연적인 것일 뿐만 아니라, 그 근원도 같다는 것이다. 그러나 우리의 논의를 따를 때, 혜능의 眞如, 양명의 心, Bergson의 지속, 水雲의 至氣가 이것에 해당하겠지만, 단순 비교는 지양해야 할 뿐만 아니라 구체적인 논의는 먼저 각자의 사상적 궤적 속에서 이루어져야 할 것이다.

43 강진석, 앞의 책, 77-78쪽.

44 『六祖大師法寶壇經』(大正藏, 48, 352c): "定慧猶如何等 猶如燈光 有燈卽光 無燈卽暗 燈是光之體 光是燈之用 名雖有二 體本同一 此定慧法 亦復如是."

45 『六祖大師法寶壇經』(大正藏, 48, 352c): "我此法門 以定慧爲本 大衆勿迷 言定慧別 定慧一體 無是二 定是慧體 慧是定用 卽慧之時 定在慧 卽定之時 慧在定 若識此義 卽是定慧等學."

46 『六祖大師法寶壇經』(大正藏, 48, 350b): "凡夫卽佛 煩惱卽菩提."

47 『六祖大師法寶壇經』(大正藏, 48, 350b): "一念愚卽般若 絶一念智卽般若."

48 『六祖大師法寶壇經』(大正藏, 48, 353b): "念者念眞如本性 眞如卽是念之體 念卽是眞如之用."

49 『六祖大師法寶壇經』(大正藏, 48, 352c): "定慧猶如何等 猶如燈光 有燈卽光 無燈卽暗 燈是光之體 光是燈之用 名雖有二 體本同一 此定慧法 亦復如是."

50 王守仁, 『傳習錄』: "知是行之始 行是知之成 若会得时 只说一箇知 已自有行在 只说一箇行 已自有知在."

51 강진석, 앞의 책, 89-93쪽.

52 진래 지음, 안재호 옮김, 『송명성리학』(서울: 예문서원, 1997), 397쪽.

53 그렇다면 체용불이는 어떻게 이해해야 하는 것인가? 불이의 관점을 '하나'라고 이해하는 것과 '둘이 아니다'라는 관점으로 이해하는 것으로 구분해야 한다. '하나'는 곧 '일치'인 것이므로 양명의 견해를 따르지만, '둘이 아니라'라는 것은 같은 것도 아니고 그렇다고 다른 것도 아니라는 것이다. 우리가 체험된 직접성을 논의하는 한 혜능의 이 관점은 유요할 뿐만 아니라, 우리의 연구를 스스로 반성하는 계기로 작용할 것이다.

54 안호영, 앞의 논문, 2013; 안호영, 앞의 논문, 2014a.

55 도가 동양 철학에서 보편적으로 사용되는 용어인 반면에 至氣는 水雲의 독창적인 용어임을 다시 한 번 더 강조해 둔다.

56 『東經大典』, 「論學文」: "至者 極焉之爲至 氣者 虛靈蒼蒼 無事不涉 無事不命 然而如形而難狀 如聞而難見 是亦渾元之一氣也."

57 안호영, 「체험된 직접성과 은유로서의 천주(天主)개념」, 『동학학보』 제32호, 동학학회, 2014b.

58 안호영, 앞의 논문, 2014a.

59 『朱子大全』, 권58, 「答黃道夫」: "理也者 形而上之道也 生物之本也, 氣也者 形而下之氣也 生物之具也."

60 『朱子語類』, 권1, 「理氣上 · 太極天地上」: "天下未有無理之氣 亦未有氣無之理."

61 『朱子語類』, 권1, 「理氣上 · 太極天地上」: "有是理 然後生是氣."

62 『東經大典』, 「論學文」: "至者… 氣者… 是亦渾元之一氣也."

63 천인합일 자체는 주자의 성리학에서 비롯된 개념일 것이다. 만물이 지닌 원리인 본성(性)과 그 기질인 육체(形)는 각각 그러한 리와 기에 의해 부여된 것이다(『朱子大全』, 권58, 「答黃道夫」: "人物之生, 必稟此理, 然後有生. 必稟此氣, 然後有形.") 이는 리일분수(理一分殊)로 리의 사물상의 편재(遍在)를 설명하고 성즉리(性卽理)로 이 리와 사물의 본성을 동일시하게 된다.(『中庸章句』, 1장: "人物之生 因各得其所賦之理 所謂性也.") 따라서 리는 세계의 보편적인 원인이자 법칙으로서, 기를 품부받아 생겨난 모든 사물에 빠짐없이 내재되어 각 사물의 본성(性)을 이루고 있는 것이며, 이로부터 천인합일의 천인 관계가 리기와 연결된다.

64 안호영, 앞의 논문, 2013; 안호영, 앞의 논문, 2014a.

65 『東經大典』, 「布德文」, 「修德文」 참조. 기화 과정에 있는 기가 지닌 일정한 법칙성을 가리켜 천도라 하고, 그것이 음양교체로 인해 변화무쌍함을 일러 귀신이라 하며, 기화를 통해 만물을 화생하는 자연스러운 작용[無爲而化]를 가리켜 조화라고 부른다.

66 안호영, 「무한분할을 통해서 본 불연기연과 지기」, 『동학학보』 제34호, 동학학회, 2015.

참고문헌

경상북도 동학 및 동학농민혁명사의 전개 과정 / 채길순

〈저서 및 논문〉

노태구, 동학혁명의 연구, 백산서당, 1982.

박맹수, 「해월 최시형의 초기 행적과 사상」(『청계사학』3, 1986).

박맹수, 『1894년 농민전쟁연구』(역사비평사, 1993).

박맹수, 동학농민전쟁의 지역성 연구, 「한국근대사에 있어서의 동학과 동학농민운동」, 한국정신문화연구원, 1994.

박맹수, 동학의 남북접에 대한 비판적 검토, 「한국학논집」, 한양대 한국학연구소, 1994.

박맹수, 동학의 성립과 사상적 특성, 「근현대사강좌」5, 도서출판 한울, 1994.

박맹수, 동학혁명의 문화사적 의미, 「문학과 사회」25, 문학과 지성사, 1994.

박맹수, 동학혁명의 문화사적 의미, 「문학과 사회」25, 문학과 지성사, 1994.

박맹수, 최시형 연구, 한국정신문화연구원, 박사학위논문, 1996.

배항섭, 동학농민전쟁의 배경, 「근현대사강좌」5, 한울, 1994.

신영우, 「1894年 嶺南 金山의 農民軍과 兩班志主層」, 『東方學志 』, 延世大 國學硏究院, 1991.

신영우, 「1894年 嶺南 醴泉의 農民軍과 保守執綱所」, 『東方學志』, 延世大國學硏究院, 1984.

신영우, 「1894年 嶺南 北西部地方 農民軍指導者의 社會身分.」, 『學林』, 延世大史學硏究會, 1988.

신영우, 「1894年 嶺南 尙州의 農民軍과 召募營(上.下)」, 『東方學志』, 延世大國學硏究院, 1986.

신영우, 「19世紀 嶺南金山의 兩班地主層과 鄕內 사정」, 『東方學志 』, 延世大 國學硏究院, 1991.

신영우, 「갑오농민전쟁 이후 영남 북서부 양반지배층의 농민 통제책」, 『충북사학』, 충북대학교사학회, 1992.

신영우, 「갑오농민전쟁과 영남 보수세력의 대응」, 박사학위논문, 1992.

신영우, 「동학농민군의 신분제 부정운동과 양반지배층의 대응」, 『한국사연구회, 갑오농민전쟁의 종합적 고찰』, 1994.

신영우, 「영남북서부 보수지배층의 民堡軍 결성논리와 주도층」, 『동방학지』, 연세대국학연구원, 1993.
신영우, 「영남북서부지역 동학농민군의 세력증대 과정과 그 구성」, 『독립기념관한국독립운동사연구소』, 한국독립운동사연구, 1994.
신용하(편저), 한국 민중운동사 사료대계, 농민전쟁편①, 여강출판사, 1994.
채길순, 동학기행(기행), 『신인간』, 2008-2009.
최현식, 갑오동학혁명사, 신아출판사, 1994.
표영삼, 성지순례, 『신인간』, 1977, 352쪽 - 1978, 357쪽
표영삼, 해월신사발자취, 『신인간』, 1978, 358쪽 - 1981, 393쪽
표영삼, 해월신사연표, 『신인간』 1985, 427쪽
황현(이민수 역), 동학란, 을유문화사, 1985.

〈교단 자료〉
『수운행록(水雲行錄)』, 1865.
『최선생문집도원기서(崔先生文集道源記書)』, 1879.
『해월문집(海月文集)』, 1885-1892.
『수운재문집(水雲齋文集)』, 1898.
『대선생사적부해월선생문집(大先生事蹟附海月先生文集)』, 1906.
『본교역사(本教歷史)』 1910-1914.
『시천교종역사(侍天教宗繹史)』, 1915.
『시천교역사(侍天教歷史)』, 1920.
『천도교서(天道教書)』, 1920.
『천도교회사초고(天道教會史草稿)』, 1920.
『천도교실사집편(天道教實事集編, 권병덕)』, 1922.
『동학사(東學史, 초고본)』, 1926.
『천도교창건사(天道教創建史, 이돈화)』, 1933.
『동학사(東學史, 이돈화)』, 1938.

〈관변 자료〉
『聚語』, 1893.
『兩湖右先鋒日記(東學亂記錄)』, 1894.
『巡撫先鋒陳謄錄(東學亂記錄)』, 1894.
『東學判決文集』, 1895-1900.
『司法稟報』, 1898-1907.

『承政院日記』(고종 20-31).
『일성록』(고종).
『東學亂記錄』상/하(국사편찬위원회刊) (1)「甲午實記」(2)「甲午略史」(3)「聚語」(4)「東徒問辯」(5)「兩湖招討使謄錄」(6)「先鋒陣日記」(7)「兩湖右先鋒日記」(8)「先鋒陣書目」(9)「巡撫先鋒陣謄錄」(10)「巡撫 使各陣傳令」(11)「巡撫使呈牒報」(12)「先鋒陣呈牒報」(13)「先鋒陣上巡撫使書」(14)「先鋒陣各邑了發關及甘結」(15)「宣諭榜文-東徒上書所志謄書」(16)「日本士官函謄」(日本士官函謄)(17)「李圭泰往復書(18)「朴鳳陽經歷書」(19)「錦山被禍錄」(各陣將卒成册) (20)「甲午軍功錄」

〈유생 자료〉
『교남공적(嶠南公蹟)』.
金奭中,『討匪大略』.
文錫鳳,『義山遺稿』.

〈기타 자료〉
『星州誌』권2.
경상북도지, 경상북도지편찬위원회 1990.
선산군지, 선산군지편찬위원회, 1988.
예천군지(상권), 예천군지편찬위원회, 1988.
상주군지, 상주시문화공보실, 1989
경주군사, 경주군사편찬위원회, 1989.
성주군지, 성주군지편찬위원회, 1886.
영덕군지(상), 영덕군지편찬위원회, 2002.

김천과 동학의 양성평등 정신 / 안외순

천도교중앙총부,『天道敎經典』, 천도교중앙총부, 1981.
천도교여성회본부,『천도교여성회 60년사』, 천도교 중앙총부출판부, 1984.
吳知泳,『東學史』, 서울: 대광문화사, 1984(1938).
李敦化,『天道敎創建史』, 1933, 천도교중앙종리원.
소 춘,「대신사 수양녀인 80노인과의 문답」,『신인간』제16호, 1928.

김경애,「東學, 天道敎의 男女平等思想에 關한 硏究: 經典/歷史書/機關誌를 中心으로」

『여성학논집』1, 1984.
김미정,「동학 · 천도교의 여성관의 변화」,『한국사학보』 25권, 고려사학회, 2006.
김용덕,「여성운동 및 어린이운동의 창시자로서의 해월선생」,『신인간』 370호, 1979.
김천시,『김천시사』, 1999.
김춘성,「해월사상의 현대적 의미」『해월 최시형과 동학사상』, 예문서원, 1999.
신기현,「동학의 평등인식」,『호남정치학회보』 제1권, 호남정치학회, 1989.
신용하,「해제: 최시형의 〈內則〉, 〈內修道文〉, 〈遺訓〉에 대하여」,『한국학보』 12, 201 참조.
신일철,「최시형의 범천론적 동학사상」『동학사상의 이해』, 사회비평사, 1995.
양삼석,「수운(水雲) 최제우의 남녀평등관」『민족사상』 6/4, 2012.
오문환,『사람이 하늘이다』, 솔, 1996.
오문환,『해월 최시형의 정치사상』, 모시는사람들, 2003.
이현숙,「『동학의 가사』에 나타난 여성관에 관한 고찰」, 이화여자대학교 교육대학원, 석사학위논문, 1985.
정영엽,「崔時亨의 생애와 여성관」, 부산대학교 교육대학원 석사학위논문, 2001.
정요섭,『한국여성운동사』, 서울: 정음사, 1979.
정정숙,「海月思想의 에코페미니즘的 解釋」,『동학연구』 16, 2004.
최민자,「동학의 女性개화운동 연구- 해월의 女性관을 중심으로」,『성신사학』 6, 1988.
표영삼,『동학2: 해월의 고난과 역정』, 통나무, 2005.
황묘희,「동학의 근대성에 대한 고찰」,『민족사상』 제1권, 제1호, 한국민족사상학회, 2007.
Held, D., 안외순 역,『정치이론과 현대국가: 국가, 권력, 민주주의에 대한 논의』, 학문과 사상사, 1996, 1장 참조.

『영남일보』, 2013.11.12. 기사, 박현주, 〈김천 찾은 해월, 동학사상 기반을 마련하다〉.

동학의 코드와 김천 지역 현대문학 자산 / 지현배

강준만,『한국 근대사 산책2』, 서울: 인물과사상사, 2007.
경북대학교 대형과제연구단,『근현대 경북지역 문학의 흐름과 특성』, 대구:정림사, 2005.
경북대학교 인문과학연구소 대형과제 연구단,『근현대 대구 · 경북지역 문예지』, 대구: 도서출판 영한, 2006.
경북대학교 인문과학연구소 대형과제 연구단,『근현대 대구 · 경북지역 작가』, 대구: 도서출판 영한, 2006.

권계순, 『향토문학관소장자료도록(圖錄)-아름다운 향토 문학작품』, 대구광역시립서부도서관, 2004.
김지하, 『동학이야기』, 서울: 솔, 1994.
김지하, 『타는 목마름에서 생명의 바다로』, 서울: 동광출판사, 1991.
김학동, 『문학기행 시인의 고향』, 서울: 새문사, 2000.
동학농민혁명백주년기념사업회 엮음, 『황토현에 부치는 노래』, 서울: 창작과비평사, 1993.
들샘, 『시조시인 백수 정완영 선생을 만나다』, 서울: 일하는 멋, 2009.
박선욱 편, 『한국 민중문학선2』, 서울: 형성사, 1985.
박홍규, 「동학과 자유-자치-자연 — 유교적 유토피아 사상과 운동으로서의 동학에 대한 비판적 재검토」, 『동학학보』 35호, 동학학회, 2015.
백수정완영선생 고희기념사화집 간행위원회, 『백수 정완영선생 고희기념사회집』, 가람출판사, 1989.
서정주, 「내가 해오는 시(詩)의 길」, 『나는 왜 문학을 하는가』, 서울: 문학사상사, 1993.
손병희, 「실존 혹은 절벽 위에 핀 꽃」, 구인환 외, 『김동리 문학 연구』, 서울: 도서출판 살림, 1995.
신경림, 『못난 놈들은 서로 얼굴만 봐도 흥겹다』, 대구: 문학의 문학, 2009.
오세영, 「'영원' 탐구의 시학, 박목월」, 『한국대표시인 101인 선집 박목월』, 서울: 문학사상사, 2007.
이병훈, 『녹두장군』, 전주: 신아출판사, 1990.
정완영, 「문학인과 회귀의식」, 『백수산고』, 서울: 토방, 1995.
정완영, 「자선 대표시」, 『시와 시학』 통권 33호, 시와시학사, 1999.
정완영, 「제3회 만해상 시문학상 부분 수상소감:문학은 어리고, 사람은 늙었는데……」, 『시와 시학』 통권 33호, 시와시학사, 1999.
정완영, 『가랑비 가랑가랑 가랑파 가랑가랑』, 서울: 사계절, 2007.
정용수, 「동학의 인간중심 사상」, 『동학학보』 38호, 동학학회, 2016,.
정한모 · 김용직, 『한국현대시요람』, 박영사, 1975.
정효구, 『시 읽는 기쁨』, 작가정신, 2001.
조광환, 『전봉준과 동학농민혁명』, 서울: 살림터, 2014.
조극훈, 「동학 문화 콘텐츠와 글로컬라이제이션」, 『동학학보』 35호, 동학학회, 2015.
지현배, 「안도현의 '서울로 가는 전봉준'에 나타난 코드 연구」, 『동학학보』 31호, 동학학회, 2014.
지현배, 「윤동주 시의 의식현상학적 연구」, 경북대학교 대학원 박사학위논문, 2001.

지현배,「현대시 작품을 통해 본 동학의 코드」,『동학학보』39호, 동학학회, 2016.
지현배,「현대시에서 동학 공간과 인물의 형상화 양상」,『동학학보』33호, 동학학회, 2014.
지현배,『대구경북 시인의 코드』, 서울: 한국학술정보, 2009.
클로테르라파이유 지음, 김상철 · 김정수 옮김,『컬처 코드』, 서울: 리더스북, 2007.

권정생, http://www.kwonjungsaeng.com
네이버 지식백과, http://terms.naver.com
두산백과, http://www.doopedia.co.kr/
백수문학관, http://baegsu.gc.go.kr/
직지사, http://www.jikjisa.or.kr/

김천 지역 동학농민혁명 전개 과정과 문화 콘텐츠 방안 / 채길순

〈저서 및 논문〉

김영인 설규주, 시민교육론, 한국방송통신대학교 출판부, 2008.
노태구, 동학혁명의 연구, 백산서당, 1982.
박맹수,「해월 최시형의 초기 행적과 사상」(『청계사학』3, 1986.
______,『1894년 농민전쟁연구』(역사비평사, 1993).
______, 동학농민전쟁의 지역성 연구,「한국근대사에 있어서의 동학과 동학농민운동」, 한국정신문화연구원, 1994.
______, 동학의 남북접에 대한 비판적 검토,「한국학논집」, 한양대 한국학연구소, 1994.
______, 최시형 연구, 한국정신문화연구원, 박사학위논문, 1996.
신영우,「1894年 嶺南 金山의 農民軍과 兩班志主層」,『東方學志 』, 延世大 國學研究院, 1991.
______,「1894年 嶺南 北西部地方 農民軍指導者의 社會身分」,『學林』, 延世大史學研究會, 1988.
______,「1894年 嶺南 尙州의 農民軍과 召募營(上.下)」,『東方學志』, 延世大國學研究院, 1986.
______,「19世紀 嶺南金山의 兩班地主層과 鄕內 사정」,『東方學志 』, 延世大 國學研究院, 1991.
______,「갑오농민전쟁 이후 영남 북서부 양반지배층의 농민 통제책」,『충북사학』, 충북대학교사학회, 1992.

______, 「갑오농민전쟁과 영남 보수세력의 대응」, 박사학위논문, 1992.
______, 「동학농민군의 신분제 부정운동과 양반지배층의 대응」, 『한국사연구회, 갑오농민전쟁의 종합적 고찰』, 1994.
______, 「영남북서부 보수지배층의 民堡軍 결성논리와 주도층」, 『동방학지』, 연세대국학연구원, 1993.
______, 「영남북서부지역 동학농민군의 세력증대 과정과 그 구성」, 『독립기념관한국독립운동사연구소』, 한국독립운동사연구, 1994.
예지각 편, 시민교육론, 예지각, 2009.
유승호, 디지털 기술이 문화콘텐츠산업의 제작 및 산업구조에 미치는 영향에 관한 연구 : 음반과 애니메이션 산업을 중심으로, (2001년도 춘계학술대회, 지식정보 시대에서 문화벤처와 문화콘텐츠 한국문화제학회 / 학국기업 매세나 협의회, 문화관광부.
채길순, 동학기행, 『신인간』, 2008-(연재, 경상도 편).
______, 『동학기행2』(경상도 편), 도서출판 모시는사람들, 2017(출간 예정).
표영삼, 성지순례, 『신인간』, 1977.
______, 해월신사발자취, 『신인간』, 1978.
______, 해월신사연표, 『신인간』, 1985.
황현(이민수 역), 『동학란』, 을유문화사, 1985.

〈교단 자료〉
『수운행록(水雲行錄)』, 1865.
『최선생문집도원기서(崔先生文集道源記書)』, 1879.
『해월문집(海月文集)』, 1885-1892.
『수운재문집(水雲齋文集)』, 1898.
『대선생사적부해월선생문집(大先生事蹟附海月先生文集)』, 1906.
『본교역사(本教歷史)』 1910-1914.
『시천교종역사(侍天教宗繹史)』, 1915.
『시천교역사(侍天教歷史)』, 1920.
『천도교서(天道教書)』, 1920.
『천도교회사초고(天道教會史草稿)』, 1920.
『천도교실사집편(天道教實事集編, 권병덕)』, 1922.
『동학사(東學史, 초고본)』, 1926.
『천도교창건사(天道教創建史, 이돈화)』, 1933.
『동학사(東學史, 이돈화)』, 1938.

〈관변 자료〉
『聚語』, 1893.
『兩湖右先鋒日記(東學亂記錄)』, 1894.
『巡撫先鋒陳謄錄(東學亂記錄)』, 1894.
『東學判決文集』, 1895-1900.
『司法稟報』, 1898-1907.
『承政院日記』(고종 20-31).
『일성록』(고종).
『東學亂記錄』 상/하(국사편찬위원회 刊).

(유생 자료)
『교남공적(嶠南公蹟)』.
金奭中, 『討匪大略』.

〈기타 자료〉
경상북도지, 경상북도지편찬위원회 1990.
선산군지, 선산군지편찬위원회, 1988.
예천군지(상권), 예천군지편찬위원회, 1988.
상주군지, 상주시문화공보실, 1989
성주군지, 성주군지편찬위원회, 1886.

〈인터넷자료〉
http://www.gc.go.kr/culture/page.htm?md=4&tvl_rootuid=1159&mnu_uid=1159&tvl_uid=189&pageno=1&tcg_uid=0&select_tgc_uid=0&se_key=0&se_text=(김천 동학 농민혁명 소개)
http://www.gimcheon.go.kr/administration/main.htm (김천시청 홈페이지)
http://www.jeongeup.go.kr/01kr/index.html(정읍시청 홈페이지)
http://www.1894.or.kr/main_kor/index.php(동학농민혁명기념재단 홈페이지)

인간 유한성 극복의 단초로서의 동학사상 / 김영철

〈1차 문헌〉
『동경대전』.

『용담유사』.

〈2차 문헌〉
김영철, 「아우구스티누스 진리인식의 토대로서의 자기인식」, 『철학논총』 60집 2권, 2010
김영철, 「언어 표현 방식에서 본 초월성과 그 내재성의 원리」, 『동학학보』 27호, 2013.
김영철, 「신플라톤주의와 동학사상에서 나타난 내재성의 원리」, 『동학학보』 제28호, 2013.
김영철, 「인간 본연으로의 회귀 - 동학의 수양론과 신플라톤주의 영혼론을 중심으로」, 『동학학보』 제31호, 2014.
김영철, 「자기성찰로서의 종교체험 - 수운과 아우구스티누스를 중심으로 -」, 『동학학보』 제34호, 2015.
김용환, 「해월의 삼경사상 나타난 공공철학의 정신」, 『동학학보』 제24호, 2012.
김용휘, 「동학 신관의 재검토」, 『동학학보』 제9호, 2004.
김용휘, 「시천주 사상의 변천을 통해 본 동학 연구」, 고려대학교 박사논문, 2004.
김용휘, 「최제우의 시천주에 나타난 천관」, 『한국사상사학』 제20집.
김용휘, 『우리학문으로서의 동학』, 서울: 책세상, 2007.
김춘성, 「東學의 자연과 생태적 삶」, 『동학학보』 창간호, 동학학회, 2000.
김춘성, 「해월 사상의 현대적 의의」, 『동학문화』 제1집, 동학연구소, 1999.
김춘성, 「東學・天道敎 修鍊과 生命思想 硏究」, 한양대학교 박사논문, 2009.
미카엘 란트만 지음, 진교훈 옮김, 『철학적 인간학』, 서울: 경문사, 1977.
박정호, 「명상과 변혁의 통일로서의 김지하의 생명사상」, 『시대와 철학』 19권 1호, 2008.
부산예술문화대학 동학연구소, 『해월 최시형과 동학사상』, 서울: 예문서원, 1999.
성해영, 「수운(水雲 崔濟愚) 종교체험의 비교종교학적 고찰: '체험-해석틀'의 상호 관계를 중심으로」, 『동학학보』 제18호, 2009.
신일철, 『동학사상의 이해』, 서울: 사회와 비평사, 1995.
오문환, 『해월 최시형의 정치사상』, 서울: 모시는사람들, 2003.
오문환, 『동학의 정치철학』, 서울: 모시는사람들, 2003
이돈화, 『신인철학』, 천도교중앙총부, 1968.
이돈화, 『천도교창건사』, 서울: 경인문화사, 1982.
이정희, 「동학의 생명원리와 생명윤리」, 『동학학보』 제15호, 동학학회, 2008.
이혁배, 「천도교의 신관에 관한 연구 - 그 역사적 변천을 중심으로 -」, 『종교학연구』 제7호, 서울대학교 종교학연구회, 1988.
윤석산 역주, 『道源記書』, 서울: 문덕사, 1991.

윤석산, 『동학교조 수운 최제우』, 서울: 모시는사람들, 2004.
윤석산 주해, 『주해 동학경전』, 서울: 동학사, 2009.
조창모, 「동학의 신관연구」, 서강대학교 대학원 석사학위 논문, 2011.
천도교중앙총부, 『천도교백년약사』, 미래문화사, 1981.
천도교중앙총부, 『천도교』, 천도교중앙총부출판부, 2002.
표영삼, 『동학1, 수운의 삶과 생각』, 서울: 통나무, 2004.

수운과 체용적 사유의 모험 / 안호영

『論語』.
『大學』.
『道德經』.
『東經大全』.
『聖學輯要』(李珥).
『宋明理學』(陳來).
『荀子』.
『六祖大師法寶壇經』(大正藏, 48).
『莊子』.
『傳習錄』(王守仁).
『周易參同契』(魏伯陽).
『朱子大全』.
『朱子語類』.
『中庸章句』.

강진석, 『체용철학』, 서울: 도서출판 문사철, 2012.
안호영, 「체험된 직접성, 최제우의 시(侍)와 베르그송의 직관(直觀)」, 『동학학보』 제29호, 동학학회, 2013.
안호영, 「모심[侍]과 앎[知]의 동일성 문제에 관한 시론」, 『동학학보』 제30호, 동학학회, 2014a.
안호영, 「체험된 직접성과 은유로서의 천주(天主)개념」, 『동학학보』 제32호, 동학학회, 2014b.
안호영, 「무한분할을 통해서 본 불연기연과 지기」, 『동학학보』 제34호, 동학학회, 2015.
정혜정, 「한국전통에서의 마음이해와 도야의 개념 - 유 · 불 · 도(儒彿道) 삼교합일 사상을 중심으로」, 『원불교사상과 종교문화』 55권, 원광대학교 원불교사상연구원, 2013.

진래 지음, 안재호 옮김, 『송명성리학』, 서울: 예문서원, 1997.

찾아보기

[ㅁ]

[ㅂ]

[ㅅ]

[ㅇ]

[ㅈ]

[ㅊ]

[ㅌ]

[ㅍ]

[ㅎ]

[기타]

동학총서 007

경상도 김천 동학농민혁명

등록 1994.7.1 제1-1071
1쇄 발행 2017년 4월 5일

엮은이 동학학회
지은이 이이화 채길순 조규태 신영우 이병규 안외순 지현배 김영철 안호영
펴낸이 박길수
편집인 소경희
편 집 조영준
관 리 위현정
디자인 이주향
펴낸곳 도서출판 모시는사람들
03147 서울시 종로구 삼일대로 457(경운동 88번지) 수운회관 1207호
전 화 02-735-7173, 02-737-7173 / 팩스 02-730-7173
홈페이지 http://modl.tistory.com/

인 쇄 상지사P&B(031-955-3636)
배 본 문화유통북스(031-937-6100)

값은 뒤표지에 있습니다.
ISBN 979-11-86502-78-5 94900
SET 978-89-97472-72-7 94900

이 도서의 국립중앙도서관 출판예정도서목록(CIP)은 서지정보유통지원시스템 홈페이지(http://seoji.nl.go.kr)와 국가자료공동목록시스템(http://www.nl.go.kr/kolisnet)에서 이용하실 수 있습니다.(CIP제어번호: 2017004393)

* 이 책은 김천시의 지원으로 출간되었음.